生猪产业转型升级模式及效益评估体系研究

王明利 肖红波 田 露
王祖力 胡向东 李鹏程 ◎著

中国农业出版社
北 京

图书在版编目（CIP）数据

生猪产业转型升级模式及效益评估体系研究／王明利等著．—北京：中国农业出版社，2021.6
ISBN 978-7-109-28344-2

Ⅰ.①生… Ⅱ.①王… Ⅲ.①养猪业—产业发展—研究—中国 Ⅳ.①F326.33

中国版本图书馆 CIP 数据核字（2021）第 115246 号

中国农业出版社出版

地址：北京市朝阳区麦子店街 18 号楼
邮编：100125
责任编辑：刘明昌　　文字编辑：王佳欣
版式设计：杜　然　　责任校对：赵　硕
印刷：北京中兴印刷有限公司
版次：2021 年 6 月第 1 版
印次：2021 年 6 月北京第 1 次印刷
发行：新华书店北京发行所
开本：720mm×960mm　1/16
印张：15.5
字数：260 千字
定价：68.00 元

本研究得到国家重点研发计划项目（2018YFD0501105）和中国农业科学院创新工程（ASTIP‒IAED‒2019‒01）的资助，在此表示感谢！

国家"十三五"重点研发计划课题
"生猪产业提质增效、转型升级发展模式
与效益评估体系的研究与应用"研究组成员

课题主持单位：中国农业科学院农业经济与发展研究所

主持人：王明利　研究员

子课题承担单位及主持人：

  中国农业科学院农业经济与发展研究所：胡向东　研究员

  北京农学院经济管理学院：肖红波　副教授

  吉林农业大学管理学院：田露　副教授

  中国农业科学院农业经济与发展研究所：王祖力　副研究员

主要参加人（按姓名音序排序）：

蔡辛娟	曹暕	陈萌萌	崔姹	邓蓉	高海秀
郭世娟	李俊茹	李鹏程	刘亚钊	刘玉满	刘越
石守定	石自忠	唐莉	王芳	王军	王淑彬
王雪菲	王悦	熊慧	杨春	杨钰莹	于梅

　　猪肉是中国城乡居民主要的动物蛋白质来源，是保障国家食物安全的重要抓手，对于提升居民生活水平、稳定物价具有重要意义。改革开放四十多年来，中国生猪养殖业实现了快速发展，猪肉产品供给能力持续增强，完全扭转了猪肉供给不足的不利局面。然而在生猪产业快速发展的过程中，产业竞争力不强、难以有效应对突发疫情冲击的短板不断暴露，同时资源环境约束也不断趋紧。转变发展方式，走高质量发展道路已成为生猪产业发展的必由之路。因此，如何科学把握生猪产业转型升级的客观规律，提出切实可行的发展路径及对策建议，将对中国生猪产业的持续健康发展具有现实而深远的意义。

　　本研究通过收集大量的国内外历史文献资料，开展广泛的实地调研，总结提炼了 5 套国内外生猪产业提质增效、转型升级典型模式；基于圈舍设施改善技术、疫病防控技术及无抗饲料技术的示范应用情况，对单项技术的效益进行了评价；通过构建综合效益评价指标体系和方法，对相关集成技术的综合效益进行了评价；同时，基于构建的综合效益评价方法，对中国不同规模生猪养殖的综合效益进行了评价；梳理了中国畜禽养殖环保政策的演变与生猪养殖业粪污处理现状，运用经济剩余模型分析了生猪养殖场（户）粪污处理的经济福利情况，并运用文献综述法归纳了欧美发达国家种养结合模式的实践经验；借助宏观数据和对全国 8 省开展的实地调研，分析了非洲猪瘟疫情对生猪生产的影响及机理；最后基于上述分析，提出了中国生猪产业提质增效转型升级路径及对策建议。

本研究内容既有"生猪产业提质增效、转型升级发展模式与效益评估体系研究"课题的总研究报告，也有针对环境、疫病约束的专题研究报告，研究报告中的部分内容已在相关核心刊物发表，并在本研究中予以专门标注。本课题研究得到农业农村部畜牧兽医局和全国畜牧总站的大力支持，同时还得到相关调研省份和企业的鼎力支持；在调研及研讨中还有大量专家及学生参与，大多数已在相关发表文章的作者中体现，部分没有体现的在这里一并表达感谢！本研究是研究团队对中国生猪产业提质增效、转型升级效益评价的首次尝试性研究，研究内容难免有局限性，研究方法可能有片面性，望读者给予建设性的批评意见和建议，以便我们在今后相关研究中进一步完善。

王明利

2021 年 3 月于北京

目 录

前言

第一章 绪 论

一、研究背景、研究意义及研究目标

（一）研究背景

　　猪肉是中国城乡居民主要的动物蛋白质来源，是保障国家食物安全的重要抓手，对于保障人民群众生活、稳定物价具有重要意义。统计数据显示，猪肉消费占肉类消费的比重常年维持在 60% 左右，在农村地区这一比例更高。同时中国居民对猪肉具有相对稳定的消费偏好，猪肉的需求收入弹性、需求价格弹性均低于其他肉类（卢艳平等，2020），呈现出一定的刚性需求特征。经预测，随着中国经济社会的发展，至 2035 年中国人均猪肉消费量将进一步增长，总需求将达到 6 411.38 万吨（中国农业产业报告，2019）。

　　改革开放四十多年来，中国生猪养殖业实现了快速发展，猪肉产品供给能力持续增强，完全扭转了猪肉供给不足的不利局面（王明利，2018）。纵观这一发展过程，在人多地少这一资源禀赋特征下，为有效保障猪肉产品的充分供给，中国政府始终将"推动生猪规模化、集约化养殖，实现规模经济，提升生产效率"视为促进生猪养殖业发展的重要方向。如中国政府在 2007 年前后密集出台了《关于促进生猪生产发展稳定市场供应的意见》《关于促进规模化畜禽养殖有关用地政策的通知》等诸多文件，开始对生猪标准化规模养殖场建设进行财政补贴，大力推进规模化养殖；2010 年出台的《关于加快推进畜禽标准化规模养殖的意见》及 2016 年出台的《全国生猪生产发展规划（2016—2020 年）》等政策文件进一步为生猪养殖规模化率的提升提供了资金、政策支持，继续深入推进生猪标准化规模养殖。在相关政策的推动下，中国生猪养殖规模化率实现了快速提升，由 2000 年的 9.69% 上升至 2017 年的 46.90%，并涌现出了温氏、牧原、罗牛山、新希望等一大批从事生猪养殖的大型集团公司，生猪养殖业整体实力得到有效提升。

　　然而在生猪养殖规模化率不断提升的过程中，自身短板也不断暴露。首先，中国生猪饲养成本居高不下，缺乏竞争力。Agri benchmark 监测数据显示，中国的生猪饲养成本远高于世界其他主要生猪饲养国，2017 年中国生猪的平均育肥成本约为巴西、加拿大的 2 倍，约为丹麦、西班牙、德国的 1.8 倍；各单项生产成本中，仔猪费用、饲料费用、人工费用等均远高于其他国家

（高海秀等，2020）。其次，生猪养殖业引致了较为严峻的环境污染问题，已影响到农业的可持续发展，威胁人体健康（张晓恒等，2015）。随着生猪养殖规模化率的提升，粪污（生猪养殖过程产生粪便、尿液和污水）排放越发集中，致使周边土地难以对其进行有效消纳，最终造成地下水亚硝酸盐污染、江河的水体富营养化，以及土壤板结等诸多污染（孟祥海等，2014）。再次，生猪养殖业应对疫情冲击，稳定生猪生产的能力依然较弱。历次重大疫病冲击均引起了生猪生产的剧烈波动（胡向东等，2018），无论是 2006 年暴发的高致病性蓝耳病，还是 2010 年暴发的生猪病毒性腹泻均对生猪生产造成了严重冲击，猪肉价格在短期内涨幅超过 100%，而 2018 年 10 月在中国首次暴发的非洲猪瘟疫情更是造成生猪出栏量断崖式下跌，猪肉供给降幅超过 20%，给人民生活造成极大影响。

商品猪处在生猪产业链最终端，是生猪产业健康可持续发展的关键环节，因此，实现优质商品猪高效安全养殖，走产出高效、产品安全、资源节约、环境友好的高质量发展道路成为生猪养殖业未来的重要发展方向。

（二）研究意义

推进生猪产业提质增效、转型升级的发展模式与效益评估体系的研究与应用，对于构建优质商品猪高效安全养殖技术体系及生猪生产综合效益科学评价指标体系，推动中国生猪产业实现提质增效和转型升级，具有重要理论和现实意义。

（三）研究目标

梳理中国生猪产业发展历史与现状，挖掘生猪产业提质增效现存的突出问题；研究国内外生猪产业提质增效、转型升级的成功做法与典型模式；构建评价指标体系，跟踪监测关键技术经济指标，评估不同区域、不同养殖模式下高效安全养殖技术经济、生态、社会及综合效益；探索适宜不同区域、不同养殖模式下生猪产业转型发展的宏观思路与政策措施；为推进中国生猪产业提质增效和转型升级提供强力支撑。

二、研究内容、研究方法及技术路线

（一）研究内容

1. 拟解决的关键问题

一是跟踪调查国内生猪产业提质增效、转型升级的典型模式，详细剖析其内在运行机理，为评价高效安全养殖的综合效益奠定基础。二是在系统考虑高效安全养殖比较经济效益、生态效益和社会效益的基础上，科学构建生猪高效安全养殖的综合效益评价指标体系。三是跟踪监测生猪高效安全养殖的技术经济参数和技术应用与示范进程，准确评估技术推广的现实效果，为国家制定生猪产业提质增效、转型升级的宏观决策提供可靠依据。四是分析环境、疫病两方面对生猪生产的现实约束，探寻破解途径。

2. **主要研究内容**

一是生猪产业发展现状与国际竞争力分析。从生产规模、效率以及质量等方面对生猪产业现状进行分析，梳理生猪产业面临的现实约束与发展趋势；探究猪肉产品贸结构特征，测算、比较各国猪肉产品的国际竞争力情况，并剖析其影响因素。二是国内外生猪产业发展的成功做法与典型模式探究。发掘中国生猪产业在提质增效、转型升级进程中涌现的成功做法与典型模式；探究发达国家在生猪产业提质增效、转型升级方面的成功经验与经典做法；展望未来中国生猪产业发展的可行模式。三是生猪高效安全养殖单项关键技术应用的技术经济参数跟踪监测及经济效益评价。跟踪监测生猪高效安全养殖的抗生素替代、高效圈舍设计、疫病防治等关键技术示范应用的基本技术经济参数，并对各单项技术应用后的经济、社会以及生态效益进行评价。四是集成技术在示范养殖场应用前后效益评价。在对单项技术进行评价的基础上，进一步构建评估生猪高效安全养殖综合效益科学指标体系，高效安全养殖技术集成后的综合效益进行评价，跟踪和评估生猪高效安全养殖技术推广的经济、生态、社会及综合效益。五是不同生猪养殖模式的效益评价——基于8省的调研。在前文分析基础上，利用湖北、河南等全国8省调研数据，对不同生猪养殖模式进行综合效益评价，探究最适合中国生猪产业发展的养殖模型。六是针对生猪产业发展面临的环境约束，分析中国生猪养殖粪污处理现状，测算开展粪污处理的社会经济福利效应，并对欧美国家种养结合的实践经验进行归纳、总结。七是针对生猪产业发展面临的疫病约束，结合宏微观数据，分析疫情冲击对生猪产业的具体影响，探究影响机理。九是根据国内生猪产业发展现状、国外生猪产业可借鉴经验、典型模式剖析及生猪高效安全技术应用与示范的综合效益评估结果，提出推动中国生猪产业提质增效、转型升级的对策建议。

（二）研究方法

主要采取定性与定量相结合的研究方法。一是针对生猪产业提质增效、转型升级典型模式的研究，主要采用文献综述法、归纳演绎法等方法进行定性分析。二是对于效益评价指标体系的构建及高效安全养殖技术应用效果的评价，主要通过定量分析方法进行。具体效益评价指标体系是在科学量化经济、生态和社会效益的基础上进行构建；高效安全养殖技术应用与示范的综合效益评价则基于研究所构建的评价指标体系，采用德尔菲法进行科学评估。针对环境约束、疫病冲击的研究，则使用随机前沿模型、经济剩余模型、面板平滑转换模型等方法进行测算分析。

（三）技术路线

本研究的技术路线如图 1-1 所示。

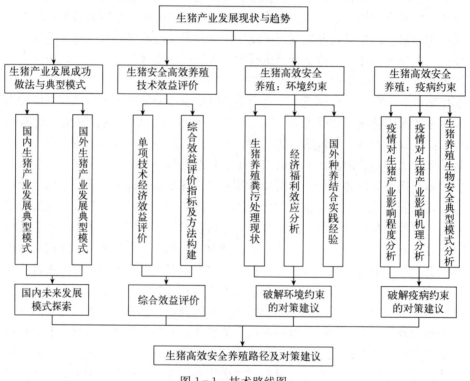

图 1-1　技术路线图

三、国内外研究现况

（一）关于生猪养殖业发展路径的研究

1. 基于规模视角的生猪养殖业发展路径研究

养殖规模作为养殖场（户）的一个重要特征，受到学界的广泛关注，成为分析生猪养殖业发展相关问题的重要切入点。此类文献多是从生猪养殖业生产经营绩效视角出发，通过对比分析得出相应结论。

定性研究方面，Key、McBride（2007）通过分析美国农业部统计数据，发现美国生猪养殖场数量持续下降，但单体规模持续扩大，单体大规模养殖已成为美国生猪养殖业发展的主要模式。毫无疑问，规模经济带来的较低生产成本是推动生猪养殖规模持续扩张的主要动力（Parcel et al.，2017）。然而国内研究对此却存在争议，刘玉满、李静（2005）认为，中国人多地少的资源禀赋特征决定其生猪养殖业，应向欧洲发达国家学习，走以家庭农场为主体的适度规模经营道路，否则将造成严重的环境污染问题。宋冬林、谢文帅（2020）则认为，应借鉴发达国家经验，走规模化、集约化的单体大规模道路，并通过技术手段消除规模养殖引致的污染等问题，以实现生猪养殖业的高质量发展。张利庠等（2020）同样认为大型农垦集团、大型规模养殖企业能够起到稳定生猪生产的作用，但提出还应促进中小散户适度规模发展，以消除规模养殖的固有弊端，同时发挥"蓄水池作用"增强生猪生产的稳定性。王明利（2018）则认为，单体大规模养殖模式与中国资源禀赋不相配，发展"公司＋农户"的群体大规模模式，能够实现种养结合，农牧循环，应是未来中国畜牧业发展的主要模式。

定量研究方面，主要通过测算不同规模生猪养殖场（户）的成本收益、生产效率等指标进行对比分析。闫振宇等（2012）测算了2002—2010年4类生猪养殖场（户）的生产效率，发现从2006年起大规模生猪养殖的效率优势开始凸显，但效率优势主要来源于要素投入的增长而非技术效率的增长。刘晓峰（2015）计算了黑龙江不同规模生猪养殖场（户）的全要素生产率的变化情况，认为养殖规模的扩大促进了全要素生产率的提升。沈鑫琪等（2019）认为，规模养殖在资金实力、技术应用等方面均具有明显的比较优势，养殖规模对生产效率具有显著的正向影响。李杰等（2019）基于277户生猪养殖户的调研数据，测算发现实现规模化养殖有助于提升生猪养殖的技术效率，但仅凭此难以实现生猪养殖业的"提质增效"。

2. 基于具体目标的实现路径研究

此类研究主要通过分析养殖场（户）的生产行为，对相关目标的实现路径进行探究。一是关于健康养殖实现路径的研究。健康养殖的目标在于提升动物福利，降低疫病发生率，保障肉品质量安全。卢凤君等（2009）认为，健康养殖的实现需要有相应技术、联系紧密的战略联盟、激励约束相容机制以及适度养殖规模四个方面的支撑。彭玉珊等（2011）、吴一平等（2020）通过研究养殖场（户）健康养殖行为，发现加强宣传，激发养殖场（户）的健康养殖行为动机，扶持行业协会发展，加强行业自律可以显著提高养殖场（户）的健康养殖行为。二是关于生态化养殖的实现路径研究。生态化养殖的目标在于消除生猪养殖粪污污染，实现绿色发展。大量文献基于生产者、消费行为两个方面，对生态化养殖的实现路径进行了分析，生产者行为方面，可靠的信息、具有针对性政府补贴、环保意识和盈利能力会对生产者生态化养殖行为的采用具有正向影响，同时经济实力、社会关系、养殖规模等也是重要影响因素（Padel et al.，2005；边大庆等，2018）；消费者行为方面，消费者购买生态畜产品的决策过程主要受到个人特质、认知等内部因素及文化、家庭等外部因素的影响（H'Mida，2009）。

（二）关于生猪养殖竞争力的研究

1. 基于产业国际竞争力视角的研究

高海秀等（2020）应用 Agri benchmark 监测数据，对比分析了中国生猪饲养成本与世界其他主要生猪饲养国间的情况，研究发现，2017 年中国生猪的平均育肥成本约为巴西、加拿大的 2 倍，约为丹麦、西班牙、德国的 1.8 倍；各单项生产成均远高于其他国家。诸多学者从不同视角分析了国内外生猪饲养成本差距的来源，黄季焜（2000）研究发现，仔猪成本是阻碍中国生猪产品国际竞争力的关键方面。郭惠武、张海峰（2019）认为，较高的饲料成本和人工费用是中国生猪生产成本偏高的直接体现，而根本原因在于较高的生产资料价格、较低的技术水平和规模化养殖水平。何泽军等（2020）定量分析发现，美国仔猪价格下降，以及美国生猪饲养的技术进步（体现为人工、饲料等投入数量的减少），是形成美国猪肉成本优势的主要推动因素。

2. 基于养殖规模视角的研究

生猪饲养成本是生猪养殖竞争力的直接体现，大量学者通过探究养殖规模对生猪饲养成本的影响，对生猪养殖竞争力进行了分析。英国古典农业经济学家 Arthur Yung（1770）较早研究农业生产规模与成本收益的关系，认为将相关生产要素投入量维持在合理的比例是实现最大利润的关键，由于小规模农业企业调整生产要素的能力明显弱于资本型大农场，进而得出了大规模生产更具竞争力的结论。李嘉图（1817）也认为，农业是具有规模报酬递增的产业，生产规模越大的主体越具有市场、信息以及技术等方面的优势。具体针对生猪养殖规模与饲养成本的研究中，Nehring R 等（2003）发现，由于规模养殖有利于先进饲养技术的应用，能够提高饲养员的专业技术水平，进而使得生猪育肥阶段的饲养成本显著低于了散养户和小规模养殖场（户）。Shelton（2004）研究发现先进设备及技术的应用极大提高了大规模生猪养殖场（户）的劳动生产率，从而有力地降低了生猪饲养成本，实现了竞争力的提升。

　　生猪养殖过程中存在的这种规模经济得到了大量实证检验的证实，McBride（2003）、McBride 等（2007）先后运用美国不同时期的调研数据进行了实证分析，证实了养殖规模与饲养成本之间存在显著的负向关系，并认为这是提升大规模养殖竞争力，以及推动美国生猪养殖平均规模持续扩大的重要缘由。Rasmussen（2010）研究了丹麦生猪规模养殖企业的生产情况，其基于1985—2006 年的代表性农户数据，计算了不同规模的生产效率，证实了规模经济的存在性。近年研究同样表明，随着生猪养殖规模的持续扩大，饲养成本不断下降，但是对这一现象有了新的解释，Parcel 等（2017）认为，美国生猪养殖业在扩大单体养殖规模的同时，实现了分工专业化，后者是推动生产成本下降的重要因素，Duvaleix 等（2016）认为，大规模养殖的成本优势主要来源于市场谈判优势，即养殖规模越大的养殖场（户）越具备议价能力，同时一次性大量购买还能促使生产要素供应商在生产过程中实现规模经济，并有效降低其在销售过程中产生的交易费用，进而能够获得较为廉价的饲料，以往文献提到的技术优势对此并无显著影响。

　　国内研究方面，大量学者虽然肯定规模经济的存在，但认为受到经济效益、环保及防疫要求的影响，养殖规模并非越大越好。首先，由于规模经济的存在，当养殖规模达扩大到临界点后，平均成本会随养殖规模增加而上升。其次，当单体养殖规模过大时，周围很难有足够的土地对养殖粪污进行有效的消纳，进而养殖排放可能对周边大气、土壤、水体造成多重污染。再次，养殖规模越大，疫病在养殖场内部传播，相互感染的可能性更大，进而疫病防控的难度也越大（张永根等，2009；胡成波，2012）。沈银书（2012）、薛毫祥等（2015）运用《全国农产品成本收益资料汇编》上的数据对此展开了分析，并得出饲养成本随养殖规模先降后升，中规模养殖场（户）的饲养成本最低的结论，由此认为发展适度规模是未来的主要发展方向。李桦（2007）详细分析了不同规模生猪养殖场（户）的饲养成本情况，认为小规模养殖场（户）在人工成本等方面具有明显优势，单位产品的净利润最高。洪灵敏等（2012）进一步加入了对土地、粪污处理成本的讨论，测算结果显示小规模养殖成本仍然最低，由此认为小规模是中国生猪养殖的适度规模。乔颖丽、吉晓光（2012）认为，大规模养殖的成本优势并不明显，其优势主要自于疫病防控、育种技术等方面，而单体小规模、群体大规模养殖的方式有利于分解市场风险，应对价格波动，由此认为单体规模并非越大越好。但也有学者持有不同意见，白冬雪（2016）依据调研数据测算发现仔猪费与饲料费的多少是决定生猪饲养成本高低的关键方面，由于这两个方面具有明显的规模经济特征，因此大规模生猪养殖的饲养成本相对降低。

（三）关于生猪养殖粪污环境污染及治理行为决策的研究

1. 基于规模视角的研究

欧美发达国家通过集约化、规模化畜牧养殖，极大地满足了人们对肉蛋奶的需求，但集中排放的大量畜禽养殖粪污同时也对周围土壤、水源和空气等产生了严重的环境污染（Michael et al.，2007）。在畜禽粪污引致的环境污染中，生猪规模养殖造成的环境污染最为严重（Steinfeld et al.，2006）。虽然不同规模养殖场（户）的饲养、管理行为存在显著差异（Welsh，Rivers，2011），但养殖规模究竟对环境污染存在何种影响还有一定的争议。Bluemling（2011）、Gao 等（2010）研究发现，单体养殖规模越大，引致的环境污染问题越为严重。其原因在于，受周边土地数量的刚性约束，规模越大越难实施就地还田，进而粪污治理成本越高，在此情况下大规模养殖场（户）可能出于节省成本的考虑，将粪污直接偷排至江河、水体造成环境污染。Zaks 等（2011）提出了不同的观点，其认为厌氧发酵等粪污处理设施、设备具有一定的使用门槛，只有达到一定规模才有能力购置、使用。Zheng 等（2014）则认为，小规模养殖场（户）环保意识较差，且分布广泛难以受到有效监管，其造成的环境污染更为严重。

国内研究方面，生猪规模养殖排放已经成为中国最主要的污染源之一（周建军等，2018）。诸多学者基于规模养殖造成的环境污染问题，展开了对适度规模养殖的探讨。宏观视角方面，一些学者基于畜禽粪污量与作物养分需求量之间的相对大小关系，对各地区耕地畜禽粪尿负荷污染风险进行了评价，并由此提出进行总量控制的政策建议；养分的挥发和损耗、土壤供氮能力、灾害对作物养分需求的影响等情况相继被纳入测算体系之中（沈根祥等，1994；陈天宝等，2012；邱乐丰等，2016）。另有一些学者在现状分析的基础上，基于不同有机无机配施比例这一假设，运用比较静态分析对各地区污染风险进行了预测，并认为在具有承载潜力的地区，可通过有机替代无机的方式扩大畜禽养殖规模，而养分盈余地区则需要移除多余部分（潘瑜春等，2015；秦钟等，2019）。微观视角方面，王会等（2011）基于耕地对氮磷的承载能力、运输成本、排污费等变量构建了数理模型，通过求解最大利润，从理论层面对最优养殖规模进行了探讨，认为养殖规模并非越大越好，也并非固定，而是受到环境承载能力与粪污处理成本的大小影响。吴林海等（2015）在构建数理模型时，进一步考虑了生猪养殖造成污染的环境成本，认为若将环境成本内部化，生猪养殖的适度规模将大幅缩减。关于养殖规模与环境污染关系的定量研究主要依赖于效率测算，即将环境污染作为一项负产出或是投入纳入生产效率的测算当中。随着畜禽养殖投入产出的这一变化，测算出的生产效率能够同时反映饲养及粪污处理两个阶段的效率情况（左永彦等，2016）。朱宁等（2015）对蛋鸡规模养殖环境效率进行了分析，并探究了其与养殖规模之间的关系，研究发现规模化养殖，有效增强了养殖场（户）的粪污处理能力，显著提升了蛋鸡的环境效率。樊慧丽、付文阁（2019）同样发现养殖规模对生猪养殖的环境效率存在正向影响。杜红梅等（2019）发现大规模生猪养殖场（户）在粪污处理的技术进步及应用效率方面存在一定优势。但张晓恒等（2015）通过对比粪污排放对不同规模生猪养殖场（户）猪肉产量的负向影响强度，发现养殖规模的扩大，增加了粪污及时清理难度，进而导致生猪生产效率的低下。王德鑫等（2015）测算并进行了横向比较了不同规模生猪养殖的环境效率，发现养殖规模与环境效率存在先升后降的倒 U 形关系。

随着环保政策的趋严，国内大量学者对不同规模养殖场（户）粪污治理效果展开了研究。王俊能等（2012）基于规模报酬理论，从理论层面对此进行了分析，认为养殖规模与粪污治理效果符合倒 U 形的环境库兹涅茨曲线。潘丹（2015b）对生猪养殖粪污污染量与养殖规模进行了回归分析，验证了生猪养殖粪污污染随养殖规模先增加后下降的倒 U 形关系。陈菲菲等（2017）调研发现受资金、技术等方面因素的制约，小规模生猪养殖户的粪污治理成本最高，治理效果最不理想。饶静、张燕琴（2018）综合考虑了不同规模生猪养殖场（户）的社会、经济特性，认为小农的社会经济特性决定小、散户的资源化利用程度较高，而大规模主要受制于周边可用耕地，中规模粪污资源化利用情况最差。李鹏程等（2020）依据 8 省的调研数据，在分析了不同规模生猪养殖场（户）粪污治理成本、治理效果的基础上，运用开放条件下的经济剩余模型对各规模养殖场（户）的粪污治理效率展开了研究，认为中规模养殖场（户）开展粪污治理最为高效。

2. 关于解决畜禽粪污污染问题的研究

解决畜禽养殖粪污污染的方式主要有工业净化和资源化利用（肥料化利用、能源化利用、饲料化利用）两大类（Norbert et al.，2014）。国外早期研究主要侧重于研究如何运用税收、财政补贴等手段促使养殖场（户）采用工业净化的方式对粪污排放进行治理（Shortle，Dunn，1986），但由于监管机构与养殖场（户）间的信息不对称，以及农业面源污染的特殊性，监管机构难以对畜禽养殖粪污污染实施时刻监督，进而实施以地定养，开展种养结合成为了解决污染问题的最佳途径（Segerson，1988）。同时，还有研究发现实施种养结合有助于增强养殖场（户）的范围经济，实现生产要素的高效利用，并通过多元经营极大降低农业经营风险（Peyraud et al.，2010）。

　　国内研究主要聚焦于分析养殖场（户）的粪污处理行为、意愿，评价相关环保政策的实际效果，以及测算污染防治技术经济效益三个方向。养殖场（户）粪污处理的行为、意愿方面。相关研究认为养殖场（户）的环保行为主要受到个体特征、认知特征以及政策因素等方面的影响。个体特征主要包括户主年龄、受教育程度、养殖规模、养殖经验以及配套耕地数量等变量的影响，其中，养殖规模常被视为影响粪污处理行为的关键变量（潘丹，2015）。随着研究的深入，养殖场（户）的心理特征逐步受到重视，风险偏好越高的养殖场（户）越倾向于进行设施、设备等固定资产的投资，进而有利于提升粪污治理效果（王桂霞等，2017）。认知特征主要包括环境污染事实认知，如生猪粪污污染对于生猪生产、周边环境以及人体健康的影响程度的认知，以及环境损失认知，如对于自己不采取环保行为，而遭受相关处罚的可能，或是采取某项环保行为对自身经济效益影响的预期（张郁，江易华，2016；王建华等，2019a）。政策特征主要包括当地政府对环保政策的宣讲、执行情况，以及对相关技术的推广情况，尤其是加强对相关环保政策的宣讲可极大促进养殖场（户）环保意愿的行为转化（赵俊伟等，2019）。此外，社会舆论和行业监督对于提升养殖场（户）的粪污处理意愿也有着积极作用（王建华等，2019b）。政策效果分析方面，中国政府从2001年起就陆续出台多种政策对畜禽养殖粪尿排放进行管理，常见命令强制、经济激励和说服教育三类政策工具，其中命令强制类政策具有明确的目标及行为准则，见效迅速，但执行、监督成本较高；经济激励类政策主要通过影响企业的成本收益预期，以解决养殖排放过程中的外部性问题（李冉等，2015）。由于，重惩罚轻物质激励的命令强制手段难以有效提升农户开展废弃物资源化利用的意愿（赵会杰，于法稳，2021），进而对养殖户建设沼气池、使用有机肥及进行土地流转消纳养殖排放等环保行为进行补贴的经济激励政策，已成为中国政府激发农户环保意愿的主要措施（Zhang et al.，2014）。王德鑫等（2015）通过效率测算，认为从总体来看环保政策不仅有利于环境保护，还促进了生产效率的提高。虞祎（2012）运用OLS回归分析论证了中国生猪养殖区域变迁过程中存在的"污染天堂假说"，即由于各省环保政策强度的不同，生猪养殖企业从环保严格的地区向环保宽松地区转移，并认为这种转移不可持续且会对转入地区带来巨大的威胁。污染防治技术及其经济效益测算方面。钟珍梅等（2012）运用能值理论对沼气工程的效益进行了对比分析，认为与没有沼气工程的生猪养殖场相比，沼气工程将带来经济、生态效益的提升。从实地调研结果来看，农村户用沼气能够为农户节省40%以上的能源花费，且有利于减少污染、提升农户的身体健康（Wang et al.，2007)，但规模养殖企业的沼气工程在多数情况下都难实现经济效益（刘畅等，2014）。

（四）关于畜禽疫病冲击及防控的研究

1. 关于疫病经济损失及防控措施经济效果的研究

国外早期研究主要侧重于疫病经济损失及防控措施经济效果的研究。对疫病经济损失进行评估是研究防控措施经济效果的起点。局部均衡模型是测算相关经济损失的常用方法，Meuwissen 等（1999）分析发现 1997—1998 年猪瘟暴发给荷兰养猪户造成的灾后损失是 4.23 亿美元；You 等（2007）模拟了禽流感对尼日利亚鸡肉生产的影响，发现在最坏情况发生时鸡肉产量下降 21％和肉鸡养殖户收益损失 2.5 亿美元。疫病冲击除造成直接经济损失外，还将引起消费者的心理恐慌，进而消费者将减少对该产品的消费，转而消费相关替代产品（Ishida et al.，2010）。如 Just 等（2009）就通过设计消费实验，发现禽流感引起的惊慌使禽类消费量降低了 17％；疫病对消费信心的这种冲击最终会随时间推移而减弱（Mu et al.，2013）。Junker 等（2009）运用 GTSP 模型测算了疫情冲击对于疫病感染国国内、国际市场的影响，并认为采取有效的防疫策略至关重要。在准确评价疫病经济损失的基础上，诸多学者对各种防疫策略的优劣进行了评价，Meuwissen 等（2006）评估了以紧急免疫策略取代扑杀策略来控制家畜传染病供应链的效果，结果发现紧急免疫显著减少了流行病传播规模，但在后期疫苗残留造成 2 亿欧元的损失。Seitzinger 等（2010）运用总剩余理论估计了美国家畜疾病监测的经济效应，得出美国每年从这项措施中获益 14 亿美元。Fadiga 等（2012）对低死亡率和高死亡率情景下的疫病防控成本收益进行了分析，认为在高死亡率情景下，进行干预是经济可行的。Yang 等（2012）进一步分析了疫情冲击对猪肉产品国际贸易的影响及不同政策的效果，发现就出口国而言，扑杀策略将优于疫苗策略；就进口国而言，采取扑杀则将导致进口量激增，其效果逊于疫苗策略。

这一方面同样受到了国内研究的关注，但单独对经济损失进行研究的文献相对较少，多是结合对疫病防控措施的经济效果展开。于乐荣等（2009）采用面板数据模型评估发现禽流感的发生会使调研地区家禽养殖户人均收入减少65％。浦华等（2008）运用 SIR 模型和成本收益法对不同地区进行禽流感防控的成本收益情况进行了分析，认为在家禽规模化饲养的地区应采取扑杀措施，在规模化比例较低的地区，采取扑杀与强制免疫相结合的方式是最优方案。朱学锋等（2014）基于边际分析法，结合典型调研，分析了单个养殖场的最优疫病防控投入。刘明月（2017）在细分养殖场（户）直接损失和间接损失的基础上，提出了疫病防控机制建设方面的建议。廖祺（2018）运用扩展的成本收益分析法测算了是否继续进行强制免疫对口蹄疫防疫的经济效果，仿真结果显示尽早退出免疫，开展疫病净化更具经济效益。

2. 关于疫病防控行为、效果及影响因素的研究

国外研究中，一类文献对疫病传播特征进行了分析。Horst（1998）提出了动物疫病暴发的高风险持续时间概念（HRP），构建了动物感染疫病的数量—时间曲线。Keeling 等（2003）发现疫病传染速率、畜牧场之间的距离等因素对感染口蹄疫的牲畜数量具有显著影响。另一类文献从主客观因素两个方面对影响养殖场（户）疫病防控行为的因素进行了分析。客观因素中，疫病发生历史、养殖规模、周边疫情及是否拥有兽医服务站等因素对养殖场（户）的疫病防控行为具有重要影响（Stott et al. , 2009）。主观因素中，个体特征、养殖习惯、认知水平、以往疫情损失以及养殖场（户）声誉情况等因素对养殖场（户）的疫病防控行为具有重要影响（Gareth E，2016）。

国内研究方面，朱学锋等（2014）等运用边际分析法，通过测算疫病防控的成本与收益，进行了生猪规模养殖场防疫情况的经济学评估，并认为疫病防控投入对避免规模猪场疫病损失的贡献率在 30％左右。周晓（2015）认为，养殖户的疫病防控效果受其个体特征、疫病防控行为等四个方面的影响，其中养殖经验、疫病防控行为是决定防疫效果的关键因素。何忠伟等（2016）调研发现，防疫能力受到内外部因素共同影响，养殖经营与获取防疫服务的便利性对养殖户的疫病防控能力具有显著正向影响。李鹏程等（2020）调研发现在非洲猪瘟疫情冲击之后，养殖场（户）均具备了较高的疫病防控意识，日常防疫得到普及且趋于专业化，但疫情冲击致使众多养殖场（户）采取了恐慌抛售的行为，成为生猪产能大幅下滑的重要原因。

3. 基于规模视角对生猪养殖疫病防控情况的研究

国外针对养殖规模与疫病防控关系的研究相对较少。但已有研究表明，一味增加要素投入扩大养殖规模，会加大疫病的传播风险，造成较高的生猪死亡率（Shreve et al. , 1995），Kilbride 等（2012）对英国 112 个大型生猪养殖场的调查研究发现，受较高养殖密度影响，仔猪更易感染疾病，平均死亡率高达 12％。

相关研究受到国内学者的广泛关注。一类文献基于对养殖场（户）疫病防控行为的研究，分析了二者间的关系，但研究结论存在一定的分歧。张桂新等（2013）在控制了个体特征、认知特征等变量的情况下，运用二元回归模型发现规模对疫病防控行为没有显著影响，认为在疫情暴发的情况下，不同规模养殖场（户）防疫行为存在趋同。杨佩（2015）同样认为，个体特征是决定养殖

场（户）是否采取防疫行为的关键因素，认知水平、社会防疫条件则是直接影响因素，而养殖规模不是关键影响因素。与此不同的是，黄泽颖等（2016）通过调研发现，小规模养殖场（户）管理粗放，不重视消毒用品的购置，未能进行有效的灭菌消毒。闫振宇等（2015）基于风险感知视角分析了生猪养殖场（户）疫病防控行为，认为大规模生猪养殖场（户）在信息获取上存在一定优势，对风险更为敏感，能够及时采取防疫措施。周勋章等（2020）研究发现，在非洲猪瘟冲击下，受诸多因素制约小、散户采取防疫措施的难度较大，主要依靠"软件型"防控措施进行防疫，相较于大规模养殖场（户）存在明显的差距。另一类文献从疫情冲击强度大小对养殖规模与疫病防控的关系展开了讨论，得出较为一致的观点，即大规模养殖并非疫情冲击下稳定畜禽生产的压舱石。如于乐荣等基于调研数据研究发现禽流感对养殖场（户）的冲击程度因规模而异，小散户受到的影响相对较小，并且恢复迅速，而规模越大的养殖场（户）家禽养殖数量减幅越大，且恢复缓慢（于乐荣等，2009）。张桂新（2013）研究发现，在疫情应对方面，规模场的预付资本较大，更易受到疫情影响而调减养殖规模。李鹏程等（2020）基于全国8省调研发现，非洲猪瘟疫情冲击下，中、小规模养殖场（户）规模较小，便于控制人流、车流进出频率，表现出一定的疫病防控优势，以及较强的养殖意愿。

四、需要进一步研究的问题

国内外学者围绕畜禽养殖业生产成本、粪污污染、应对疫病冲击等方面的情况进行了大量探索。上述研究为本研究提供了重要的参考资料与研究方法，但仍有以下拓展空间：

一是评价指标体系有待完善。涵盖生猪生产经济、生态和社会效益等方面的综合评价指标体系还没有建立。二是生猪饲养效益评价过多依赖于效率测算，对于生猪养殖单项技术、高效安全养殖集成技术的综合效益评估还未有见到。三是现有研究侧重于测算影响结果，忽视了对影响机理的分析。无论是对养殖规模与生猪饲养成本关系的分析，还是对养殖规模与应对疫情冲击能力关系的分析均忽视了对中间过程、影响机理的深挖。

第二章　生猪产业现状及国际竞争力 *

本章基于宏观统计数据从生产规模、效率以及质量等方面对生猪产业现状进行分析，梳理生猪产业面临的现实约束与发展趋势。同时，分析猪肉产品贸易结构特征，测算、比较各国猪肉产品的国际竞争力情况，并剖析其影响因素。

一、生猪产业发展现状

（一）生猪生产规模及技术水平总体呈上升态势，近年生产有所下滑

生猪生产总体呈现出增长态势。1980 年，中国生猪存栏量、出栏量分别为 30 543.10 万头和 19 860.70 万头，2018 年分别增长至 42 817.00 万头和 69 382.00 万头，年均增长率为 0.89% 和 3.35%；猪肉产量则从 1 134.07 万吨增至 5 404.00 万吨，年均增长 4.19%，但受非洲猪瘟疫情影响，2019 年生猪存栏、出栏量以及猪肉产量均有所回落（如图 2-1）。此外，生猪出栏率和出栏胴体重亦呈现出增长趋势。生猪出栏率由 1980 年的 65.03% 上升至 2019 年的

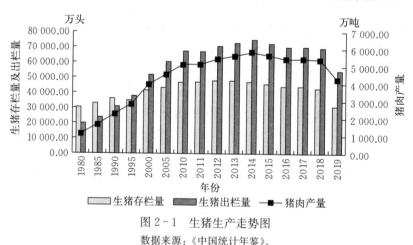

图 2-1　生猪生产走势图

数据来源：《中国统计年鉴》。

＊　本章部分内容已发表在《西北农林科技大学学报（社会科学版）》2020 年第 1 期。

175.23%，增长了169.46%；生猪出栏胴体重由57.10千克/头增至79.90千克/头，增长了39.92%。

在这一过程中，大型生猪养殖集团不断涌现，并于近年实现了快速发展，行业集中度持续提高。从2019年出栏前6的生猪养殖上市企业情况来看（如表2-1），除排名第1的温氏股份生猪出栏较2015年增幅较小外，其余5家上市企业均实现了大幅增长，其中牧原股份生猪出栏增量最大，增长了584.28万头，大北农增幅最大，达到804.67%。6家上市企业2015年总计出栏1 996.87万头，仅占全国总出栏的2.76%，2019年出栏则达到了4 217.16万头，占全国出栏的7.75%，在较短时间内推高了行业的集中度。

表2-1 主要生猪养殖上市企业出栏情况

单位：万头，%

排名	企业名称	2015 年	2019 年	增幅
1	温氏股份	1 535.06	1 851.66	20.62
2	牧原股份	171.05	1 025.33	499.43
3	正邦科技	157.94	578.40	266.22
4	新希望	87.28	354.99	306.73
5	天邦股份	27.54	243.94	785.77
6	大北农	18.00	162.84	804.67

数据来源：各上市公司年报。

（二）生猪养殖规模化率大幅提升，单体养殖规模不断扩大

21世纪之初中国生猪养殖业主要以小户散养为主，2000年中国生猪养殖规模化率（出栏500头以上规模养殖比重）仅为9.69%，且在较长时间内增速始终较为缓慢。而为应对2006—2008年猪肉价格的大幅波动（沈银书，2012），中国政府密集出台了《中共中央关于推进农村改革发展若干重大问题的决定》《关于促进生猪生产发展稳定市场供应的意见》《关于促进规模化畜禽养殖有关用地政策的通知》等诸多文件，将提升生猪养殖规模化率作为稳定生猪生产、保障猪肉产品充足供给的重要政策抓手。在相关支持政策推动下，2007年前后中国生猪养殖规模化率实现了快速增长，至2010年规模化率提升了2.61倍，达到34.96%。2010年出台的关于加快推进畜禽标准化规模养殖的意见》及2016年出台的《全国生猪生产发展规划（2016—2020年）》持续

为生猪养殖规模化率的提升提供了资金、政策支持，这一阶段生猪养殖规模化率稳步提升。2018 年 8 月首次在中国暴发的非洲猪瘟疫情对生猪养殖业造成了巨大冲击，导致生猪存栏下降 20％左右，中央政府为稳定生猪生产，促进生猪产能尽快恢复，出台了《稳定生猪生产促进转型升级的意见》等诸多支持政策，再次将规模养殖场作为了重点扶持对象。与此同时，个别地方政府为完成猪肉自给率目标，纷纷依托规模养殖企业进行生猪产能恢复。由此，中国生猪养殖规模化率再次进入了快速提升期，2019 年生猪养殖规模化率达到 53.00％，同比增长了 3.9 个百分点（如图 2-2）。

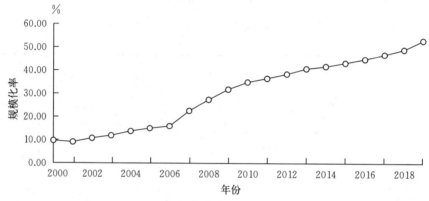

图 2-2　中国生猪养殖规模化率变化趋势

数据来源：《中国畜牧兽医年鉴》。

在中国生猪产能不断增长的同时，养殖场（户）数量持续下降，单体养殖规模持续扩大。2000 年，共有超过 1 亿个养殖场（户）从事不同规模的生猪养殖，到 2018 年，这一数量下降为 3 155.95 万个，降幅近 70.00％，也即是约有近 7 000 万个养殖场（户）退出了生猪养殖业。从不同规模养殖场（户）生猪出栏情况来看（如图 2-3），2019 年，年出栏生猪 500 头以下的养殖场（户）仍为中国主要的生猪养殖主体，其出栏占全国生猪出栏量的比例为 47.00％；年出栏生猪 3 000～10 000 头的养殖场（户）发展速度最慢，已成为占比最低的生猪养殖主体，其出栏占全国生猪出栏量的比例仅为 13.00％。从 2000—2019 年出栏占比变动情况来看，年出栏生猪 10 000 头以上的规模养殖场（户）生猪出栏占比增速最快，年均增速高达 31.01％，其次为年出栏生猪 500～3 000 头的规模养殖场（户），年均增速为 24.39％。出栏万头以上规模养殖场（户）的快速扩张以及年出栏 500 头以下散户的扩大再生产推动了生猪饲养量的增加，及单体养殖规模的扩大。

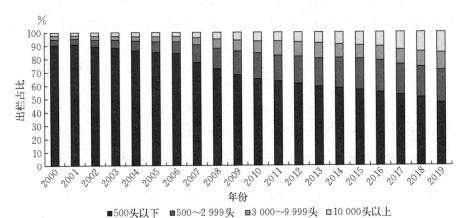

图 2-3　中国不同规模生猪养殖场（户）出栏占比变化情况

数据来源：《中国畜牧兽医年鉴》。

（三）生猪生产效率持续提升，猪肉产品的安全、品质受到重视

在人多地少这一资源禀赋特征下，为有效保障猪肉产品的充分供给，中国政府始终将"推动生猪规模化、集约化养殖，实现规模经济，提升生产效率"视为促进生猪养殖业发展的重要方向。从 2010—2018 年不同规模生猪全要素生产率变动情况来看（如表 2-2），不同规模生猪养殖场（户）全要素生产率均有明显提升，其中散养生猪全要素生产率年均增长 2.67%，增速最快；小规模生猪养殖全要素生产率年均增长 2.27%；中规模生猪养殖全要素生产率年均增长 2.13%；大规模生猪养殖全要素生产率年均增长 2.34%。

表 2-2　2010—2018 年不同规模生猪全要素生产率

年份	散户	小规模	中规模	大规模
2010—2011	0.971 0	0.972 9	0.980 3	1.009 5
2011—2012	0.929 3	0.963 7	0.978 7	1.040 0
2012—2013	1.058 5	1.038 3	1.036 4	1.046 3
2013—2014	1.039 1	1.056 0	1.036 8	1.005 2
2014—2015	1.058 4	1.042 0	1.063 4	1.081 9
2015—2016	0.928 4	0.933 1	0.935 5	0.959 3
2016—2017	0.960 9	0.999 4	1.008 6	0.980 1
2017—2018	1.167 3	1.138 6	1.136 4	1.187 1
均值	1.014 1	1.018 0	1.022 0	1.038 7

数据来源：根据《中国农产品成本收益资料汇编》测算。

在注重高效养殖的同时，猪肉产品的安全与品质也日益受到关注。当前，消费者非常重视猪肉产品的质量安全，这驱使中国生猪产业向着品牌化、可追溯的方向发展。同时，随着收入水平的提升，消费者对猪肉产品的质量也提出了更高要求，更倾向于购买有绿色、有机认证的无抗生素、无兽药残留的猪肉产品，并具有更高的支付意愿。从品种上来看，杜长大这一普通品种已经不能完全满足消费者对于优质猪肉产品的需求。一号土猪、草香猪等针对中高端市场的优质猪肉产品深受市场追捧，需求快速增长。

（四）疫病冲击影响较大，猪价波动较为频繁

生猪市场价格波动存在明显的阶段性和周期性特征。1994 年 6 月，仔猪、活猪和猪肉价格分别为 7.71 元/千克、5.76 元/千克和 9.40 元/千克；到 2019 年 4 月第 4 周，仔猪、活猪和猪肉价格分别为 37.17 元/千克、14.90 元/千克和 24.58 元/千克。2007 年以来，生猪市场价格波动的阶段性和周期性非常明显，大致经历了三个波峰。生猪市场价格波动是供给、需求及外部因素冲击共同作用的结果，其中疫病冲击影响大，基本上每一次猪价的大幅波动背后都有疫病流行的影子（王明利，2018）。尤其是 2018 年 8 月，中国首例非洲猪瘟疫情在辽宁省沈阳市沈北新区确诊。随后疫情迅速蔓延至了全国 31 个省份，2018—2020 年，中国共计报告非洲猪瘟疫情 173 起，扑杀生猪约 120 万头。同时，由于非洲猪瘟感染性强，致死率高，大量养殖场（户）为规避生产风险，进行了恐慌式抛售，对生猪生产造成了极其严重的影响。受非洲猪瘟疫情冲击影响，部分地区生猪运输不畅，致使短期猪肉价格大幅攀升，而随着大量养殖场（户）的恐慌抛售，猪肉价格大幅下降，直至 2019 年下半年猪肉的下行趋势才得以扭转。之后，随着猪肉供给的短缺，白条肉价格开始大幅上涨，最高达到 49.41 元/千克，较非洲猪瘟暴发前增长了 163.05%（如图 2-4）。

（五）猪肉需求将持续增长，产业发展空间仍然较大

猪肉需求将持续增长，产业发展空间仍然较大。预计到 2035 年，猪肉产量将达到 6 226.48 万吨，净进口量达到 184.90 万吨，国内总供给量为 6 411.38 万吨（如表 2-3）；2018—2035 年，猪肉产量、净进口量、总供给量年均增长分别为 0.84%、3.06%、0.89%。城乡居民消费需求达到 4 569.27 万吨，加工需求 327.92 万吨，耗损等 1 514.19 万吨，年均分别增长 0.90%、1.02%、0.84%。从猪肉自给率和人均消费量看，自给率先降后增，预计 2035 年达到 97.12%（如图 2-5）；居民人均猪肉消费量总体呈现出增长态势，2035 年达到 33.00 千克（如图 2-6）。

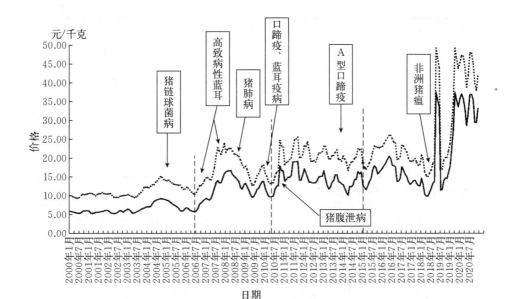

图 2-4　生猪市场价格走势图

数据来源：《中国畜牧业统计》和中国畜牧业信息网。

表 2-3　2018—2035 年中国猪肉市场供需预测

单位：万吨

年份	总供给	产量	净进口量	总需求	消费需求	加工需求	耗损等
2018	5 511.99	5 401.24	110.74	5 511.99	3 922.47	276.01	1 313.50
2019	5 425.10	5 264.24	160.86	5 425.10	3 868.04	276.88	1 280.18
2020	5 508.70	5 356.29	152.41	5 508.70	3 927.20	278.93	1 302.57
2021	5 543.10	5 356.33	186.78	5 543.10	3 958.27	282.26	1 302.58
2022	5 585.88	5 392.70	193.17	5 585.88	3 988.95	285.51	1 311.42
2023	5 633.71	5 431.95	201.76	5 633.71	4 023.58	289.16	1 320.97
2024	5 720.94	5 507.87	213.07	5 720.94	4 088.76	292.75	1 339.43
2025	5 803.80	5 584.89	218.91	5 803.80	4 149.38	296.26	1 358.16
2026	5 882.31	5 656.39	225.92	5 882.31	4 207.03	299.72	1 375.55
2027	5 956.82	5 725.77	231.05	5 956.82	4 261.26	303.14	1 392.42
2028	6 027.01	5 796.78	230.23	6 027.01	4 310.88	306.44	1 409.69
2029	6 092.98	5 869.43	223.54	6 092.98	4 355.97	309.65	1 427.36

（续）

年份	总供给	产量	净进口量	总需求	消费需求	加工需求	耗损等
2030	6 140.26	5 878.12	262.14	6 140.26	4 397.99	312.80	1 429.47
2031	6 198.29	5 944.14	254.15	6 198.29	4 436.86	315.90	1 445.53
2032	6 254.44	6 011.81	242.63	6 254.44	4 473.50	318.97	1 461.98
2033	6 308.67	6 081.45	227.23	6 308.67	4 507.77	321.99	1 478.92
2034	6 360.83	6 152.97	207.86	6 360.83	4 539.55	324.97	1 496.31
2035	6 411.38	6 226.48	184.90	6 411.38	4 569.27	327.92	1 514.19

数据来源：中国农业科学院 CASM 模型。

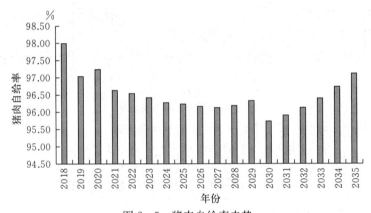

图 2-5　猪肉自给率走势

数据来源：中国农业科学院 CASM 模型。

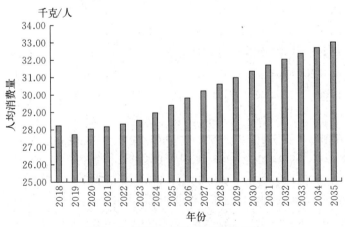

图 2-6　居民人均猪肉消费量走势

数据来源：中国农业科学院 CASM 模型。

二、猪肉产品贸易及结构变动

(一)进口螺旋式增长,出口不断下降

1996—2017年中国猪产品进口量总体呈现波动增长趋势,而中国猪肉产品的出口量自1996年以来整体呈下降态势。2007年以前中国仍是猪肉产品净出口国,2007年以后则成为净进口国。国内供给波动是影响猪肉产品进口量和出口量变动的重要因素之一,2007年生猪产量的绝对量首次下降,猪肉产量降幅达7.8%,生产下降造成市场供应短缺和价格的大幅上涨,市场机制和利差效应引致国外猪肉大量进入国内,2008年进口量增加了43.84万吨,同比增长83.24%;同样的情况在2016年再次出现,2014—2015年中国猪肉产量连续两年下滑,2016年猪肉产量同比减少3.43%,此次进口量同比增长达94.87%,这充分表明中国生猪产业的不稳定性。根据农业农村部信息显示,2018年中国猪产品进口量为215万吨,同比下降7.3%;猪产品出口29.5万吨,同比下降2.44%。2019年第一季度,猪肉进口33.4万吨,同比增加3.2%;猪杂碎进口23.3万吨,同比减少15.3%。

(二)近年猪肉贸易呈净进口态势,进口量占全国产量比重不断攀升

1996年,中国猪肉净进口量为负值,2008年净进口量剧增至29.11万吨,2017年进一步增至116.55万吨(如图2-7)。从猪肉进出口贸易对国内猪肉

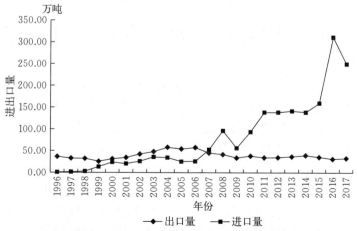

图2-7 1996—2017年中国猪肉产品进出口量变动情况

数据来源:联合国统计署贸易数据库(https://comtrade.un.org/data/)。

市场的贡献率，也即净进口量占国内猪肉市场供给量的比重看，1996 年，猪肉贸易市场贡献率为－0.40％，此后多为负值；2008 年开始，其均为正值，2017 年贸易市场贡献率达到 2.14％（如图 2-8）。总体来看，长期以来中国猪肉贸易市场处于净出口状态，近年猪肉进口急剧增长，进而转变为净进口状态。同时，猪肉贸易市场对国内猪肉市场的贡献力度近年呈现出持续提升的态势。虽然与庞大的国内市场相比，其贡献力度相对有限，但是非洲猪瘟的暴发给生猪产业带来严重的冲击，势必会造成国内猪肉产量的下滑，可以预见的是未来中国猪肉贸易市场贡献率将进一步上升。

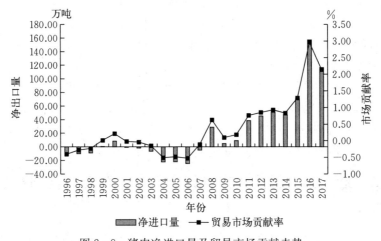

图 2-8　猪肉净进口量及贸易市场贡献走势

数据来源：根据 UN Comtrade 数据库和《中国畜牧业统计》数据整理得到。

（三）主要进口猪杂碎，但猪肉进口量占比稳定增加，出口以活猪为主

过去 20 年中国进口猪肉产品类型变化不大，以猪杂碎等其他类产品为主。虽然在 1998 年、2000 年和 2002 年略低于猪肉进口量，但其他猪产品在过去 20 年间平均占猪肉产品进口总量的六成以上。活猪的进口占猪肉产品进口总量比例最低，除个别年份外，占比均低于 0.5％。从图 2-9 可以看出来的一个趋势是，中国未来进口猪肉产品类型将发生转变，其他猪产品进口量将会被猪肉进口量反超，尤其是此次非洲猪瘟的暴发蔓延，势必会引得国外猪肉伺机进入中国市场。20 年来中国出口猪肉产品类型构成发生了一定程度的变化，活猪出口在 2002—2007 年出现暂时性的回落，猪肉呈现波动下降的趋势，而其他猪产品出口占比逐年增加（如图 2-10）。

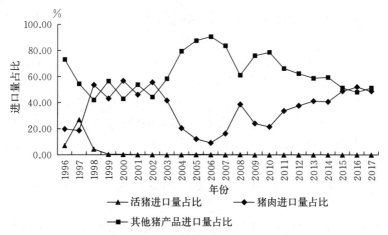

图 2-9 中国猪肉产品进口产品类型变动

数据来源：联合国统计署贸易数据库（https://comtrade.un.org/data/）。

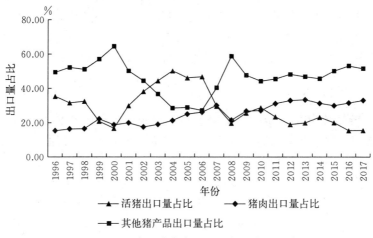

图 2-10 中国猪肉产品出口产品类型变动

数据来源：联合国统计署贸易数据库（https://comtrade.un.org/data/）。

（四）猪肉及其他猪产品进口市场集中度逐渐降低，出口市场集中度较高

1996—2017 年中国猪肉进口的来源国从加拿大、美国和澳大利亚等 8 国，增加为西班牙、德国、美国和丹麦等 17 国。1996 年中国从加拿大进口的猪肉量占当年猪肉进口总量的 62.19%；2017 年中国从西班牙进口的猪肉量占比最

高，但仅为 19.52％，表明中国猪肉进口的市场集中度逐步降低。1996—2017 年中国其他猪产品的进口来源国由 41 个增加到 62 个，主要包括美国、加拿大、德国、法国、荷兰和丹麦等北美和欧洲国家。1996—2017 年中国活猪进口的来源国主要为美国、加拿大、丹麦和法国。过去 20 多年以来，中国活猪主要供应中国香港和中国澳门，向这两个地区输出的活猪量占中国活猪出口总量的 90％以上[①]。自 2012 年以来，中国猪肉主要供应中国香港，供应量占猪肉出口量比重平均达 70％以上。日本、中国香港以及菲律宾是中国其他猪产品外销的三个主要市场。

三、生猪产业竞争力国际比较

中国猪肉产品进口持续走高，出口不断下降的根本原因是国际竞争力不足，主要体现为贸易上的比较优势不足。衡量国际竞争力的方法主要有指数估计法、模型评估法和因素分析法，不同的评价方法的适用性及其对数据的要求不同，借鉴以往相关研究，如帅传敏等（2003）、刘长全等（2018），采用指数估计法对中国猪肉产品的国际竞争力进行测定并同世界主要生猪生产国进行比较，具体测算指标包括国际市场占有率（IMS）、贸易竞争力指数（TC）、显示性比较优势指数（RCA）和显示性竞争优势指数（CA）等 4 个指标[②]。

（一）指标含义

IMS 的值域为（0～100％），其值越高表明该国猪肉产品的国际竞争力越强；反之，其国际竞争力越弱。TC 的值域为（－1，1），其值为 0 表示该国猪肉产品贸易为进出口平衡；为正值代表净出口国，且越接近 1 国际竞争力越强；为负值代表净进口国，越接近－1 竞争劣势越明显。RCA 的值域为（0～+∞），一般认为，其值大于 2.5 表明该国猪肉产品具有极强的国际竞争力；介于 1.25～2.5，表明具有较强的国际竞争力；介于 0.8～1.25，说明该国猪

---

① 该段落数据是根据 UN Comtrade 数据库整理而得，但是由于文章字数与篇幅的限制无法将市场分布的表格在此呈现，若有读者感兴趣，请联系作者。

② IMS、TC、RCA 与 CA 的计算公式分别是：$IMS = (X_{ij}/X_{wj}) \times 100\%$、$TC_{ij} = (X_{ij} - M_{ij})/(X_{ij} + M_{ij})$、$RCA_{ij} = (X_{ij}/X_{it})/(X_{wj}/X_{wt})$、$CA_{ij} = RCA_{ij} - (M_{ij}/M_{it})/(M_{wj}/M_{wt})$。其中 X_{ij} 为 i 国第 j 类产品的出口额，X_{wj} 为世界第 j 类产品出口总额，M_{ij} 代表 i 国第 j 类产品的进口额，X_{it} 为 i 国所有产品出口额，X_{wt} 为世界所有产品出口总额，M_{it} 代表 i 国所有产品的进口额，M_{wj} 表示世界第 j 类产品进口额，M_{wt} 代表全世界所有产品的进口额。具体而言，文中的 i 国依次指中国、德国、荷兰、丹麦、西班牙、美国、加拿大和巴西，第 j 类产品指猪肉产品。本部分所用数据来源于 UN Comtrade（https://comtrade.un.org/。

肉产品具有中度的国际竞争力；小于 0.8 表明国际竞争力较弱。CA 的值为负时，表明该国的猪肉产品处于显示性竞争劣势，反之处于显示性竞争优势，在评估产业国际竞争力时通常会综合考虑 CA 指数与 RCA 指数后再得结论。

（二）结果分析

总体而言，中国生猪产业目前缺乏比较优势，各项贸易竞争力指数在过去 20 多年中不断下降。从各指标的均值看，中国始终处在所测度国家中的后两位；从历年发展趋势看，各项指标数值持续走低，表明中国猪肉产品竞争劣势日渐明显（如表 2-4）。

表 2-4 中国生猪产业国际竞争力及其变动情况

指数	年份	中国	德国	荷兰	丹麦	西班牙	加拿大	美国	巴西
	1996	3.03	3.95	19.11	20.01	4.28	6.65	6.84	0.02
	2006	3.41	11.94	10.68	15.59	7.61	9.51	9.61	3.55
IMS	2016	2.69	14.33	9.05	9.81	10.92	7.29	13.53	3.36
	2017	2.46	14.33	9.20	9.84	3.42	7.27	13.64	3.42
	2018	1.92	14.22	9.43	11.22	12.98	8.47	14.26	3.32
	1996	0.98	−0.66	0.82	0.95	0.39	0.85	0.04	−0.39
	2006	0.66	−0.02	0.60	0.84	0.71	0.72	0.21	0.99
TC	2016	−0.66	0.29	0.57	0.82	0.84	0.56	0.49	0.98
	2017	−0.58	0.27	0.54	0.82	0.52	0.59	0.49	0.98
	2018	−0.58	0.27	0.54	0.82	0.52	0.59	0.49	0.98
	1996	1.23	0.38	5.38	20.46	2.11	1.64	0.55	0.02
	2006	0.42	1.26	3.16	20.35	4.22	2.90	1.10	3.05
RCA	2016	0.20	1.67	3.17	16.21	6.04	2.92	1.45	2.83
	2017	0.17	1.53	2.82	15.01	1.66	2.68	1.37	2.44
	2018	0.15	1.74	3.06	19.71	7.15	3.59	1.63	2.64
	1996	1.22	−1.60	4.84	19.90	1.39	1.49	0.19	−0.01
	2006	0.31	−0.37	2.26	18.43	3.73	2.36	0.70	3.04
CA	2016	−1.14	0.46	2.18	14.42	5.53	2.11	1.12	2.79
	2017	−0.68	0.36	1.79	13.27	1.15	1.96	1.04	2.39
	2018	−0.44	0.42	2.19	18.86	6.64	3.04	1.27	2.64

数据来源：根据联合国统计数贸易数据库计算整理而得。

具体而言，国际市场占有率测算结果表明，世界猪肉产品主要出口区域已由原来的丹麦、荷兰两国独大转变为五国"分天下"，丹麦和荷兰虽然占有率有所下降，分别由 1996 年的 19.11％和 20.01％减少到 2017 年的 9.20％和9.84％，但仍在世界猪肉产品出口市场居重要位置，新进德国和美国国际市场份额强劲增长，已由 1996 年的 3.95％和 6.84％增加到 2017 年的 14.33％和13.64％，加拿大在波动中前进，始终保持 7％左右的占有率，除个别年份外，西班牙生猪产品的国际市场占有率一直稳中有升，至 2016 年已达 10.92％。中国和巴西虽是生猪生产大国，但二者猪肉产品的 IMS 均始终在 4％以下，但总体来看巴西的 IMS 指标值呈增加趋势，而中国的 IMS 值则波动下降，相比较其他国家而言出口竞争力较弱。

贸易竞争力指数的计算结果显示，丹麦、荷兰、西班牙、加拿大和美国为猪肉产品的净出口国，德国和巴西从净进口国转变为净出口国，而中国则从猪肉产品的净出口国转变为净进口国。综合考量显示性比较优势指数和显示性竞争优势指数结果可知，丹麦和荷兰稳居世界生猪产业竞争力强国的第一层次，具有极强的国际竞争力；西班牙、加拿大和美国的生猪产业位居第二层次，具有较强的国际竞争力；德国和巴西的生猪产业国际竞争力处在第三层次，经历了由明显的竞争劣势向具有中度竞争优势的转变过程；中国生猪产业国际竞争力属于第四层次，一直处于较低水平且持续弱化，RCA 值在大多数年份均小于 0.8，且呈不断减小趋势，CA 值近两年均小于 0，这两个指标的变化更综合地反映了中国生猪产业国际竞争力的下降。

四、生猪产业国际竞争力影响因素

影响生猪产业国际竞争力的因素很多，既有宏观经济环境和产业政策方面的因素，也有微观经营主体行为选择方面的原因，但在农产品市场日益开放的条件下，核心因素应是生产效率及由此影响的成本收益大小。本研究所用的成本收益和生产效率的数据来自 Agri benchmark 监测的世界重要生猪生产国养殖场（户）第一手数据库，该数据是按照标准操作规制（SOP）记录各国或地区典型养殖场的相关数据，具有较强的代表性和较好的可比性[①]。

---

① 考虑到数据处理方便和信息完整度，Agri benchmark 将所有养殖户根据其所在国家和拥有的牲畜存出栏量进行了编号，如 DE - 400 - 12K 表示德国一个拥有 400 头繁育猪和出栏 12 000 头育肥猪的养殖场（户），DK - 1100 - 0 代表丹麦一个拥有 1 100 头繁育猪的养殖场（户），该养殖场不从事育肥，而 BR - 0 - 3000 表示巴西一家仅从是育肥的养殖场，年出栏 3 000 头商品猪，其他编码含义以此类推，其中 CN、NL、ES 和 CA 分别代表中国、荷兰、西班牙和加拿大。鉴于篇幅限制，未列表展示各养殖场（户）成本收益数据，而是做了均值处理。

（一）成本因素

从生猪生产总成本的均值看，中国是最高者，生产 50 千克胴体重的平均总成本为 995.71 元；巴西为生产总成本最低者，生产 50 千克胴体重的平均总成本仅为 430.54 元（如表 2-5）。生猪生产的总成本包括非要素成本和要素成本，这两类成本的变动共同构成了总成本结构的变化，因此，接下来对非要素成本结构和要素成本结构做进一步拆分，以找出推高中国生猪生产总成本的具体费用项目。

表 2-5　2017 年各国生猪平均生产总成本及其结构分布

单位：元/50 千克胴体重，%

类型	成本数量及结构	中国	德国	丹麦	荷兰	西班牙	加拿大	巴西
育肥猪	平均总成本	995.71	610.35	551.47	512.90	556.23	466.56	430.54
	非要素成本比率	94.38	96.83	96.28	98.78	99.19	95.83	95.38
	要素成本比率	5.62	3.17	3.72	1.22	0.81	4.17	4.62

数据来源：Agri benchmark 数据库（http://www.agribenchmark.org/home.html）。

从成本结构看，非要素成本比率平均达 90% 以上，要素成本占比 5% 左右，因此各国育肥猪生产总成本的变化主要受非要素成本的影响，但要素成本的变动也会给总成本的波动带来微弱的影响。根据 Agri benchmark 的分类标准，育肥猪生产的非要素成本包括仔畜费、饲料成本、折旧费、燃料动力及其他固定成本、医疗防疫费、保险税收及其他可变成本，其中仔畜费和饲料成本所占比重最大，均达到 40% 左右，二者累计占比约 80% 以上。要素成本即劳动力、土地和资本的使用费用，其中依旧是劳动力成本占比最多（表 2-6）。

表 2-6　2017 年各国育肥猪平均总成本构成情况

单位：元/50 千克胴体重

项目	中国	德国	丹麦	荷兰	西班牙	加拿大	巴西
仔畜费	490.66	282.92	276.48	230.17	258.47	188.02	170.14
饲料成本	375.56	228.91	202.25	223.47	231.78	207.84	210.59
折旧费	30.45	34.28	24.36	26.38	2.67	26.10	13.06
医疗防疫费	18.52	4.79	2.77	3.06	6.70	1.15	9.30
燃料动力费及其他固定成本	9.27	15.20	7.16	18.97	5.21	19.74	5.96
保险及其他可变成本	15.30	24.92	17.96	4.59	46.89	4.25	1.59

（续）

项目	中国	德国	丹麦	荷兰	西班牙	加拿大	巴西
劳动力总成本	50.56	7.76	13.86	0.00	3.77	11.28	8.87
土地总成本	1.60	9.36	0.52	0.00	0.00	0.00	0.00
资本总成本	3.81	2.23	6.13	6.28	0.74	8.19	11.04

数据来源：Agri benchmark 数据库（http://www.agribenchmark.org/home.html）。

仔畜费方面，中国是 7 个国家中最高者，为 490.66 元，巴西是最低者，为 170.14 元；德国、西班牙和丹麦平均为 250～280 元，略高于加拿大和荷兰的平均仔畜费（180～230 元）。其一，仔畜费高是因为仔猪价格较高，根据 Agri benchmark 发布的《2016 年世界主要生猪生产国行业报告》显示，无论是以头均还是以每千克为计算基础，2015 年中国的仔猪价格最高，是其他样本国家的一倍左右，而大多数欧洲国家以及加拿大、巴西和南非等国的仔猪价格相差不大，因此其仔畜费差别并不明显。其二，繁育猪的生产成本较高会导致仔猪价格较高。根据 Agri benchmark 提供的数据，通过测算，2017 年中国繁育猪的生产成本为 592.60 元/50 千克活重，仍是 7 个重要生猪生产国中繁育猪平均生产总成本最高的国家。

饲料成本方面，中国依旧是 7 个国家中的最高者，生产 50 千克胴体重需要支付 375.56 元的饲料成本，丹麦为饲料成本最少的国家，但与其他五国差距并不是很大，基本均集中在 200～240 元，同样生产 50 千克胴体重，中国需比其他 6 个国家多支付 150 元左右的饲料成本。其一，饲料成本高低与玉米价格息息相关，因为生猪饲料主要以玉米为主，不管哪种规模的养殖户，玉米在原料粮中所占比例高达 78%（王明利等，2012）。玉米临时收储政策价格制度的实行，使得玉米价格居高不下；取消临储政策以来，玉米价格有所下降，生猪养殖的饲料成本也已由 2015 年的 572.58 元/50 千克活重减少到 2017 年的 375.56 元/50 千克活重，但是，中国的玉米价格还是远高于其他 6 个国家，进而导致饲料成本较高。其二，育肥猪的饲料成本高低除了与玉米价格相关外，还与饲料转化率关系密切，中国育肥猪的饲料转化率仅为 3.2 左右，而其他六国可以达到 2.5 左右。其三，育肥仔猪的初始重量也会影响生猪养殖的饲料成本。仔猪重量越轻，则所需饲料费用越高；反之，饲料成本越低。

劳动力成本方面，中国仍是 7 个国家中最高的，为 50.56 元/50 千克胴体重；西班牙的劳动力成本最低，为 3.77 元/50 千克胴体重。除荷兰样本养殖户因使用家庭劳动力未计算成本以外，同样生产 50 千克胴体重支付的劳动力使用费用中国比其他国平均高出 40 元左右。中国生猪养殖的劳动力成本逐步攀高与散养户逐渐退出和劳动力不断转移休戚相关。20 世纪 90 年代中国生猪生产在劳动力成本方面具有明显优势，是因为当时以农户家庭养猪为主，家庭自有劳动力并未计入生产成本，但 90 年代后期以来，小散户渐渐被专业养殖大户（场）取代，养殖场需要更多的人力投入，只能增加雇工。而随着中国已经到达刘易斯拐点，人口结构的变化，劳动力供给条件的变化显著地推高了劳动成本，给劳动密集型的农业带来了严峻的挑战，削弱了中国农产品在全球市场的竞争力（韩俊，2016）。而西班牙的劳动力成本在欧洲所有国家中排在倒数第五位，比欧洲平均的劳动力成本低，同时也是世界范围内劳动力成本较低的国家之一。

医疗防疫费方面，中国仍高于其他国家，为 18.52 元/50 千克胴体重，其他六国均在 10 元以下。中国育肥猪的医疗防疫费远高于德国、丹麦、荷兰和加拿大等世界猪肉竞争力强国，说明中国对育肥猪的医疗防疫问题较为关注，这也就间接解释了为什么中国猪肉出口会屡屡遭受 SPS 协议的规制。折旧费、燃料动力及其他固定成本、保险税收及其他可变成本的投入以及土地和资本的使用费用方面中国既不是最高者也不是最低者，且当前其对生猪生产的总成本影响较小，鉴于篇幅限制，不再做进一步分析。

（二）生产效率因素

平均每头母猪每年提供的育肥猪的数量（MSY）中国最少，约为 20 头，丹麦最多，约为 33 头，荷兰次之，约为 30 头。MSY 较低导致养殖场（户）生产成本高且抗风险能力差，要提升 MSY 就必须从母猪生产胎次、品种等遗传因素、饲料等营养因素、配种等管理水平、繁殖疾病控制等方面入手。物质劳动生产率最高者为荷兰，每劳动工时平均可生产活重 100.14 千克，丹麦次之，为 95.73 千克，中国仅为 10.35 千克（如表 2-7）。物质劳动生产率的高低与技术进步贡献率、从业人员素质以及收入分配的体制机制相关。

表 2-7 各国生猪生产效率情况

国家	MSY（头）	物质劳动生产率（%）	育肥期（天）	日增重（克）	饲料转化率（千克/工时）	胴体重（千克）	胴体产肉率（%）
中国	19.92	10.35	128.75	782.50	3.21	96.39	75.25
德国	29.39	73.79	110.40	838.14	2.80	95.85	79.14
荷兰	30.02	100.14	107.65	866.00	2.46	94.91	80.00
丹麦	33.20	95.73	84.82	987.00	2.67	86.58	76.00

（续）

国家	MSY （头）	物质劳动 生产率（%）	育肥期 （天）	日增重 （克）	饲料转化率 （千克/工时）	胴体重 （千克）	胴体 产肉率（%）
西班牙	25.08	70.99	132.00	662.25	2.45	87.30	80.25
加拿大	24.68	90.36	112.00	915.00	2.72	102.00	80.00
巴西	25.66	34.44	111.50	888.00	2.47	90.41	74.00

数据来源：Agri benchmark 数据库（http://www.agribenchmark.org/home.html）。

除胴体重外，中国育肥猪的其他各项生产效率指标在七国中均处在靠后位置。育肥期最长者为中国，约为 129 天，最短者为丹麦，仅需 85 天左右，育肥期较长说明育肥仔猪初始体重较低，这不但和品种有关，也与饲喂技术以及饲料配比有关；中国育肥猪的日增重为 782.5 克，仅略高于西班牙，比排在首位的丹麦每日少增 204.5 克，比第二位的加拿大每日少增 132.5 克，德国、荷兰和巴西育肥猪的日增重均达到 800 克以上；中国育肥猪养殖场（户）的饲料转化率表现最差，育肥猪增重 1 千克需 3.21 千克饲料，荷兰、西班牙和巴西的饲料转化率表现相对较好，在 2.5% 以下；就胴体重和胴体产肉率来看，加拿大育肥猪的胴体重最高，平均为 102 千克，中国排在第二位，为 96.39 千克，其余各国的胴体重基本在 85～96 千克，胴体产肉率各国相差不多，集中在 74%～80%。育肥猪生产效率的高低与圈舍环境条件、饲料营养水平、圈舍卫生以及饲喂方式等有很大关系。由此可见，中国育肥猪的管理水准与丹麦、荷兰、德国等还存在一定的差距。

（三）其他影响因素

影响畜产品国际竞争力的因素有很多，但是绝大部分都最终体现在产品生产成本上，比如环境政策规制。随着环保观念不断深入人心和各项环保政策的陆续出台，中国生猪产业发展的环保约束将日趋严格，由于中国相关政策实施时间较短，加之一些特定的规制细则尚未制定完全且未影响到所有养殖者，因此环境政策的约束到底给中国生猪产业生产成本带来哪些影响尚无可靠数据支撑，所以本研究综述世界上生猪产业竞争力强国已经实施的环保政策对生猪产业的影响结果，以之为参考或镜鉴。1987 年荷兰开始执行《粪肥法案》，该法案给每个养猪场都分配了一个配额，以限制其在单位土地上的粪尿和磷使用量，超过这个配额则要征税，所有新上设备必须比原设备的氨排放减少 50%；荷兰育肥猪每增重 1 千克其粪污处理成本即增加 7 美分（Robert H，2017）。

除了成本收益、生产效率和环境规制以外，地理位置、资源丰裕度、供应链发展程度、行业技术进步（包括疫病防控）、汇率等亦会影响一国生猪产业的国际竞争力。加拿大和美国生猪产业国际竞争力强的原因，一是由于其生产成本，尤其是饲料成本具有比较优势，二是其地缘位置距离亚洲这个蓬勃增长的猪肉消费市场较近，比欧洲节省运输成本，三是充足的谷物供给和低密度人口为生猪产业规模扩张提供了良好的基础（Marvin L. Hayenga，1998）。丹麦的生猪产业显示出极强的国际竞争力，不在于其生产成本上的比较优势，而是在于其发达的供应链管理体系和明确的出口消费政策导向。丹麦拥有完整的产业垂直协作系统、无偿对产业各阶段劳动力进行扎实的教育培训、有能力快速满足出口消费市场的需求变化、保障供应链上所有产品质量信息全面快速有效地进行传播并且非常重视产业科学研究，产学研联系紧密（Jill Hobbs，1998）。

第三章 生猪产业国内外发展模式及典型做法[*]

本章基于对典型生猪养殖场（户）的调研，归纳中国生猪产业在提质增效、转型升级进程中涌现的成功做法与典型模式。同时，借助国外宏观统计数据及微观案例探究发达国家在生猪产业提质增效、转型升级方面的成功经验与经典做法。最后在此基础上展望未来中国生猪产业发展的可行模式。

一、中国生猪产业典型发展模式

近年，中国生猪产业发展受到环保高压和非洲猪瘟的猛烈打击，生猪产能大幅下降，生猪价格居高不下，对国民经济和居民生活产生明显影响，2020年上半年，新冠肺炎疫情暴发，短期内阻碍了种猪调运、饲料运输，一定程度上影响了生猪产能恢复。在环保政策余震、新冠肺炎疫情叠加非洲猪瘟疫情的双疫情影响下，倒逼中国生猪产业加速转型升级，探索、总结新形势下生猪产业发展模式，推动生猪产业的稳定、健康持续发展，对整个国民经济和社会稳定具有重要意义。本部分根据中国生猪产业发展现状，选择公司全产业链一体化、"公司＋农户"（家庭农场）、"聚落式"三种受关注最多的养殖模式，探讨中国生猪产业转型升级模式。

（一）温氏模式

广东温氏集团创立于 1983 年，于 1997 年进入养猪行业，现以商品猪和商品鸡为主营业务，是全国重点龙头企业、国家级创新型企业，并拥有国家生猪种业工程技术研究中心、国家企业技术中心、博士后科研工作站、农业农村部重点实验室等重要科研平台。温氏聘用 20 多名业内资深专家、70 名博士和635 名硕士，高度重视科技人才队伍建设，是首批 151 家农业产业化国家重点龙头企业之一。2020 年上半年，温氏集团在全国已经拥有 386 家控股公司，共有 5.11 万户合作农户（家庭农场）参与温氏合作模式。

根据温氏集团 2015—2019 年年报及公开数据显示（如图 3 - 1），2015—2020 年生猪年均出栏量在 1 697 万头以上，2018 年出栏量为 2 229.7 万头，达

---

* 本章部分内容发表在《世界农业》2021 年第 3 期。

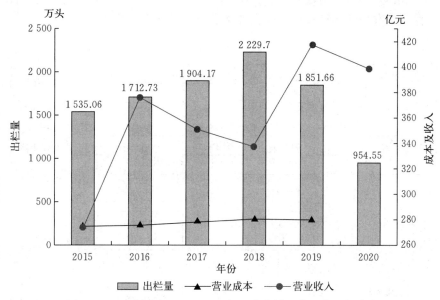

图 3-1　温氏集团 2015—2020 年生猪出栏、营业收入与成本

到近几年最高峰。2018 年后，出栏量大幅下跌，2020 年出栏量仅为 2018 年的 42.81%，由于温氏"公司＋农户"的经营模式，易受到非瘟、环保高压的影响，且 2020 年总体投苗减少、加大种猪选留导致出栏量低。虽然出栏量不断下跌，但在生猪价格高涨的行情下，营业收入在 2019 年达到最高峰，为 2018 年营业收入的 1.24 倍，2020 年略有下滑，但依旧为 2018 年营业收入的 1.18 倍。温氏集团 2015—2019 年养殖成本变化波动不大，主要得益于农户为公司分担猪舍、人工等成本，说明温氏在控制生产成本方面具有一定优势。

1. 温氏模式运行机制

温氏集团曾以"公司＋农户"的纵向一体化模式而闻名，"公司＋农户"模式能够充分利用企业与散养户的比较优势，加强产业链间的联系。但随着环保政策和非洲猪瘟的冲击，温氏积极采取措施，在原来"公司＋农户"的基础上向"公司＋家庭农场"和"公司＋养殖小区"转变。目前存在两种生猪养殖生产模式："公司＋农户（家庭农场）"模式、"公司＋养殖小区"模式。从"小而散"到"大而专"方向转变，体现了温氏在新形势下的策略转变，利用养殖设备的自动化和智能化，来扩大养殖户的养殖规模，提高养殖效率。

（1）"公司＋农户"（家庭农场）。 经过 30 多年发展，温氏集团与农户形成了一种紧密型的合作关系，一定程度上解决了农户养殖过程中的资金和技术问题。温氏"公司＋农户"养殖模式（如图 3-2），对合作农户实行"车间化管理"，严格明确生猪产权归公司所有，坚持与农户"五五分成"的利益分配准则，保证了农户的既得利益，这也加强了农户对温氏的信任。

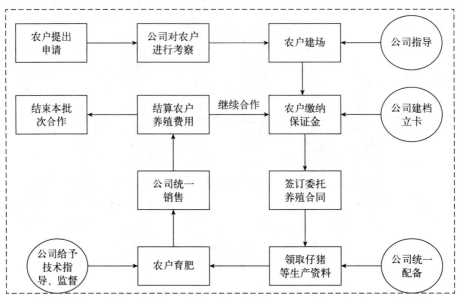

图 3-2　"公司＋农户（家庭农场）"模式流程图

　　传统农户养殖规模在 200～500 头，存在环保意识较低、疫病防控能力弱等问题，受资金、技术水平限制，难以扩大养殖规模、配套现代化养殖设备。同时，随着国家城镇化与工业化水平不断提高，农民务工收入提高，吸引农民外出打工，缺乏专业养殖人员。2010 年，面对行业和政策发生的重大变化，温氏开始推行"公司＋家庭农场"生猪养殖模式。"公司＋家庭农场"模式养殖规模较农户更大，在一定程度上克服了"公司＋农户"模式的内部规模不经济问题，并且容易与农户建立长期合作的关系，更加稳定地发展。

　　温氏集团主要采取通过养殖费用补贴、效率提升奖励的方式，引导传统农户对养殖场进行改造升级，逐步提高生猪养殖场的集约化、自动化和智能化水平，扩大家庭农场的单批次出栏数量。农户单批次养殖量已经由 500 多头增长到 700 多头。目前，温氏要求新签约的家庭农场养殖规模在 1 000 头左右，并且统一猪舍建设标准，加强对养殖废弃物的无害化处理，实现废弃物资源化利用。2010—2018 年，与温氏股份合作的家庭农场每户年平均出栏生猪数量由430 头增加至 1 200 头，合作农户的总收益从 2015 年的 61.19 亿元增加至 2018年的 81.47 亿元，户均收益水平从 11.09 万元增加至 15.48 万元，增长了

40%，公司的生猪出栏量由 2010 年的 505 万头增加至 2018 年的 2 230 万头。

公司主要负责生猪育种、生产饲料、提供技术服务、生猪销售等，向农户提供仔猪、饲料、兽药、疫苗等，农户负责在自有或租用的土地上建设生猪养殖的相关设施。公司验收合格后，农户需缴纳一定的保证金（一般每头仔猪为 200 元），并在开户和签订委托养殖合同后，方可领取仔猪、饲料、药物、疫苗等养殖物资，按照公司技术和管理标准进行规范饲养。生猪育肥期满后，公司回收商品猪进行统一销售，按合同约定向农户支付委托养殖费。合作农户的收益与生猪出栏体重、生猪成活率、正品率、耗料量、耗药量等指标密切相关。一般情况下，合作农户的生产成绩若优于标准生产指标，则可获得超额的收益；若低于标准生产指标，则获得较低的收益。

(2)"公司＋养殖小区"。2015—2020 年，与温氏合作的农户（家庭农场）数量（如图 3-3）总体呈现出下降趋势，在 2016—2018 年呈现出快速下降趋势，主要是由于环保"一刀切"政策，部分合作农户被迫退出。在 2018 年非洲猪瘟暴发后，迅速传遍全国，对生猪产能造成严重冲击，国家相应调整环保政策，重新科学界定养殖禁养区，并出台一系列利于生猪养殖的政策，以期快速恢复生猪产能，但是非洲猪瘟依然存在，且面对国家政策的不确定性、仔猪成本过高，很多生猪空养户处于观望态度。2019 年，温氏合作农户（家庭农场）数量开始增长，增长速度较慢，在此情况下，为扩大养殖规模，提高生猪产能，温氏集团推出了"公司＋养殖小区"模式，进一步强化生猪饲养能力，以适应未来的发展要求。

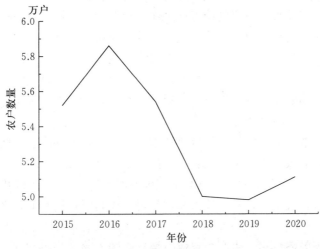

图 3-3　2015—2020 年温氏合作农户（家庭农场）数量

温氏根据国内产业行情推出"公司＋养殖小区"模式，实质上是"公司＋农户"模式的升级迭代。在"公司＋养殖小区"模式下，公司通过租赁方式获得生猪养殖用地，并统一做好通水、通电、通路和平整土地服务。"公司＋养殖小区"模式主要通过以下三种方式与农户开展合作：①温氏集团在养殖小区内建成标准化养殖场，吸引养殖户与温氏进行合作养殖；②合作农户根据温氏的标准要求自建生猪养殖场，然后与公司合作养殖，③温氏集团引进国家扶贫专项资金，以政出资的方式与公司合作，地方政府负责整合土地资源与扶贫资金审批，温氏负责建立标准化生猪养殖场，吸引合作农户到养殖小区内与公司合作养殖，实现脱贫致富。第二种合作方式通常与温氏签订了长期的合作协议，是温氏的重点合作对象。

"公司＋养殖小区"模式是温氏集团未来发展的主要方向，但具体的合作形式可以多样化，公司也在不断优化和完善中。公司采用"公司＋养殖小区"模式的生猪出栏量占比还比较小，根据公开数据显示，2020年上半年，温氏新增自建养殖小区生猪产能已达187.6万头。

2. 温氏模式的核心竞争力

（1）"企业＋高校"产学研相结合，完善的科技创新平台优势。 温氏十分注重人才与技术，积极实施创新驱动发展战略。温氏与华南农业大学、中山大学、中国农业大学、中国农业科学院等全国20多所高等研究院签订了科技合作协议，建立起长期、有效的合作关系，形成了强大的"产、学、研"有机结合的科技创新体系，不断促进畜牧业现代化发展。温氏集团以众多科研合作单位为技术支撑，开发出研究院为核心的五级科技研发体系：第一级为研究院（技术中心），主要负责科研的统筹性工作，包括制定长期发展战略规划，开展前沿、核心、重要技术研究；第二级为各养殖养殖场总部的技术部、信息中心以及专业生猪育种企业，负责开展创新型应用技术研究；第三级为各省级企业的技术部，负责落实总部规划的关键技术的推广与应用；第四级和第五级分别为一体化的下属公司技术小组及其下属各单位，负责在生产中试验推广技术、生产工艺等，并及时做出相关反馈。

温氏"企业＋高校"的产学研科技创新模式带来了许多科研成果，温氏集团共获多项国家级、省部级科技奖项，研发了9个畜禽新品种（其中猪2个、鸡7个）；拥有148项发明专利（其中美国发明专利3项）。温氏集团不断完善科技创新平台，吸引了众多科技人才，使得温氏集团在技术上、理念上都走在行业前列。

（2）养殖效率较高，生产盈利能力强。 中国养猪业发展已有40年，生猪养殖水平有了很大提高，PSY值是指单头母猪在一年内提供的断奶仔猪数量，MSY 值是指单头母猪一年内提供的生猪出栏量，是衡量养殖场经济效益和母猪生产力的重要指标。本研究根据 2019 年对温氏合作农户养殖场实地调研，得到其近三年的生猪 PSY 值和 MSY 值，并通过已有公开数据获得全国水平的 MSY 值和 PSY 值。自繁自养的养殖场经济效益主要来自育肥猪出栏情况，MSY 值越高，所均摊的各项成本就越低，经济效益越高。

从表 3-1 可以看出，近几年温氏合作农户（家庭农场）的 PSY 和 MSY 值均大幅高于全国平均水平，温氏在育种、繁育、养殖环节以及饲料营养等方面有较强优势，保证了温氏在行业内具较强的竞争力。国内 MSY 值较低，主要是中国生猪养殖规模化水平和专业化水平较低，饲养技术不高、管理水平低所导致。在 2019 年，MSY 值下滑严重，主要受非瘟影响，原本供应紧缺的二元母猪更加稀缺，很多养殖场户数用三元母猪进行繁育，三元母猪存在产仔数低、生产性能不稳定、母性不好、仔猪死亡率高等不足。

表 3-1　2017—2018 年 PSY 值与 MSY 值

单位：头

年份	国内 PSY		国内 MSY	
	全国	温氏	全国	温氏
2017	17.62	22.75	15.75	21.12
2018	18.02	23.45	15.52	22.15
2019	19.49	22.90	12.77	21.60

数据来源：公开数据资源与实地调研整理。

（3）与合作农户分工明确，充分发挥比较优势。 生猪养殖的前端产业链主要包括育种、饲料生产、首要研发等，属于资金密集、技术密集和人才密集型环节，商品肉鸡和商品肉猪的饲养属于劳动密集型和土地密集型环节，"公司＋农户（家庭农场）"模式可以充分发挥二者的比较优势。公司专注于养殖前端产业链，为农户提供优质仔猪、健康饲料及技术服务等，农户负责生猪育肥，让专业的人做专业的事情，将有限的资源合理配置，取得最大化效益。根据 2019 年温氏年报数据显示（如表 3-2、表 3-3），2018 年生猪养殖总成本为 278.18 亿元，2019 年生猪养殖成本为 255.31 亿元。2018 年生猪销售量 2 229.7 万头，2019 年生猪销售量 1 851.66 万头，平均每头商品猪成本低于全国平均养殖水平。

表 3-2   温氏生猪养殖成本

项目	2019 年		2018 年	
	金额（亿元）	占营业成本比重（%）	金额（亿元）	占营业成本比重（%）
饲料原料	151.28	59.25	171.97	61.82
委托养殖费用	45.19	17.70	49.24	17.70
药物及疫苗	12.21	4.78	14.74	5.30
职工薪酬	20.40	7.99	19.22	6.91
固定资产折旧及分摊	9.69	3.79	8.04	2.89
其他费用	16.51	6.48	14.97	5.38
合计	255.31	100.00	278.18	100.00

数据来源：公开数据资源与实地调研整理。

表 3-3   温氏与全国生猪养殖头均成本

年份	温氏			全国头均成本（元）
	生猪销售量（万头）	营业成本（亿元）	头均成本（元）	
2018	2 229.70	278.18	1 247.62	1 320.65
2019	1 851.66	255.31	1 378.82	1 441.22

数据来源：公开数据资源与实地调研整理。

这种按照相对优势理论进行专业化分工的生产模式，大大提高了公司和合作农户（家庭农场）的生产效益和效率，降低养殖成本，企业员工和股东创业积极性高，企业凝聚力强，促使公司持续健康发展。

（4）适度规模经营，养殖环保优势。 在畜禽养殖过程中，温氏集团始终高度重视生态环保，将环境保护作为集团持续发展的重要一环，坚持养殖废弃物资源化利用。为解决养殖场粪污治理模式单一、资金投资大等问题，温氏集团组织建立了"广东省畜禽健康养殖与环境控制重点实验室"和"广东省畜禽养殖污染系统控制工程技术研究中心"，遵循"4R"的原则，主张源头减污，末端治理以废弃物的资源化和综合利用为主，建立完整的生态养殖链条。温氏要求新建养殖场项目必须严格遵循环境影响评价和"三同时"原则，即养殖场主体与环保设施同时设计、同时施工、同时投入使用。

温氏"公司＋农户"模式坚持适度规模，公司通过适度控制单个合作农户（家庭农场）的养殖规模，优化区域布局，合理分散资源环境承载压力，降低粪污处理成本，实现养殖与生态和谐发展。温氏模式兼顾了经济效益与环境保护，符合中国农业可持续发展的要求。

3. 温氏模式存在的问题

（1）合作农户退出风险大，旧产能改造投入大。 温氏合作农户退出风险较大，一方面，自2014年禁养区政策出台以来，部分散养户、小养殖户因猪场位置不合理或粪污处理不达标而被强拆；另一方面，农户防控非洲猪瘟意识较弱，易感染非洲猪瘟而退出养殖。温氏发展前期对合作农户圈舍修建要求不高，养殖设施设备相对落后，粪污处理设备不完善，圈舍设备老化较快，需投入大量资金完善粪污处理设施设备，面临较大改建或重建压力。根据公开数据显示，温氏每年对300万～500万头生猪旧场进行改造升级，需投入大量资金，有些养殖户迫于经济压力而退出养殖，短期内将对温氏养殖效益造成一定冲击。

（2）农户管理水平较低，面临较大违约风险。 在"公司＋农户"养殖模式中，农户受自身技术水平限制，在农户育肥阶段存在管理不善问题，不同养殖户生猪出栏量、肉料比、匀称度差距较大；日常基本卫生防疫不到位，尤其在非洲猪瘟依然存在的情况下，一旦发生猪瘟将极大挫伤农户养殖积极性，给公司带来重大损失。目前生猪价格高位运行，处于行业红利期，要提防农户违约行为，道德风险也较大，在实际操作中难以把握。农户（家庭农场）容易受到他人的高价诱导，致使毁约现象频发，与公司合作农户（家庭农场）的减少会影响猪苗及其他生产资料的运转，进而影响整个企业平稳运行。

（3）养殖小区养殖密度提高，增加环保和防疫压力。 "公司＋养殖小区"生产模式加大了环保和防疫压力。温氏"公司＋养殖小区"目前处于起步阶段，新上的养殖项目大都以此模式为主，对小农户的开发较少，并积极引导原有合作农户进入养殖小区，按照温氏规划设计，每个养殖小区的产能年出栏5万头育肥猪。"公司＋养殖小区"模式使得农户相对集中，能够提高生猪养殖产业化水平。虽然温氏非常注重生猪养殖环境保护工作，但养殖小区生猪养殖集中、粪污产生量大，面对日益趋紧的环保政策，需投入更多资金建设粪污处理设施设备，公司生猪养殖依旧面临巨大的环保压力。同时大规模的生猪养殖存在更大的防疫压力，需投入更多的人力、物力、财力进行防控，一旦暴发非洲猪瘟，将带来更大的损失。

4. 未来发展建议

（1）强化养殖小区疫病防控。 非洲猪瘟疫苗短期内难以面世，非瘟常态化已成定局，非瘟防控依然面临较大压力。需全面推动生物安全信息管理系统及视频监控系统的应用，加快投入检测实验室建设和专业人员配备，不断完善生物安全硬件配置，强化对养殖小区疫病防控。加强对养殖小区内合作农户的防疫培训，提高疫病防控意识；严格控制养殖场人员的流动性。严格遵守相关卫生防控机构的要求，加强对养殖小区管理，定期对常见生猪疫病进行检测，并做好监管记录。

（2）警惕养殖面源污染，建立种养结合机制。面对集中化养殖小区发展模式，需高度警惕畜禽粪污面源污染问题，种养结合模式已受到国家政策的大力支持，粪肥还田可为农作物生长提供必要的肥料，代替部分化学肥料，有助于土壤结构改善。生猪粪尿经沼气池、氧化塘等发酵后还田利用是最经济、方便的方式。公司可通过土地流转方式获得配套耕地，通过发展"猪—沼—果、猪—沼—菜、猪—沼—鱼、猪—沼—茶"等闭路农业循环生产模式，促进粪污资源化利用，或者与周围种植农户合作，将粪肥出售给周边种植农户，充分做到养殖废弃物资源化利用。

（3）强化与农户合作机制，稳固"公司＋农户"模式。我国大国小农的基本国情尚未改变，农户还将继续存在。"公司＋农户"生产经营模式在资源整合和风险分散方面有着不可替代的作用，在当下生猪价格高涨，产业形势扑朔迷离的形势下，为减少农户在利益驱动下毁约现象，稳定生猪产能，需进一步强化与农户合作机制，稳固合作关系。首先，要加强对新增合作农户的诚信度调查，挑选合适的合作农户，提高农户的合作理念。其次，要弥补合同漏洞，增加对违约行为的处罚力度，利用法律武器限制农户违约行为。再次，提高资金实力，扭转亏损状态，以强大的资金实力提高农户的合作信心。

（二）牧原模式

牧原始建于 1992 年，总部位于河南省南阳市，是一家现代化农牧企业。牧原专注于大规模公司一体化的养殖模式，经过近 30 年的积累和发展，形成了以"全产业链一体化"为特色的生猪养殖模式，建立了集饲料加工、生猪育种、种猪扩繁、商品猪饲养、生猪屠宰为一体的完整封闭式生猪产业链，牧原生猪养殖业务遍布全国 197 个县市，下属子公司 270 余家，员工 10 万余人。

根据牧原集团 2015—2019 年年报及公开数据显示（如图 3-4），牧原集团在 2015 年生猪出栏量为 191.9 万头，到 2020 年出栏量达到 1 811.5 万头，仅在 2019 年小幅下降，年均出栏增速高达 168.8％。牧原营业收入在 2015—2020 年始终保持上升状态，尤其是 2020 年，在生猪价格高涨的市场行情下，营业收入同比增长 157％。与此同时，牧原营业成本增长也较快，2015—2019 年，牧原营业成本年均增长率达 111％，牧原"全产业链一体化模式"能够在短期实现快速扩张的效果，养殖成本攀升较快。

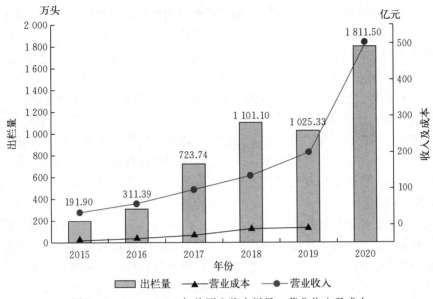

图 3-4 2015—2020 年牧原生猪出栏量、营业收入及成本

1. 牧原模式的运行机制

以牧原为代表的大规模自育自繁自养一体化模式（如图 3-5），指由大型公司直接投资经营的重资产养殖企业，在一个生猪产业中将生猪产前、产后部门与农业生产相联合，使得整个生猪产业链从上到下，做到了生猪养殖全程安全可控，出栏的肥猪符合相关食品安全质量标准。

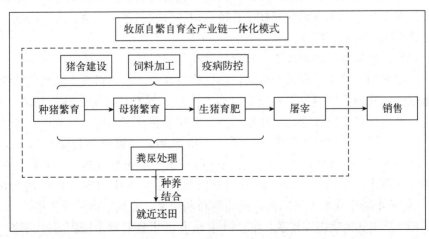

图 3-5 牧原一体化养殖流程

牧原集团的全产业链一体化模式独自承担猪舍、育种、饲料、养殖等各个环节，风险与收益并存。公司净利润易受到猪肉价格波动的影响。猪价低迷会导致整个产业链承受巨大压力，业绩下滑是必然。非瘟席卷全国造成的灾难性后果引发生猪调运方式由"调猪"向"调肉"转变。此外，加强现代流通体系的建设以达到屠宰匹配、产销衔接的理念深入人心。为此，牧原开始建设屠宰厂以应对趋势变化，设立了牧原肉食、正阳肉食和商水肉食等屠宰板块，进一步完善生猪全产业链一体化模式。

牧原采用的是自育自繁自养、大规模一体化生猪养殖模式，按照严格的统一标准自建自动化、智能化养殖场。猪舍的建筑材料具有环保的功能，内部安装通风设备，保证室内空气质量。公司自有饲料加工厂，对原料的采购、加工和运输均制定严格的标准与程序，确保品质符合国家标准，对饲料配方进行科学优化，满足猪群的饲养需求。牧原拥有一支20余人的专业育种团队对种猪的育种和繁殖进行研发，雇用专业的管理人员对猪苗进行培育和育肥，与专业屠宰企业合资建立加工厂，并进行屠宰。公司建立品控认证销售模式，生猪质量经过合格认证后方可出栏，确保上市的肉质都能达到合格标准，优质生猪销售可辐射20多个省市，300多家肉食加工厂，以满足消费者对产品质量安全的需求。

2. 牧原模式的核心竞争力

（1）标准化猪舍建设。自牧原创立以来，猪舍设计的研发、创新、改进从未间断，累积了大量的技术和经验，基本做到"每新建一个猪舍，都有新的技术得以应用和提升"。现代化猪舍具备洁净、舒适、健康的环境，促进劳动效率的提升。与此同时，全封闭式猪舍、漏缝式地板，石棉瓦与水泥屋顶等建材，使得猪舍具备冬暖夏凉的特点。同时，猪舍内安装热交换系统、自动饮水器和控温系统。采用自动饲养技术直接将饲料分配到各个猪舍，大大降低了单位生猪养殖的劳动力成本。

（2）精准饲料配方与加工。牧原的自动化饲料加工厂实现了饲料生产的自动化，配料精确且全过程无人接触，确保质量安全。在饲料行业已经成熟的配方基础上，牧原集团研发了新型饲料加工技术，可充分利用原料及其副产品；同时，低蛋白日粮配方降低了豆粕用量，丰富了替代玉米原料的选择，并且有利于生态环境。采用多阶段精准营养配方喂养不同品种与生长阶段的生猪技术，59种动态营养模型和32种配方技术可以满足不同季节的猪群喂养。在养殖场可根据生猪生长性能动态调整营养供给，牧原集团的料肉比可达2.6～2.7，优于市场平均水平（3.0），提高饲料利用率，实现精准营养供给。

（3）严格的疫病防控体系。牧原拥有28年的生猪养殖及疫病防控经验，形成了以兽医总监杨瑞华等业务骨干为核心的专职兽医及防疫队伍，在内部建立了完整的疫病防控管理体系，疫病防治水平处于国内领先水平。牧原聘请美国专业团队与国内高校和科研院所合作，建设一支专业的团队，确保防疫效果做到最好。牧原以"养重于防，防重于治，综合防治"为理念，制定严格防控措施，比如猪场之间的隔离、不同猪群的隔离、猪舍环境控制等。对生猪合理免疫，正确使用疫苗，禁止使用抗生素和违禁药物，建立了兽药的采购档案，并对兽药中的成分进行测定。对于不同情况的病猪有针对性的使用兽药，做到不超量，不使用违禁药。

（4）**种养结合生态循环经济**。针对养殖密度大、环保压力巨大的现状，牧原采取了"养殖—沼肥—绿色农业"为一体循环经济发展模式，该模式主要是在养殖场建设沼气工程，对产生的粪污进行固液分离，固体用于生产有机肥，为种植业提供丰富的肥料。IC厌氧技术作用于液体部分，释放的沼气用于供暖、发电，这种环保模式有效地提高了资源利用率。猪粪尿科学的转化利用，实现种养一体化生产，绿色环保且可持续。同时，通过测量土地肥力，结合自然因素以及农作物自身营养需求，制定浇施沼液的方案，将浇施管道铺设到田间地头，做到粪水合理还田利用。目前，已有农田数万亩[①]从中受益，经济社会效益同时提升。

（5）**成本控制优势**。一体化的产业链减少了中间环节的交易成本，在饲料、种猪等需求不均衡波动时，一体化的生产使得生产流程在可控的范围内，增强了抵抗市场风险的能力。各项规划与管理制度的完备，生产环节的规范化、标准化作业为生猪生产提供了制度基础，避免生产混乱无序造成的成本损失。饲养环节上，采用先进高效的智能化设备，为降低单位产品的生产成本奠定了基础。如表3-4与表3-5所示，牧原2018年生猪头均投入为1 086元，2019年为1 205.36元，同期成本明显低于全国平均水平，也低于温氏集团。

表3-4　牧原生猪养殖成本表

项目	2019年		2018年	
	金额（亿元）	占营业成本比重（%）	金额（亿元）	占营业成本比重（%）
饲料原料	68.82	55.70	72.65	60.76
折旧	11.62	9.41	10.23	8.55
药物及疫苗	8.30	6.71	11.72	9.80
职工薪酬	10.62	8.59	7.49	6.26
其他费用	24.19	19.58	17.49	14.63
合计	123.55	100.00	119.58	100.00

数据来源：牧原集团年报及公开数据整理。

---

① 亩为非法定计量单位，1亩=1/15公顷。——编者注

表 3-5　牧原头均成本投入及对比

年份	牧原			温氏头均成本（元）	全国头均成本（元）
	生猪销售量（万头）	营业成本（亿元）	头均成本（元）		
2018	1 101.11	119.58	1 086.00	1 247.62	1 320.65
2019	1 025.33	123.55	1 205.36	1 378.82	1 441.22

数据来源：牧原集团年报及公开数据整理。

3. 牧原模式存在的问题

（1）重资产型一体化模式，面临较大的运营风险。 牧原全产业链一体化经营模式所有的猪舍设备、土地、饲料、生猪养殖、生物性资产占用大量的资金，机会成本耗费大，而这些一旦转产或者资源使用不足将面临大量损失的风险。2019 年以来，为应对非洲猪瘟、响应国家重大战略，牧原在多地布局生猪屠宰场，增加产业链条，资产折旧率高。资金投入巨大，而利润率较低，并且后续投入（设备更新与维护等）持续加大。牧原在经营上容易陷入"瓶颈效应"，使得牧原想继续获得更大的规模、效益，就必须再次增加大量的资金投入，一旦资金链出现新问题，将严重威胁企业整体效益。未来猪价势必呈下滑趋势，一旦猪价跌破成本线，牧原如此大的资产投入将面临巨大损失风险，且难以全身退出。

（2）粪污、防疫成本高，面临环保、防疫压力大。 2018 年非洲猪瘟传入中国后，接着全国蔓延。直至 2019 年上半年，生猪价格一直处于低位，即使是从未受到非洲猪瘟影响的牧原也开始严重亏损。牧原大规模一体化模式一旦发生非瘟，后果不堪设想，因此必须加大非瘟防控力度，防疫费用大大提升。非洲猪瘟对中国生猪产业造成了巨大冲击，产能大幅下滑，环保政策有所松动，但从农业可持续发展角度来看，环保压力依然存在，而大规模养殖生猪粪尿产生量大且集中，牧原为达到环保要求，需建立规模大、设施设备完善的生猪粪污处理系统，相对于小规模、分散化养殖需投入更多资金，粪污处理成本太高，牧原大规模一体化模式将面临较大的环保、防疫压力。

（3）缺乏行业合作机制，社会带动性较弱。 中国是一个养猪大国和猪肉消费大国，散养户与小规模养殖是中国生猪养殖的重要主体，但往往因为资金、技术等资源缺乏而处于进退两难的地步，一旦他们退出市场，中国生猪供给将严重匮乏，因此带动中小规模养殖场户发展，是保证中国生猪供给的重要举措。牧原全产业链一体化模式虽然为中国生猪供给做出了巨大贡献，但缺乏与当地养殖户的联系，给当地养殖户提供技术、资金等支持，对当地中小养殖户带动性弱，未能在生猪养殖行业带来更大的社会效益。

4. 未来发展建议

(1) 加强对固定资产管理，提升固定资产利用率。 作为一体化重资产模式的牧原，与其他模式相比，固定资产的比例较高，因此，要加强固定资产管理，减少资产闲置与人为损耗，提高资产寿命，加速资产周转，减少资金占用，避免养殖成本的增加，提升固定资产的周转率。同时新建工程如猪场建设、屠宰场建设，需投入大量资金，可以采用租赁方式或拓宽合作渠道，来降低新建工程的资金投入，降低固定资产比率。

(2) 进一步完善产业链，增强核心竞争力。 牧原未来要继续深入实施产业链整合，加大对下游屠宰及销售环节的投入，延伸分散产业链上、中游的经营风险，增强企业的抗风险能力。但随着产业链条的完整，企业的管理成本和财务风险也会增加，所以，在进行链条的延伸时要注意各个环节之间的协调性。在产业链上游提升自主创新能力，在中游扩大养殖规模，在下游拓宽销售渠道，增大企业的市场占有率，从而增强企业整体的核心竞争力。

(3) 强化种养结合，促进可持续发展。 牧原虽然实施种养结合，但更侧重于缓解粪污污染，粪污处理设施设备投资较大，种养结合强度不够，忽略了种养结合本身所具有的综合效益。种养结合的诸多优势——绿色环保、营养健康等能提高农业生产的多样性与可持续性，是畜牧业可持续发展的必由之路。推进种养结合不仅是作为生猪粪污处理途径，且能提高生猪附加值和降低饲料费用，是实现农业可持续发展的重要举措。生猪饲料中 60% 以上为玉米，中国华北、东北、长江中下游等平原地区盛产小麦、大豆、玉米等谷物饲料，牧原可在全国布局，发挥不同区域的资源优势和土地消纳能力，合理进行生猪养殖布局，推进种养结合发展，提高种养结合强度，降低粪污处理成本和生猪养殖饲料成本，促进牧原全产业链一体化模式的可持续发展。

(三) 新希望六和模式

新希望六和股份有限公司成立于 1998 年，总部位于四川省成都市，以饲料生产为主，2006 年进入养猪行业，2012 年以来持续重点布局发展，生猪产值占公司总收入比重不断提高。新希望六和立足农业产业，业务包含饲料生产、畜禽养殖、屠宰加工等板块，是一家综合型农牧企业。新希望充分发挥国家重点龙头农牧企业的辐射带动效应，2015 年开始探索发展"聚落式"生猪养殖模式，通过整合区域资源，带动当地生猪产业发展，帮助农民增收致富，不断满足社会对肉类食品的需求。

根据企业年报公开数据显示，新希望六和集团 2015—2020 年营业收入增长了 78.52％（如图 3-6）。生猪出栏量逐年增加，增长了 850.10％，生猪出栏量在 2020 年增长速度最快，同时营业收入增长也最快，这与生猪市场价格高涨密切相关。新希望六和集团以饲料产业为基础，不断加强生猪产业发展，具备综合农牧业发展的基础，未来发展态势较强。

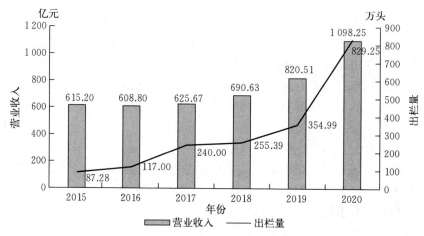

图 3-6　2015—2020 年新希望生猪出栏量、营业收入

1. 新希望六和模式的运行机制

2015 年，在夏津猪场的摸索示范下，新希望六和"聚落式"生猪养殖模式逐步发展起来，并且不断迭代优化，成为行业的标杆模式之一，也越来越受到社会关注。新希望六和"聚落式"模式就是养殖企业借助当地产业链和相关资源，建设种猪企业与商品猪养殖企业，培植合同基地养殖户，整合当地饲料企业，发挥食品企业溢价能力，进行系统资源整合，构建区域性养猪聚落。

在"聚落式"养殖中可实现三层面聚集：一是生产单元的聚集，即一个聚落有 30 万～100 万头的生产能力，有数个种猪繁育场（包含纯种祖代、父母代、商品代）和部分自养育肥场，有众多养殖商品猪的合作农户，有一个或数个服务于合作农户的管理组织；二是相匹配产业资源的聚集，在此区域内有饲料厂、猪肉加工厂、担保公司、养殖服务公司等；三是专业人才的聚集，在此区域内聚集众多的生产、兽医、育种、营养、食品加工等专业人才。这样，一个生猪产业大聚落中就包含种猪场、育肥场、饲料场、屠宰场，6～10 个聚落就形成一个 300 万头猪的大片区了。300 万头就可以全产业链来布局，形成的聚落就有 100 万吨饲料，有 12.5 万头母猪，年出栏 300 万头商品猪，屠宰加工产出 25 万吨肉制品，形成冷链物流同时还有些生态链的企业。构建这种

"聚落式"产业发展模型（如图3-7），极大提升区域的养猪产业竞争实力与竞争优势。

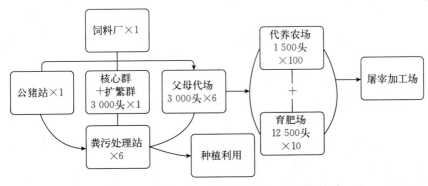

图3-7　新希望六和"聚落式"养殖模式

　　夏津项目是新希望六和"聚落式"养殖模式的首次探索，位于夏津县苏留庄镇国有林场，周边村庄稀疏，遍布林木，生物安全条件优越，总投资30亿元，占地2 890亩，一期规划年出栏34万头生猪，由1个300头公猪站、1个2 500头带保育育肥的祖代场、3个5 000头的父母代场组成，母猪总存栏量为17 500头。猪场一期配套饲料转运站、代转舍、办公楼、生活区、洗车场等建设项目，是目前国内单点最大的聚落式养猪基地之一。项目运行模式为：34万头商品猪中25%计划由企业自养；其余75%来自"公司＋家庭农场"的合同代养。企业成立服务公司，扶持农户自建标准猪舍，对代养户实行"七统一"，即猪舍标准、猪苗、饲料、服务指导、兽药、疫苗、毛猪回收政策统一。企业自建育肥场区占地570亩，与母猪场相距4千米，有14 400头/批的标准化育肥场3处。另外，将在周边区域发展规模在600～2 400头的合作户60～240家。该项目满负荷运作后，年可对外提供和销售种猪10 000头，对内提供种猪5 000头，最终对外提供商品猪34万头。所有猪舍采用全密闭式设计，带有空气过滤系统、全自动的环境控制系统、自动喂料系统。前期开始建设的祖代场和父母代3场为水泡粪工艺，后期2个5 000头父母代场为刮粪板工艺，都配套有高标准的专业污水处理场，处理后用于场区土壤的改良，真正实现种养结合、循环发展，后续将建设有机肥加工厂，实现保护环境和养猪场的可持续发展。

　　2. 新希望六和模式的核心竞争力

　　（1）公司一体化自养与"公司＋农户"相结合。 新希望六和集团的生猪养殖模式以公司一体化和"公司＋农户"为主，在合作放养育肥中，公司与农户各自投入不同的生产要素，承担不同的职责分工，也分担不同的收益与风险。新希望六和负责仔猪、饲料、兽药、疫苗等方面的投入，合作需要农户提供猪舍等固定资产的投入，另外需要支付养殖押金，并负担育肥场的自雇人工、水、电、燃料费用；在收益与风险方面，公司承担市场价格风险和享受机会利润，农户按照代养合同获得一定的代养费，在回收结算时根据市场最新变化适当浮动。在 2020 年上半年，自产仔猪与外购仔猪比例约为 1：1.8，较 2019 年比例有所提升；公司一体化自养与合作放养比例约为 1：9。新希望六和将逐步实现仔猪的完全自主供应，同时也实现一体化自养与合作放养的均衡发展，充分整合了可以利用的一切资产。

（2）**强大的资源整合能力，降低生猪养殖成本。**新希望六和通过在优势区域布局聚落化养猪，全力打造一体化种养结合的现代化生猪猪产业公司。新希望六和"聚落式"模式在利用大规模企业自身条件下，借助当地的产业链和相关资源，寻找当地合作农户，整合当地饲料企业，发挥企业溢价能力，提高资源整合能力，构建区域性"聚落式"产业模式。合理的单体聚落至少要 600 亩土地，且需集中连片，"聚落式"养猪能够推动生猪产业规模化发展，并且可以提高生物安全防范水平。通过整合生猪养殖产业链，能够加强产业聚集，进一步降低生产成本，提高养殖溢价。通过对比新希望、牧原、温氏及全国的生猪养殖成本，2018 年新希望生猪头均成本最低，2019 年新希望生猪养殖成本低于全国和温氏集团，在养殖成本上占据一定优势（如表 3 - 6）。

表 3 - 6　新希望六和头均成本投入及对比

年份	新希望六和			温氏头均成本（元）	牧原头均成本（元）	全国头均成本（元）
	生猪销售量（万头）	营业成本（亿元）	头均成本（元）			
2018	255.39	27.07	1 059.95	1 247.62	1 086.00	1 320.65
2019	354.99	46.02	1 296.35	1 378.82	1 205.36	1 441.22

（3）**先进的养殖废弃物处理工艺和模式。**新希望六和以循环利用、环境友好为核心理念，"聚落式"生猪产业模式可以充分利用区域内种植农田，采用种养结合的方式处理粪污，变废为宝，实现零污染。固体粪便经过高温好氧发酵，转化为有机肥，进行还田。新希望采用"预处理＋UASB＋两级 A/O 工艺"，使出水指标为 COD 浓度≤200 毫克/升，氨氮浓度≤100 毫克/升，达到农田灌溉标准，可以直接还田。公司的沼液还田处理方式，可使得 1 亩地的母猪承载量达到 30 头，使得新希望六和以同样的配套农田规模可扩大 10 倍的养殖规模。在固体粪便处理方面，新希望六和采用了立式发酵罐处理的方法，全

程密闭，占地面积小，12 000 头的母猪场产生的固体粪便，处理周期仅为10～15 天，同时满足国家出料标准，发酵过程可达到 60～70 ℃的高温，能有效杀灭粪便中的病原微生物，避免疾病的传播，立式发酵罐还可以处理厂区产生的病死猪，加强生物安全防控能力。

3. 新希望六和模式存在的问题

（1）固定资产投入较高，市场风险较大。 新希望六合集团也属于重资产的一体化模式，固定资产投入较高，如果市场环境发生重大变化或无法预知的重大不利情况出现，募集资金项目预期收益短期不能实现，将因固定资产的大量增加而导致利润下滑的风险。新希望不断扩张生猪产能，已释放投资 90 亿元扩建生猪养殖场信号，资金占用量大，而在生猪价格逐渐恢复正常水平的背景下，企业融资难、融资贵，生产成本上升，加大费用分摊和资金占用，会进一步压缩企业盈利空间，导致企业经营困难加重、效益下滑。新希望在粪污处理、数字养殖方面投入较大，如不能充分利用固定资产，资产损耗将影响企业经营效益。

（2）聚落式养殖规模大，面临较大环保压力。 "聚落式"生猪养殖规模大，需要配套大量土地，由于土地流转存在一定困难，进而粪污处理面临较大环保压力。且新希望的部分分公司、子公司通过硬件改造无法较好地达到环保要求，或因已处于禁养区域而不再具有市场基础，也会导致一些分公司、子公司的关停。每个聚落单元的养殖规模在几十万头生猪以上，生猪粪污产生量大且集中，加大了生猪粪污处理难度。虽然新希望有较为先进的粪污处理工艺和理念，但面对日益趋紧的环保政策，需投入更多资金建设粪污处理设施设备，生猪养殖依旧面临巨大的环保压力。同时聚落式集中养猪也加大了非瘟防控压力，需要进一步加强非瘟防控力度，一旦暴发非瘟，将造成严重的损失。

（3）面临合作农户违约或退出的风险。 "公司＋农户"养殖模式能够减轻公司一定的资产投入，节约养殖成本，最大化利用公司和农户的比较优势，但也面临较大的农户违约和退出风险。由于农户的法律观念较为淡薄，在选择合作农户时难以把握其道德素养。目前生猪价格持续高位运行，生猪养殖行业红利期，难以保证合作农户不受利益诱导，出现毁约现象，且合作农户的正常退出也会影响生猪出栏量，对饲料消费也会产生一定压力。

4. 未来发展建议

（1）提高合作农户标准，保障养殖稳定增长。 产量是企业盈利的重要标准，稳定并不断扩大合作农户规模，可以以最低成本获得最大生猪产量。新希望在选择合作农户时，应加强与符合环保标准的大、中型养殖场户合作，建立长期合作战略关系，稳定生猪养殖的存量。同时积极发展增量，新希望六和应充分发挥其在全国多地区业务布局的优势，在环境适宜区域通过新建、收购、合资、合作等多种形式培养新的畜禽养殖基地，确保养殖资源稳定增加。

（2）**提高固定资产利用率，强化各产业链条管理**。提高资产利用率，强化各产业链条的管理是解决资产投入大的有效途径。新希望应该充分发挥固定资产效益，根据市场信号及时调整生产结构，坚持有效经营，控制成本，同时提升生猪养殖盈利水平。不断强化各产业链条的管理，加强对饲料生产、生猪养殖、屠宰环节的成本控制，提高生产效率，在屠宰板块提升畜、禽肉食鲜品销售比例。继续延伸产业链，加强食品开发能力，加大食品深加工业务的比重，强化终端需求表达，体现产品溢价能力。饲料产业作为产业链的源头和企业核心产业，其下游产业的拓展对饲料产业有着很大的推动作用，而推动后的饲料产业又可以有效提升下游各产业的竞争力，形成一个循环向上的促进作用，使整条产业链不断扩展。

（3）**提高猪场设计标准，严把养殖绿色环保关**。新希望在"聚落式"模式的探索过程中，应将环境保护、非瘟防控作为猪场设计的关键因素，帮助养殖户改造、建设符合环保标准的猪舍，提升养殖效益，积极带动国内生猪养殖业的健康发展。随着环境保护越来越受重视，环保压力将进一步加大，新希望"聚落式"产业模式要注重养殖废弃物的科学、合理处理和利用，在充分与周围农户合作的前提下，可增加有机肥生产线，将土地无法消纳的粪尿制成有机肥，通过市场进行消纳。目前，消费者对绿色、环保肉食品需求旺盛，新希望应进一步研发和推广新型绿色无公害的肉食产品，既能满足社会对健康绿色食品的需求，又可获得更高的收益，提高企业经营效益。

二、美国生猪产业转型升级模式及其对中国的启示

美国是世界上第三大猪肉生产与消费国，近年，美国已经成为世界上最大的猪肉出口国，猪肉出口量占猪肉总产量的 20% 以上。在过去的几十年中，美国生猪产业结构和贸易方式都发生了巨大的变化，该行业曾在生产和加工环节一度陷入困境，但如今已发展成为高度协调的产业，传统的自繁自养模式让位于特定阶段专业化、集约化、稳定订单的联盟养殖模式。技术创新、品种优化和消费者可支配收入的增加，使得生猪产业有了规模经济、质量提高和产品增值的发展机会。相对于美国生猪产业，中国在生猪养殖规模化水平、生产效率、污染防治、产业链利益联结机制等方面都有较大的提升空间，本部分

在梳理美国生猪产业发展历程及政策演变趋势的基础上，分析其生产经营模式及特点，探寻美国生猪产业转型升级的经验，以期为中国生猪产业发展提供借鉴。

（一）美国生猪产业发展概况

在过去的几十年中，美国生猪产业结构发生了明显变化，其最显著的特点之一是随着技术变革以及养殖、加工、消费等各环节利益主体之间的经济关系不断发展，生猪企业数量逐渐减少，生产规模不断扩大，单个生产阶段的大型专业化生产企业逐渐取代了从繁育至加工的一体化生产企业，合同在生产中的使用不断增加，并更专注于单个生产阶段的专业化生产。这些结构性变化与生产效率的提高和生产成本的降低相同步，其主要原因是生产规模的扩大、技术创新和政策支持体系的不断完善。

1. 美国猪肉产量及存栏量历史变动

自 20 世纪 90 年代以来，养猪场的数量减少了 70% 以上，但由于规模化的发展，美国猪肉产量及生猪存栏量呈明显增长态势（如图 3-8、图 3-9），2018 年，美国猪肉产量 1 194.3 万吨，占美国肉类总产量的 49%，占世界猪肉总产量的 10%，仅次于中国和欧盟，年末生猪存栏量 7 491.5 万头，全年生猪屠宰量 12 443.5 万头，国内猪肉消费量 974.8 万吨，占肉类消费总量的 43.8%，本国生产能力在充分满足国内消费的同时，也为国际市场提供了大量的猪肉。

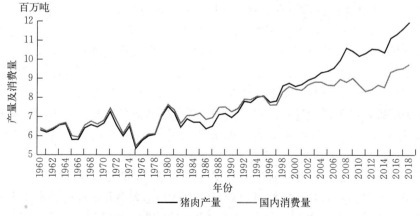

图 3-8　1960—2018 年美国猪肉产量及消费量

数据来源：根据历年美国农业统计年鉴整理。

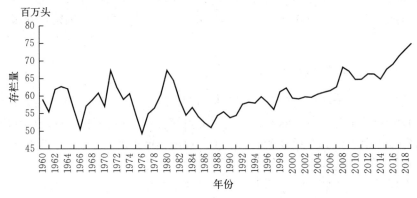

图 3-9　1960—2019 年美国生猪年初存栏量

数据来源：根据历年美国农业统计年鉴整理。

2. 美国生猪养殖养殖业发展历程

结合生猪存栏、猪肉产量，以及养殖规模变动情况，美国生猪养殖养殖业大致分为以下五个阶段。

（1）第一阶段：规模化启动期（20 世纪七八十年代）。 这一阶段，小规模养殖户纷纷退出，生猪养殖场数量锐减，由 44.5 万个减至 20 万个左右，降幅 55％以上，生猪存栏总量大幅减少且波动剧烈，由 1971 年的 6 728.5 万头降至 1987 年的 5 100 万头，降至历史最低点，降幅达 24％，但场均存栏由 87 头增至 150 头，增长近 2 倍。1978 年，美国生猪养殖场 44.5 万个（1978 年美国农业普查资料），存栏量 100 头以下的小型猪场超过 30 万个，占比达 68.13％，生猪存栏量占总存栏量的 13.78％，1989 年，养殖场总量减少至 20 万个，100 头以下的小型猪场数减少至 10 万个（陈佳，2016）。小型猪场逐渐退出或扩大规模，其原因主要是小型养殖场不具备成本优势且无法保证产品质量，难以适应产业整合的要求，同时，20 世纪 80 年代前，美国牲畜养殖补贴政策按照生产面积支付，小型猪场难以享受国家政策，生存艰难。小型散户的退出为规模化养殖场的发展提供了空间，在国家政策的支持下，生猪养殖规模化加速发展，存栏 500 头以上的养殖场占总养殖常数的比重由 1978 年的 5.66％增长到 1987 年的 11.32％。

（2）第二阶段：规模化加速发展期（20 世纪 90 年代）。 20 世纪 90 年代开始，美国生猪养殖场场均规模迅速扩张，大型和超大型养殖场开始涌现，规模化进入加速发展期。养猪场数量持续减少，到 2000 年，已减少至 8.7 万个，尽管如此，养殖场规模的迅速扩张弥补了退出者留下的空白市场，生猪存栏量仍然快速增长，场均生猪存栏接近 700 头。2000 年，生猪存栏量 1 000～5 000

头的规模养殖场 10 724 个（如表 3 - 7），占全国养殖场总数的 12.26%，其存栏量占全国总存栏量的 34.5%；5 000 头以上的生猪养殖场 2 117 个，占全国养殖场总数的 2.42%，其存栏量占全国总存栏量的 50%。在这一阶段，由于规模化养殖在生产成本降低、保证稳定供给及产品质量等方面具备的优势，生猪规模化养殖加速发展，遗传基因学、营养学、饲养设备改进、防疫服务、组织管理等先进技术的提升和应用推广，提高了生产效率，生猪存栏量及猪肉产量迅速提高，美国生猪产业在这一时期快速发展。

20 世纪 90 年代开始，美国农业支持政策发生了根本性变化，由计划体制向市场化逐步转变，政策支持的重点从价格支持转向农民直接支付。与生猪养殖者相关的政策主要包括基于生产决策灵活性支付的脱钩收入补贴政策、农业保险及灾害救济。前者由特定时期的畜产品种类、养殖规模等决定生产者的补贴金额；当畜产品产量低于所规定的正常年份的产量时，保险公司启动畜牧业保险理赔程序，而由于自然灾害原因导致的畜产品产量减少时，灾害救济资金由政府拨款。保护中小规模养殖场收益、稳定畜产品有效供给。

（3）第三阶段：稳步上升阶段（2001—2008 年）。 进入 21 世纪，美国生猪总存栏量及场均存栏稳步上升，牛肉产量持续增长，大型养殖场的数量和存栏占比呈增长状态，生猪养殖场数量稳步下降，从 2000 年的 87 470 个减少至 2008 年的 71 450 个，场均存栏头数从 2000 年的 679 头增加至 2008 年的 955 头，存栏 5 000 头以上的超大型养殖场数由 2 117 个增加值 2 950 个，生猪存栏量占总存栏量的比重由 50% 增加至 62%。在这一阶段，为顺应下游零售商规模扩张的要求，中游屠宰加工企业整合加速，开始通过合同生产方式向大型养殖场协议采购或向纵向一体化扩张，倒逼上游生猪养殖规模化的发展（王燕等，2013）。

联邦政府于 2002 年颁布了《农业安全和农村投资法案》，通过销售贷款补贴、固定直接补贴和反周期补贴等方式，对畜牧业生产、养殖场基础设施建设补贴。在稳定畜产品生产、保护养殖者利益的同时，联邦政府也十分重视畜牧业发展过程中的环境保护问题，采用环境激励性政策引导农户绿色养殖行为，以促进畜牧业经济的持续发展。

（4）第四阶段：产能下降阶段（2009—2014 年）。 2009 年，猪肉产量及生猪存栏量持续下降，猪肉产量由 2008 年的 1 059.9 万吨降至 2014 年的 1 036.8 万吨，生猪存栏量由 6 817.7 万头减少至 6 477.5 万头，在此期间，猪肉价格大幅波动，上涨幅度较大，零售价格由 2009 年 1 月的 2.99 美元/磅上涨至历史最高点 2014 年 9 月的 4.22 美元/磅，此后逐渐回落。

（5）第五阶段：恢复发展阶段（2015 年以来）。 2015 年开始，美国生猪产业逐渐稳定，进入到恢复发展阶段，生猪存栏量由 2014 年的 6 427.5 万头增至 2015 年的 6 762.6 万头，同期猪肉产量由 1 036.8 万吨增至 1 112.1 万吨，此后呈稳定增长态势，猪肉价格也在小幅度范围内波动，美国生猪产能逐渐恢复，且稳定发展（如图 3－10）。

表 3－7　不同规模生猪养殖场数量变动情况

单位：头

年份	1～99	100～499	500～999	1 000～1 999	2 000～4 999	5 000 以上
1974	259 831	107 034	16 090	—	—	—
1978	303 253	116 640	17 890	5 609	1 485	240
1982	211 493	89 277	19 853	6 923	1 989	289
1987	143 397	72 449	17 878	6 865	2 403	406
1992	102 665	59 105	17 708	7 923	3 113	833
1997	74 837	26 903	10 378	6 597	4 323	1 851
1998	61 730	27 025	11 260	6 855	4 805	1 915
1999	54 020	22 700	9 157	6 530	5 135	2 078
2000	50 135	16 885	7 609	5 874	4 850	2 117
2001	47 790	14 260	6 711	5 315	4 944	2 200
2002	45 640	12 261	6 234	5 031	4 811	2 273
2003	44 490	11 530	5 687	4 877	4 871	2 265
2004	42 095	10 358	5 155	4 449	5 137	2 306
2005	40 564	10 116	4 773	4 259	5 237	2 361
2006	39 932	9 552	4 491	4 216	5 282	2 467
2007	52 445	7 079	3 620	4 048	5 397	2 861
2008	50 400	6 100	3 200	3 550	5 250	2 950
2012	47 284	3 584	1 977	2 677	4 718	3 006
2017	52 123	2 671	1 305	2 016	4 724	3 600

数据来源：根据历期《美国农业普查资料》整理。

3. 美国猪肉价格变动趋势

2014 年以前，美国猪肉价格呈快速上升趋势，猪肉批发价格由 1980 年 1 月的 98.06 美元/百磅上涨至 2014 年 7 月的 223.07 美元/百磅，零售价格则由 1980 年 1 月的 143.15 美元/百磅上涨至 2014 年 9 月的 421.55 美元/百磅（如

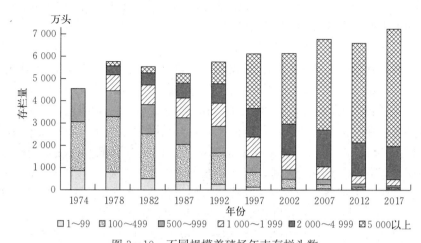

图 3-10　不同规模养殖场年末存栏头数

数据来源：根据历期《美国农业普查资料》整理。

图 3-11），此后，美国猪肉价格进入稳定期，虽有小幅波动，但总体平稳。而活猪价格的波动远高于猪肉价格的变化，且具有比较明显的季节性，每年1—4 月，活猪价格处于上升阶段，5—8 月处于高位，随后逐渐回落。生猪价格季节性波动的原因，一是由于供给的季节性波动，每年冬季母猪繁育水平和仔猪存活率都处于一年中的最低水平，6 个月的繁育期，使得夏季的活猪供给量成为一年中的最低水平；二是消费者影响造成的需求波动，随着气温的升高，

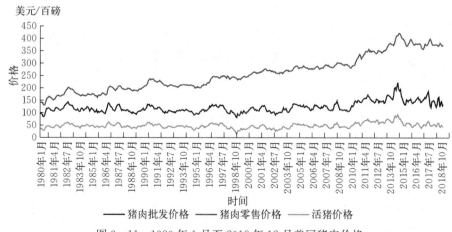

图 3-11　1980 年 1 月至 2018 年 12 月美国猪肉价格

数据来源：美国农业部统计局（NASS）。

人们对于烧烤肉和冷切肉的需求逐渐增加，11月末的感恩节和12月的圣诞节都增加了肉类的需求（胡向东等，2013）。

猪粮比价是反映生猪养殖利润的指标之一，通常以生猪价格和作为生猪主要饲料的玉米价格之比来表示，其值越高，说明养殖利润越高，反之则越差。1990年以来，美国猪粮比价波动幅度较大，最低为1998年12月的7.35，最高为2001年6月的29.65，平均为16.86（如图3-12）。总体来看，猪粮比价的变动规律在受玉米价格变动影响的同时，与美国生猪产业发展的几个阶段大致吻合。1990—2001年，由于规模化养殖在生产成本降低、保证稳定供给及产品质量等方面所具备的优势，以及契合产业整合的需要，美国生猪养殖场规模快速扩张，生猪养殖者收益不断提高，使得猪粮比价在这一阶段在波动中高位运行。2008年，美国生猪产业进入产能下降阶段，猪粮比价持续走低，2008年1月至2013年12月期间，猪粮比价平均11.31。2014年开始，美国生猪产业进入恢复发展阶段，猪粮比价逐渐提高，2014年1月至2018年12月，猪粮比价平均15.59，且波动幅度小于之前的几个阶段。

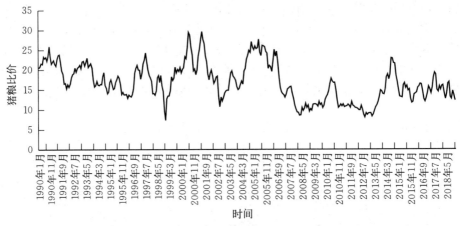

图3-12　1990年1月至2018年5月美国猪粮比价

数据来源：由美国农业部统计局（NASS）数据计算整理。

4. 美国生猪养殖区域分布

美国生猪产业集中度较高，中北部玉米带及南部北卡罗来纳州是生猪主产区，目前，主要集中在艾奥瓦州中西部、明尼苏达州南部，以及北卡罗来纳州东部（陈荔晋等，2016；陈中彬等，2014；吴天龙等，2017）。2017年，全美生猪产量（按出栏活重计算）1 680.77万吨，其中，艾奥瓦州581.79万吨，占全国总产量的34.61%；明尼苏达州202.43万吨，占全国总产量的

12.04%；北卡罗来纳州 192.76 万吨，占全国总产量的 11.47%。生猪产能前十位的州总产量 1 486.39 万吨，占全国总产量的 88.44%（如表 3 - 8）。截至 2017 年 12 月 31 日，美国生猪存栏总量 7 238.1 万头，其中，艾奥瓦州生猪存栏 2 273.1 万头，占全美生猪存栏总量的 31.4%；明尼苏达州生猪存栏 846.7 万头，占全美生猪存栏总量的 11.7%；北卡罗来纳州生猪存栏 889.9 万头，占全美生猪存总量栏的 12.3%。生猪存栏前十位的州总存栏量 6 306.2 万头，占全美生猪存栏总量的 87.12%。从养殖场数量分布情况来看，2017 年，全美生猪养殖场（户）66 439 个，其中，艾奥瓦州 5 660 个，占养殖场总数的 8.52%；明尼苏达州 3 225 个，占养殖场总数的 4.85%；北卡罗来纳州 2 426 个，占养殖场总数的 3.65%。产能前十位的州共有养殖场 26 642 个，占全美养殖场总数的 40.1%。综上，美国生猪养殖业高度集中，产能占 88.44% 的十个州，养殖场数占 40.1%，说明上述地区平均养殖规模远高于全国平均水平。

表 3 - 8　2017 年美国生猪主产区生产情况

地区	产量（按出栏活重计算）（万吨）	所占比重（%）	养殖场数（个）	所占比重（%）	年末存栏量（万头）	所占比重（%）	平均活重（千克/头）
艾奥瓦州	581.79	34.61	5 660	8.52	2 273.1	31.40	127.91
明尼苏达州	202.43	12.04	3 225	4.85	846.7	11.70	123.38
北卡罗来纳州	192.76	11.47	2 426	3.65	889.9	12.30	—
印第安纳州	99.37	5.91	2 570	3.87	400.4	5.53	126.10
伊利诺伊州	98.93	5.89	2 153	3.24	525.8	7.26	129.27
俄克拉荷马州	78.98	4.70	2 264	3.41	230.5	3.18	124.74
密苏里州	67.84	4.04	2 687	4.04	315.0	4.35	130.63
内布拉斯加州	61.79	3.68	1 230	1.85	358.5	4.95	126.55
俄亥俄州	58.34	3.47	3 484	5.24	256.1	3.54	125.19
堪萨斯州	44.16	2.63	943	1.42	210.1	2.90	—
十州合计	1 486.39	88.44	26 642	40.10	6 306.2	87.12	—
全国合计	1 680.77	—	66 439	—	7 238.1	—	127.91

数据来源：由美国农业普查资料（2017 年）计算整理。

5. 美国猪肉贸易

（1）美国猪肉出口情况。美国进入国际猪肉市场的时间相对较晚，1995 年成为猪肉净出口国，生产效率的提高使得美国猪肉在国际市场上的占有率显著提高，占全球猪肉出口的比例由 1990 年的 2% 上升到 2016 年的 21%。自 2000 年以来，美国一直是世界五大猪肉出口国之一，2010 年以来，平均每年出口猪肉超过 22.68 万吨的新鲜和冷冻猪肉（如图 3-13）。成为猪肉净出口国是美国生猪产业结构性变化的结果。

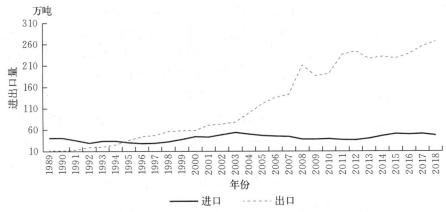

图 3-13　1989—2018 年美国猪肉贸易变动趋势

数据来源：美国商务部。

美国猪肉的主要市场是墨西哥、日本、中国和加拿大（如图 3-14），国际市场上的主要猪肉竞争对手是欧盟、加拿大和巴西。

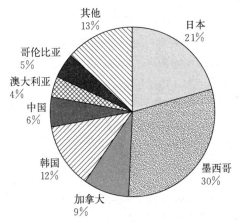

图 3-14　2018 年美国猪肉出口去向

数据来源：由美国农业部统计局（NASS）数据计算整理。

2015 年，墨西哥成为美国猪肉出口的最大海外目的地，2018 年，墨西哥占美国猪肉出口的 30%，其对美国猪肉产品需求增加的主要原因是人们收入水平的提高和中产阶级的扩大。

　　日本的新鲜猪肉主要由美国供应，冷冻猪肉供应商主要是欧盟，其次是美国和加拿大。在日本，进口的新鲜猪肉产品（价格相对较高的部位）通常通过零售渠道销售，而冷冻猪肉（主要是去骨的腹部和肩部）则用作加工猪肉产品的原料。

　　近年，中国已经成为美国猪肉产品的重要进口国，自 2010 年以来，中国一直是美国猪肉的第三或第四大国外买家，但从 2017 年开始，出口至中国的猪肉总量开始下降，2018 年，出口至中国的猪肉占总出口量的 6%。随着中国生猪产业调整、消费需求的增长，以及可能放缓的国内猪肉产量增长的环境限制，不断提高的收入水平可能会进一步增加对进口猪肉产品的需求。

　　北美自由贸易协定的伙伴国加拿大是美国猪肉产品的重要买家，由于紧邻美国，且几乎没有边境限制，对美国猪肉的出口起到了推动作用。

　　（2）美国猪肉进口情况。 随着美国进口的下降和世界贸易的扩大，美国在世界猪肉进口中所占的份额越来越小，目前占全球猪肉进口不到 10%。20 世纪 80 年代以前，美国进口猪肉的 40% 来自丹麦和加拿大，但近年来，美国进口的大部分猪肉来自加拿大和欧盟，其中 80% 的猪肉进口来自加拿大，欧盟成员国约占 10%（如图 3-15）。其主要原因是，加拿大的生猪产业在过去 10 年中的显著扩张，同时，北美自由贸易协定（NAFTA）、较低的运输成本和跨境投资共同加速了北美猪肉和餐饮服务业的整合。尽管如此，欧盟猪肉在美国市场也将存在一段时间，因为它是一个低成本排骨和其他特色猪肉的供应商。

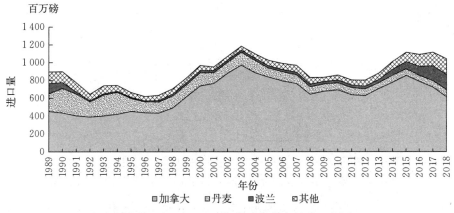

图 3-15　1989—2018 年美国猪肉主要进口来源

数据来源：由美国农业部统计局（NASS）数据计算整理。

（3）美国活猪贸易情况。美国是生猪净进口大国，相当数量的活猪（重量大多在 15 磅以下）从加拿大进口，少量的美国活猪偶尔出口到墨西哥（如图 3-16、图 3-17、图 3-18）。近年，加拿大向美国出口活猪的数量呈递增趋势，主要原因是加拿大政府在 20 世纪 90 年代削减开支的举措，包括在 1995 年取消谷物运输补贴，激励西部省份的生产者将粮食用于畜牧业生产，同时，加拿大补贴的减少也导致了美国降低对加拿大进口生猪的反补贴税，这些政策变化为加拿大生猪产业创造了强大的动力。从美国的角度来说，可屠宰能力、稳定的饲料供应以及有利于玉米带建设养猪设施的环境监管等因素，共同促成了美国对加拿大活猪的巨大需求，且这一趋势可能会持续下去。

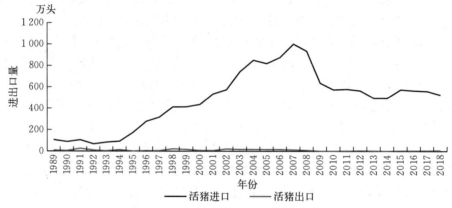

图 3-16　1989—2018 年美国生猪贸易

数据来源：美国商务部。

图 3-17　1989—2018 年美国生猪进口情况

数据来源：美国商务部。

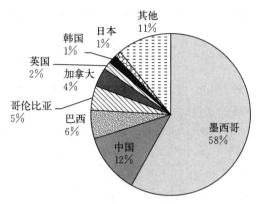

图 3-18　2018 年美国生猪出口去向

数据来源：由美国农业部统计局（NASS）数据计算整理。

（二）美国生猪产业经营模式及特点

1. 美国生猪产业经营模式

美国人均土地面积相对较大，传统养猪业以小规模农场主兼营模式为主，在 20 世纪下半叶逐步完成了向大规模产业化经营模式的转变，生猪养殖场数目日益减少，但生产效率大幅度提高，整体生产力与规模显著增大。

美国传统养殖场多属于繁育一体化模式，即从种猪繁殖到育肥猪出栏全程参与，随着生猪养殖规模化的不断推进，生猪养殖场的专业化程度逐渐提高，根据生猪生长周期实行专业分工，不同养殖环节独立经营，且大多数采用舍内封闭式饲养。按照生猪养殖的年龄阶段划分，可以将养猪场划分为：出生—断奶、断奶—育肥、出生—育肥、育肥—出栏和出生—出栏五种类型。2017 年，全美生猪养殖场 66 439 个，其中，出生—断奶生产者 6 329 个，占养殖场总数的 9.53%，存栏 897.52 万头，占总存栏量的 12.4%；出生—出栏生产者 20 627 个，占养殖场总数的 31.05%，存栏 1 903.62 万头，占总存栏量的 26.3%；育肥—出栏生产者 21 032 个，占养殖场总数的 31.66%，存栏 3 252.13 万头，占生猪存栏总量的 44.93%；出生—育肥生产者 6 194 个，占养殖场总数的 9.32%，存栏 99.03 万头，占生猪总存栏量的 1.37%；断奶—育肥生产者 1 775 个，占养殖场总数的 2.67%，存栏 576.2 万头，占生猪总存栏量的 7.96%（如表 3-9）。

表3-9 2017年按养殖规模分不同养殖年龄段存栏量

单位：个，万头

类型		1～99	100～199	200～499	500～999	1 000～1 999	2 000～4 999	5 000头以上	合计
出生—断奶	农场数	5 257	79	82	68	129	235	479	6 329
	存栏量	6.16	1.01	2.74	4.91	18.56	77.06	787.07	897.52
出生—出栏	农场数	17 241	730	664	376	388	534	694	20 627
	存栏量	23.19	9.57	19.97	25.64	53.21	170.13	1 601.91	1 903.62
育肥—出栏	农场数	13 706	164	507	684	1 208	3 105	1 658	21 032
	存栏量	9.32	2.21	16.79	47.79	162.71	969.32	2 043.98	3 252.13
出生—育肥	农场数	5 814	167	81	29	15	39	49	6 194
	存栏量	7.54	2.17	2.32	1.77	1.96	12.36	70.90	99.03
断奶—育肥	农场数	632	6	40	70	148	451	428	1 775
	存栏量	0.60	0.09	1.27	4.67	19.05	143.38	407.14	576.20
其他	农场数	9 473	74	77	78	128	360	292	10 482
	存栏量	5.55	1.03	2.40	5.74	18.64	117.12	359.12	509.60

数据来源：由美国农业普查资料（2017年）计算整理。

目前，美国生猪产业经营模式主要有以下三类。

独立生产者：从养殖场数量上来看，美国生猪养殖场以独立生产经营为主，既没有加入任何一体化经营组织，又没有与公司签订合同。2017年，独立生产者58 180个，占生猪养殖场总数的87.57%，但其生猪存栏量为2 488.15万头，仅占全美生猪存栏总量的34.38%。

垂直一体化经营：美国养猪业在近半个世纪以来呈现出猪场与屠宰厂、屠宰厂与加工厂垂直一体化的趋势，猪场数目日益减少，集约化程度和生产水平越来越高。对于大多数猪场而言，规模的增大意味着采购费用更便宜、售价更高、生产效率更高。但由于垂直一体化生产产业链条长、资金占用量大、资金周转周期长等原因，近年来，垂直一体化经营模式逐渐被合同生产模式取代，2017年，一体化生产者587个，占养殖场总数的0.88%，生猪存栏1 642.61万头，占生猪存栏总量的22.70%（如表3-10）。

合同生产模式：从生猪存栏数量上来看，美国生猪养殖以合同生产模式为主，该模式从20世纪80年代开始，90年代成为主导方式。公司与农户签订合同，农户提供猪舍设备及维护、水电、人力、猪舍财产税及保险，公司提供猪、饲料、运输、兽医、技术服务、猪的财产税及保险等（陈荔晋等，2016）。

合同大部分是十年，且可以被养殖户用来与银行签订长期贷款合同。如果猪场已经建好，合同时间一般就会少于十年。租金一般按猪位数（每头猪占一定的饲养面积）按月付给农户（胡向东等，2013）。2017 年，合同生产者共 7 672个，占生猪养殖场总数的 11.55％，生猪存栏 3 106.93 万头，占生猪存栏总量的 42.93％。

表 3-10　2017 年不同生产模式生产者数量及存栏量

养殖规模（头）	独立生产者		一体化生产者		合同生产者	
	农场数（个）	存栏量（头）	农场数（个）	存栏量（头）	农场数（个）	存栏量（头）
1～99	51 927	518 697	47	—	149	860
100～199	1 149	149 671	—	—	71	11 211
200～499	1 059	320 552	5	1 476	387	132 932
500～999	718	496 284	9	6 666	578	402 173
1 000～1 999	865	1 186 155	29	42 127	1 122	1 513 100
2 000～4 999	1 197	3 701 390	80	279 831	3 447	10 912 458
5 000 及以上	1 265	18 508 776	417	16 095 984	1 918	18 096 525
合计	58 180	24 881 525	587	16 426 084	7 672	31 069 259

数据来源：由美国农业普查资料（2017 年）计算整理。

2. 美国生猪养殖成本收益变动趋势

1998—2014 年，美国生猪总成本呈递增趋势，2015 年开始，养殖成本开始下降，受生猪销售价格波动的影响，美国生猪主产品产值波动幅度高于成本波动幅度。总体来看，美国生猪养殖成本收益率波动幅度较大，1999 年亏损最为严重，成本收益率为−23.46％，收益率最高的年份发生在 2005 年，达到22.38％，此后开始逐年下降，2008 年进入亏损状态，2010 年逐渐恢复，直到2016 年，又进入亏损状态，2018 年，美国生猪成本收益率为−5.95％（如图3-19）。

从成本构成的角度来看，饲料占生猪养殖成本的比重最高，2018 年，饲料成本占生猪养殖总成本的 40.57％，其次是仔猪费，占总成本的 21.34％，机器设备费占比 13.38％，劳动力投入占比 5.27％，医疗及防疫占比 3.34％（吴天龙等，2017）。总体来看，成本构成的各因素所占比重变动不大，除2005 年仔猪占比 36.03％，超过了占比 30.90％的饲料成本，其余年份，饲料费均是生猪养殖最大的成本投入部分（如图 3-20）。

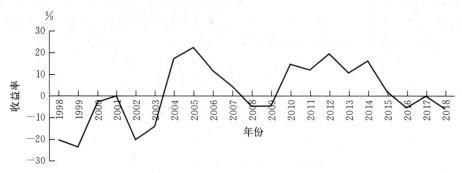

图 3 - 19　1998—2018 年美国生猪养殖成本收益率变动

数据来源：由美国农业部统计局（NASS）数据计算整理。

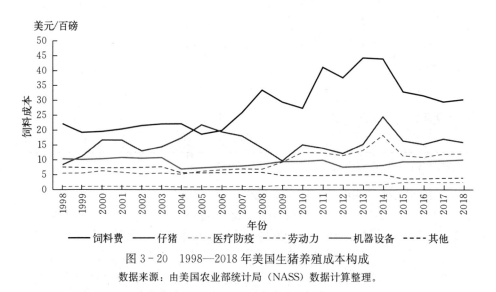

图 3 - 20　1998—2018 年美国生猪养殖成本构成

数据来源：由美国农业部统计局（NASS）数据计算整理。

3. 美国生猪生产效率变动趋势

美国生猪产能的不断提高，除了受政策、资源等因素的影响，生产效率的提高也是重要的推动因素，技术的革新与应用推广促进了生猪生产效率的不断提高，PSY（母猪头均年产仔数）由 20 世纪 70 年代的 10 头左右增加到 2018 年的 20 头；MSY（母猪年均出栏育肥猪头数）由 1980 年的 15.72 头增至 2018 年的 20.14 头；窝均断奶仔猪数由 1974 年的 7 只左右上升到 2000 年的 8.83 只左右，到 2018 年，增至 10.76 只，产仔效率提高 53.71％；生猪出栏体重明显提高，由 1973 年的 111.13 千克/头增至 2000 年的 119.07 千克/头，2018 年达到 128.56 千克/头，增长了 15.68％，生猪出栏率呈波动增长趋势，但增幅不大，由 2000 年的 165.12％ 增至 2018 年的 170.12％（如表 3 - 11），这主要得益于规模化养殖场更加注重繁殖、育肥的专业性、科学性和成本效益，以获取竞争优势（乔娟等，2015）。

表 3 - 11　2000—2018 年美国生猪生产效率变动趋势

年份	出栏率（％）	窝均断奶仔猪数（只）	出栏体重（千克/头）	产肉量（千克/头）	MSY（头）
2000	165.12	8.83	119.07	87.74	15.72
2001	165.73	8.80	119.86	88.72	15.63
2002	167.88	8.83	120.35	89.06	16.17
2003	169.48	8.88	120.92	89.72	16.66
2004	171.15	8.94	121.07	90.01	17.19
2005	169.86	9.01	121.98	90.67	17.32
2006	170.41	9.08	122.17	91.27	17.37
2007	174.63	9.19	122.05	91.25	17.85
2008	170.81	9.41	121.75	91.02	18.68
2009	169.46	9.62	122.85	91.90	18.74
2010	170.45	9.97	123.64	92.38	18.85
2011	171.28	10.08	124.66	93.19	19.19
2012	170.79	10.22	124.78	93.26	19.50
2013	169.24	9.94	125.42	93.91	19.26
2014	165.00	10.38	129.31	97.01	18.56
2015	170.68	10.50	128.56	96.35	19.44
2016	171.29	10.59	127.95	95.75	19.70
2017	170.04	10.67	128.18	95.71	19.86
2018	170.12	10.76	128.56	95.98	20.14

数据来源：由美国农业部统计局（NASS）计算整理。

4. 美国生猪产业链利益联结机制

美国生猪产业的发展是产业结构性变化的结果，自 20 世纪 80 年代中期以来，美国生猪产业从许多小型的、独立的企业，向较少的、生产规模更大的、依赖于合同和纵向协调的方向转变。这种结构上的变化降低了生产者的风险，优化了全年生产能力，可以适应周期性的大规模秋季和冬季屠宰，提高了生产效率，稳定了生猪产业的发展。为保证成本优势及猪源的稳定安全，屠宰企业开始向上游养殖行业拓展，合同生产方式以其轻资产、扩张快的优势成为主流

生猪产业转型升级模式及效益评估体系研究

模式。在产业纵向协作下，养殖场与屠宰加工企业之间的采购交易都是通过签订长期合同的方式进行，原来的公开市场交易逐渐被取代。

生猪养殖属于资本密集型行业，资金需求量大，一般的独立养殖户在没有担保的情况下很难获得贷款或其他资金来源，养殖规模很难扩大。在合同生产方式下，大型屠宰加工企业能够为与其合作的养殖场提供担保与仔猪、收益等其他服务，降低了规模化养殖的门槛（陈佳，2016）。同时，在规模扩大的同时，养殖户所承受的市场风险也越大。在合同生产模式下，养殖户收到的是固定回报，实行定向定量生产，市场风险在很大程度上转移到屠宰加工企业身上，降低了养殖户承担的风险。同时，养殖户按照合同要求组织生产，生猪供给在数量、品质、时间、地点等方面都能够得到有效保证。生猪产业链上各利益主体之间紧密合作，形成"收益共享，风险共担"的利益联结机制。

5. 特点

（1）生产体系完整，专业化、组织化程度高。 美国生猪生产体系完整，根据生猪生长周期实行专业分工，不同养殖环节独立经营。同时，美国养猪协会遍及全国，这些组织主动为生产者提供产前、产中、产后的全面系统服务，专业化生产模式不仅有利于育种、人工授精等技术的使用和推广，也有利于疫病防控和生产效率的提高，形成既有利于养殖场又有利于屠宰加工企业的"双赢"利益联结机制，有效保护了生产者的权益和产业的稳定发展。

（2）产业布局合理，饲料成本低。 美国生猪养殖集中的东北部玉米带和南部北卡罗来纳州，均是国内主要玉米生产区域。生猪成长各阶段成本构成差异较大，繁殖、断奶至育肥前，劳动、设备和饲料成本等所占比重较高，而育肥阶段的成本主要来自饲料消耗。因此，自20世纪90年代开始，美国就出现了以降低成本为目的的生产区域布局，中西部各州依托饲料供应地的优势倾向于育肥，临近各州则专注于母猪产能及仔猪。

（3）合同生产模式不断发展，销售比例大幅提高。 生猪养殖占用的土地、资金等生产要素较多，规模较大的企业有相当部分出栏生猪是通过合同生产完成的。通常的方式是仔猪由公司提供，养殖场负责育肥，饲料则由指定饲料厂生产提供，育肥猪按照合同价格由公司收购。合同生产模式在一定程度上稳定了市场供应，平抑了价格波动。

（三）美国生猪粪污及环境污染处理方式

所有的人类和生物活动都会消耗资源、排放物质和能量，并影响环境，生猪产业的发展在消耗饲料、水、圈舍、机械设备、电力、土地和劳动力等资源的同时，还会产生粪便、死猪、灰尘、气体、气味和热量等影响环境和人类健康的废弃物。养猪场的室内环境管理以及对室外环境的排放是养猪场管理的重要方面，也是相关政策、法律和法规关注的重点。

1. 粪污处理方式

美国生猪粪污处理是在符合相关排放标准的前提下，种养结合、就近还田。由于各地资源禀赋差异及养殖模式的不同，养猪粪污收储、处理与还田方式也不尽相同。各地区政府根据耕地数量、自然水体等资源状况确定禁养区、限养区和适养区，同时，养殖场选址必须考虑资源化利用产物的消纳问题，匹配足量的种植用地是养殖场选址的必要条件，每头猪至少有 0.667 公顷的种植用地来消纳其产生的粪污。

规模较小的养殖场，通常采用全漏缝地板，猪舍下建有钢筋混凝土深坑来储存粪便，猪粪通过地板间的空隙排入储粪池中，每年将储粪池中的粪浆抽出 1～2 次，机械混合后还田处理（陈静等，2019；陈静，2016b）。规模较大的养殖场会将粪污进行厌氧处理，产生的沼气可以用于发电或燃气，经过厌氧处理的粪便依然保留养分，可以直接还田。除此以外，还有一部分养殖场采用发酵床模式，即在猪舍内部的地板铺草料、木屑等可以吸收尿液的垫料，定期更换以保持猪舍干燥整洁，剩余固体堆积在猪舍外的空地上，发酵成熟后直接还田利用。

美国粪污还田技术较为成熟，作物品种、使用量、施肥设施及方法等都已建立标准化体系。通过测土配方，测量土壤养分情况及农作物需求，计算粪肥成分，从土地养分平衡的角度，依据不同作物类型与品种、种植面积和产量，建立种植与施肥计划，并按计划进行粪肥还田。同时，美国还规定粪污还田利用区必须距离水体 30.48 米以上，或建立不少于 10.67 米的植被隔离带。

2. 污染物排放相关规定

20 世纪 70 年代，美国通过了《清洁水法案》（The U. S. Clean Water Act）、《国家污染物排放消除制度》（National Pollutant Discharge Elimination System）和《水污染限制准则》（Effluent Limitation Guidelines），其中包括专门针对畜牧业生产的相关规定。20 世纪 90 年代，随着大型养猪场和奶牛场变得越来越普遍，针对畜牧业的相关规定得到了更新。为了便于管理，美国将养殖场划分为点源污染和非点源污染。点源污染包括以下三种情况：第一，"没有植被的密集的设施养殖、动物被圈养 45 天或 1 年以上"的养殖场；第二，养殖规模在 1 000 个动物单位以上的养殖场；第三，1 000 头以下的养殖场，根据其规模、养殖设施、排放情况，由环境管理人员通过现场考察来确定其点源或非点源属性。对于被认定为点源的养殖场，被纳入排放许可证管理范畴，除非遭遇暴雨，否则必须满足排放许可证的要求。对于非点源污染，主要通过最佳管理实践进行防治，即任何能够减少或预防防治的方法、措施和操作程序。通过对生猪养殖场进行分类管理，能够根据不同养殖场制定不同的粪污管理方案，提高政策执行效率（杨义风等，2017）。

《清洁水法案》中规定了排放到天然水体的任何养殖污染源必须获得环境保护局或授权地区颁发的排污许可证。排污许可证范围包括集中供水区域和污染物集中区域，其内容包含废水排放限值和标准、监管报告要求、记录保存要求及特殊标准条款。申请者必须向相关机构提交生猪饲养品种与数量、产生的粪便量、综合养分管理计划以及相应的污水排放量。除此以外，对于不同规模的养殖场，要遵循不同的污染物排放标准。中小型集约化养殖场的排放标准应依据《污水排放限制指导方针和指南》，大型集约化养殖场的排放标准应遵循《可得最佳可行控制技术》《最佳传统污染物控制技术》《经济可行最佳可得技术》。

3. 粪污处理及环境保护政策体系

美国在环境保护局方面形成了较为完善的联邦、州、地方三级政策体系。

在联邦层面，相关的法律主要有《清洁水法案》《联邦水污染控制法案》《清洁空气法案》，其中，《清洁水法案》是关于生猪养殖污染问题最主要的法律，按养殖场规模进行分类并制定了国家污染物排放消减制度。被认定为点源污染的养殖场，必须遵守排污许可证要求，即根据规定获得由联邦环保署（EPA）或得到授权的州、地区、部落颁发的排污许可证。对于非点源养殖场，要遵守《清洁水法案》中的相关规定，使用最佳管理实践控制污染。各州根据实际情况，制定点源污染防治计划和非点源污染控制计划，二者结合来达到环境质量目标。

在州层面，各州制定相关政策，且通常比联邦政策更为严格和具体。根据《环境保护法》，州政府结合当地条件，颁布更为严格的地方性环境保护法，艾奥瓦州、宾夕法尼亚州、阿肯色州等都制定了防止养殖所带来的水污染和异味的相关法律规定。艾奥瓦州规定，牲畜数量达到 200 个单位，采用厌氧粪池作为粪便贮存设备，采用地上粪便储存池技术；饲养 2 000 个畜牧单位以上的企业需要申请建筑许可证。

在地方层面，城市和县级政府的地方性发展规划、土地使用计划等要对牲畜饲养数量控制提出具体要求。地方区划把畜牧企业的规模与土地面积紧密联系起来，以保证有足够土地用于处理畜禽粪便。区域规划还要根据功能区划明确划定禁止畜牧经营的区域。有些县政府还规定生猪养殖者在修建猪舍之前交付一定数量的押金用于治理或修复可能带来的环境损害。《清洁空气法案》规定了大气污染物排放标准，州政府和地方政府要确定不符合国家空气质量标准的地区，在规定时间内提交计划，并说明如何达标的做法。猪粪中的氨是污染物的主要来源之一，控制生猪集中饲养地区的氨排放是不达标地区实行的首要措施。

（四）美国生猪产业政策演变及趋势

美国不但拥有较强的猪肉生产能力，而且具有很强的国际竞争力，这不仅得益于其科技的发展和生产规模的不断扩大，完善的产业政策体系在生猪产业发展的过程中也发挥了至关重要的作用。与农作物支持计划不同，除了乳制品和羊毛，联邦政府并未单独针对某个畜种制定政策，关于生猪产业的政策涵盖在针对畜牧业生产的相关政策中。联邦政府通过农业部和其他联邦机构制定有关畜牧业的政策与法规，涵盖了从牲畜保险到环境保护等各种项目，通过粪便储存和处理、动物健康和安全、强制价格报告和原产国标签等法规影响畜产品的生产和销售。

1. 畜牧业产业政策演变过程

20 世纪 30 年代以来，美国颁布了多部农业法案，形成了系统的农业政策体系。第一次世界大战后，由于农产品出口量的急剧下降，导致了农业经济危机的爆发。1933 年，联邦政府制定了第一部农业法案——《农业调整法》，标志着政府开始在农业生产领域实行干预，也标志畜牧业支持政策的开始。该法案规定了美国农业支持政策实施的基本原则，旨在通过价格支持和农业补贴提升农产品价格，保护农业和畜牧业经营者的直接利益。1954 年，联邦政府颁布了《农业贸易发展和援助法案》，对出口的农产品实行补贴，通过销售优惠及赠予的方式输出农产品，以扩大美国农产品的国际市场份额。1973 年，联邦政府颁布了《农业与消费者保护法案》，取消了农产品计划生产体制及限制政策，建立了目标价格政策和"差额补贴"制度。1977 年开始，美国开启农产品储备计划，向农民提供储藏贷款，引导农民自己储藏资产农产品，以减缓政府收储政策带来的财政负担。

20 世纪 90 年代开始，美国农业支持政策发生了根本性变化，由计划体制向市场化逐步转变，政策支持的重点从价格支持转向农民直接支付。与生猪养殖者相关的政策主要包括基于生产决策灵活性支付的脱钩收入补贴政策、农业保险及灾害救济。前者由特定时期的畜产品种类、养殖规模等决定生产者的补贴金额；当畜产品产量低于所规定的正产年份的产量时，保险公司启动畜牧业保险理赔程度，而由于自然灾害原因导致的畜产品产量减少时，灾害救济资金由政府拨款。为保护中小规模养殖场收益、稳定畜产品有效供给，联邦政府于2002 年颁布了《农业安全和农村投资法案》，通过销售贷款补贴、固定直接补贴和反周期补贴等方式，对畜牧业生产、养殖场基础设施建设补贴。在稳定畜产品生产、保护养殖者利益的同时，联邦政府也十分重视畜牧业发展过程中的环境保护问题，采用环境激励性政策引导农户绿色养殖行为，以促进畜牧业经济的持续发展（陈中彬等，2014）。

2014 年，美国农业法案停止了固定直接补贴政策、反周期直接补贴政策，通过与畜产品产量和价格挂钩的农业保险政策，通过提高保险费支持、风险补助计划等方式，强调保险在畜牧业支持政策中的重要作用，更为重要的是，这一时期农业保险政策的实施与农业资源利用与生态环境保护相挂钩，对于大气、土壤、水源等自然环境造成威胁的养殖场强制参加农业保险计划。2018 年，联邦政府基于农业生产和环境保护的原则，颁布了《农业改良法案》，通过畜牧业赔偿项目、牲畜饲料项目，以及为牲畜、蜜蜂和养殖鱼类提供紧急援助等三个项目向畜牧业生产者提供支持。与生猪产业相关的政策主要是联邦立法通过紧急饲料、肉类购买、根除疫病、干旱援助，以及环境保护计划向农民提供援助。

2. 生猪产业补贴政策

当生产者承受财务压力或市场供过于求时，美国农业部农业市场服务管理（agricultural marketing service，简称 AMS）会通过家庭喂养计划购买肉类，补充冷冻猪肉储备，增加猪肉需求量，以提高猪肉价格，保护生猪养殖者收益。2008 年，联邦政府采购价值 6 260 万美元的冷鲜或冷冻猪肉，保护了生猪养殖者的收益，此后，根据猪肉供需实际情况，每年按计划购买，用于各类食品营养援助项目，2011 年，购买猪肉 1 614 万美元，2012 年 7 528 万美元，2013—2017 年，平均每年购买 2 350 万美元左右，到了 2018 年，该项支出达到 3 504 万美元（付蕾等，2017；马改艳等，2016）。

美国农业部风险管理局（risk management agency，简称 RMA）从 2003 年开始实行牲畜毛利率保险，为生猪提供保险，以防止生猪价格下降或毛利润下降。该项目规定，计算生猪养殖的预期和实际利润时采用玉米、豆粕和猪肉的期货价格，有助于增加生猪养殖业对期货和远期合约的使用，当市场价格低于签订的最低赔付价格时，承包人应做出赔偿。

美国农业部动植物卫生检验局（animal and plant health inspection service，简称 APHIS）负责监督美国农业部的疫病根除、动物卫生监测系统和应急管理反应系统，例如对伪狂犬病的根除。根据联邦政策，对于因公共或动物健康原因而被捕获和销毁的任何动物，应根据公平市场价值支付赔偿。

美国农业部的农业服务局（farm service agency，简称 FSA）为生产者提供援助，以应对因干旱、洪水、火灾、冰冻、龙卷风、虫害侵扰或其他灾难而造成的自然灾害损失。

联邦政府还向参与生猪产业的生产者提供补贴，鼓励他们采取旨在保护自然资源的环境的措施。这些项目主要是为了加强或保护土壤和水资源。例如环境质量激励计划（environmental quality incentives program，简称 EQIP）。该计划向符合条件的农民和农场主提供技术、教育和财务援助，以解决对土地、土壤和水相关的自然资源问题，从而带来对环境有益且能提高生产者效益的生产方式。

3. 技术研发支持政策

与生猪产业相关的技术研发工作主要由大学和大企业内的研究中心承担，大学的研究经费主要来源于州政府和联邦政府的拨款。政府通过财政支出的形式对农业技术的研究和推广进行支持，使得美国生猪产业的生产技术水平得到了大幅度提高，也为生猪产业内部整合及结构性转型创造了条件。2014—2018年，联邦政府对农业技术研究与推广的预算支出 3.94 亿美元，年均 7 880 亿美元。在强大的技术研发支持下，美国生猪产业在疫病防治、遗传育种、人工授精、营养健康管理、舍饲与环境管理等技术领域取得了长足的进步，猪肉企业的生产效率和利润也达到了大幅提高。

4. 环境保护政策

企业数量的减少和规模的增大趋势使得环境问题成为与生猪产业相关的公共政策的重中之重。随着生猪养殖密度的增加，政府及公众对空气、水质、职业健康以及废弃物处理的关注也随之增加。在生猪生产最集中度的地区，人口密度也在增加，这些趋势意味着生猪养殖者与附近居民在气味、水污染以及与集中生产相关的其他环境问题方面的冲突日益加剧。美国目前主要依据《清洁水法案》对环境污染进行治理，养殖场要制定全面的粪肥管理计划，并有符合联邦标准的存储和处置肥料计划，包括适当规模的土地来处理肥料、符合气体发散限制的指导方案和确保氮磷最低流失率的控制措施，违反法案规定的养殖企业将被处以较高罚金，并限期建立相应的污物处理设施。美国环境保护署（environment protection agency，简称 EPA）提供环境保护要求中有关农业动物（包括鱼类和其他水生动物）生产的信息，负责颁布并执行畜禽废物管制的相关法规。管理公共土地的机构制定畜禽可以在什么地方、以什么密度饲养，以确保畜牧业生产不会削弱土地为公众提供多种用途的能力。

除了法律约束外，联邦政府还通过"环境质量激励项目"进行环保补贴。1996 年《联邦农业促进和改革法案》中规定给动物养殖企业提供资助的一个基本渠道是环境质量激励项目，其首要目标是为生产者实现提高产品质量和环境质量的双重目标提供资金和技术方面的支持。1997—2001 年每年项目资金为 2 亿美元，2002 年为 4 亿美元，2002—2007 年总金额 58 亿美元，2008—2012 年总金额达 72.5 亿美元。这些资金被用来资助农民进行水质、土壤和其他环境要素的保护项目，其中，畜禽粪污防治项目占了相当大的比例。除工程性支持外，教育和培训也是重要的支持手段，为了提高新农牧场主、青年农民和农业雇工的竞争能力，政府在教育和推广服务中给予特殊关注，在对上述人群提供各种援助的同时，为开展相关技能拓展和技术援助服务的机构提供资金支持。从长期来看，该计划能够督促养殖场改进养殖技术，提高污染物处理和资源利用的效率，有利于生猪产业的可持续发展。

5. 监管政策

除产业补贴、科研支持、环境保护等方面的支持政策，联邦政府还制定了一系列监管政策，涉及从其他国家的进口、饲养方法和肉类产品的食品安全，这些法规由不同的联邦机构管理，旨在保护畜牧业生产企业和消费者利益。

美国农业部的动植物卫生检验局（animal and plant health inspection service，简称 APHIS）负责检查进口活动物，是防止可能感染人类的动物疾病进入美国食品供应的第一道防线，该机构还负责确保家畜健康和动物福利。

美国食品和药物管理局（food and drug administration，简称 FDA）对牲畜饲养的监督同样保障了国家的食品供应和公众健康，FDA 规定所有动物饲料成分必须正确标识，以防止动物副产品，如肉类和骨粉，进入反刍动物食品供应链。

美国农业部食品安全与检验局（food safety and inspection service，简称 FSIS）对屠宰场、动物和肉制品进行检查，以规范屠宰前的牲畜检验和屠宰后的肉制品检验，在食品安全方面，FSIS 一般关注由大肠杆菌、沙门氏菌和李斯特菌等微生物引起的食源性疾病，通过检查屠宰场、屠宰前评估动物健康、对有症状的动物进行尸检以及对被屠宰动物进行常规检查等方式来预防疾病，以确保产品质量和安全。

美国农业部于 2001 年 4 月实施了强制性价格报告计划（mandatory price reporting，简称 MPR），以响应畜牧业生产者、屠宰加工和其他市场参与者在产业链的不同阶段要求提供更多价格信息的要求。价格和供应报告的改进使生产者能够更有信心地签订采购合同并评估供求状况，确保牲畜和牲畜产品市场的公平竞争。根据强制性价格报告计划，每年平均屠宰 10 万头猪的加工企业必须向美国农业部报告所有涉及生猪采购、国内和出口的所有交易。

2002 年的《农业安全与农村投资法》（farm security and rural investment act）要求零售商在最终归销售点告知消费者有关商品的原产国，及实行国家原产地标签，由美国农业营销服务局（agricultural marketing service，简称

AMS）负责管理和执行相关条款。

（五）美国生猪产业转型升级模式对中国的启示

改革开放以来，中国生猪产业迅速发展，猪肉商品化、规模化、生产能力、生产水平都取得了大幅度提高，但在发展的过程中仍然存在一系列问题，可借鉴美国生猪产业发展经验，以发展现代农业、促进畜禽养殖业增长方式转变为目标，积极探索建立保障畜禽养殖业持续稳定健康发展的长效机制，进入了以转变发展方式为主的可持续发展新阶段。

1. 推行以地定畜，实现种养结合循环发展

美国玉米种植带一直是传统的生猪养殖区域，由于饲料资源丰富，养殖成本较低，"种养结合"模式不仅促进了生猪产业的可持续发展，也有利于解决生猪养殖业污染问题。中国可借鉴美国经验，遵循比较优势的原则，发挥玉米主产区丰富的饲料原料优势，优化生猪养殖的区域布局，实现玉米种植与生猪养殖的有效融合，建立种养间的综合管理政策体系。中国生猪养殖粪污量大且分布广，但缺乏与种植业之间的养分循环渠道。对此，可以借鉴美国的经验，把生猪养殖业和种植业作为整体，根据不同产区的资源禀赋差异，建立和完善种养间的综合养分管理法规与政策体系，按照土地承载能力，推行以地定畜、种养匹配，将生猪养殖产生的粪肥还田管理作为粪污治理的关键并予以政策规范，实现种养结合循环发展。从农业种养循环发展的角度，以及农业生产与环境保护协调发展的长远利益来看，会产生综合的经济、生态和社会效益。

2. 健全污染防治立法，提高粪污资源化利用和环境治理效率

美国在畜牧法治和畜禽养殖污染控制方面普遍建立了配套的政策、法律和标准，也建立了各项行动计划，对畜禽养殖污染都按照不同规模分点源和非点源，进行分类管理，提高了管理行动的可操作性。对于符合点源界定的养殖场，按照点源的方式进行管理，实行排污申报、收费等环境政策；针对非点源养殖场，建立各级政府非点源污染管理计划，完善非点源污染的检测、普查和评估体系。中国应借鉴其经验，建立和完善相关的排放标准、法律法规和农村环境监管机构，结合养殖规模，实行分类管理。同时，环境污染治理仅仅依靠企业或养殖户的积极性是不够的，应加大在农村污染治理方面的投入力度，如完善农村环境监测网络、对污染处理设施、畜禽粪便资源化设备和工程进行补贴、对养殖户进行培训等。向农业生产提供优质高效的有机肥，是发达国家普遍采用的方式。对于养殖业来说，养殖业废水的污染负荷高，直接采用生物处理，成本极高，应鼓励养殖场通过沼气化、酸化、沉淀后，再利用水生生物塘及土地处理系统对其进行末端处理。

3. 提高适度规模化和组织化程度，鼓励"企业＋养殖户"合同经营模式

美国生猪养殖环节在很多年份都处于亏损状态，但依然保持有序生产，这主要得益于其高度的规模化和组织化程度，以及较高比例的合同生产经营模式，使得养殖环节的风险在生猪产业链上进行了分摊。中国可借鉴美国生猪产业发展的经验，鼓励生猪适度规模化和合同制生产，发挥企业和委托农户在不同环节和要素上的优势，改变养殖环节相对孤立的状态，促进屠宰加工和销售环节有效分摊养殖环节的疫病和市场风险，形成产加销一体化、利益共享风险共担的生猪产业发展模式。

4. 加大财政支持和投入力度，强化科技支撑在生产效率提升中的重要作用

美国生猪产业的稳定发展得益于养殖技术和生产效率的不断提高，中国可借鉴其经验，建设现代生猪良种繁育体系，完善良种推广服务体系，实施生猪良种补贴政策，引导养殖户良种选用率。加大饲料、疫病防控等关键技术的研发支持力度，采取多种方式，提高生猪生产效率，推行节本增效技术，提高养殖成本收益率和市场竞争力。

5. 加强畜牧业法案对规范生产主体行为和稳定预期的重要作用

完善的产业政策体系在美国生猪产业发展的过程中发挥了至关重要的作用。中国应健全生猪产业法律制度体系，严格落实畜牧法、动物防疫法、农产品质量安全法等法律法规，加大执法监管力度，规范养殖场、屠宰加工企业等市场主体行为。此外，美国实施强制性价格报告计划，以响应畜牧业生产者、屠宰加工和其他市场参与者在营销链的不同阶段要求提供更多价格信息的要求。价格和供应报告的改进使生产者能够更有信息地签订采购合同并评估供求状况，确保牲畜和牲畜产品市场的公平竞争，对于稳定市场发挥了重要作用。中国可借鉴其经验，加强行业信息统计监测，定期搜集各地生猪及能繁母猪存栏情况，监测猪肉市场供销形势并加大预警力度，定期发布动态信息，引导养殖户合理安排生产，稳定市场预期。

三、非洲猪瘟疫情背景下俄罗斯生猪产业转型升级经验及启示

自从 2018 年 8 月非洲猪瘟疫病在中国暴发以来，不到一年传遍全国，生猪产业损失惨重，猪肉产量大幅下降，对国民经济产生了严重的负面影响。反观俄罗斯，2007 年开始的非洲猪瘟疫情对俄罗斯养猪业整体影响不大，虽然非洲猪瘟疫病一直没有根除，但通过科学应对，并未对俄罗斯养猪业造成很大负面影响，反而借此契机，俄罗斯养猪业快速发展，猪肉产量保持稳步增长趋

势，并由全球第二大猪肉净进口国转变为第八大净出口国。因此，在非洲猪瘟疫情背景下，借鉴俄罗斯养猪业的转型升级经验对中国猪业健康发展和保障猪肉供给具有非常重要意义。俄罗斯养猪业在非洲猪瘟影响下还能够快速发展，根本原因在于从生物安全角度制定的政策提高了养殖门槛，实施建立在养殖场和屠宰场生物安全分级上的差别监管政策，淘汰了生物安全水平较差的养殖场户和屠宰场，提高了养猪业整体生物安全防护水平，养殖效率快速提升，规模养殖场产能持续扩张，促进了养殖、屠宰、肉品销售一体化快速融合发展；在行业内成立的生猪养殖者联盟，营造了养殖发展的有利环境，政府根据国内生猪产能实施猪肉产品进口配额制和提高关税等措施，有效保持了养猪业长期稳定的养殖利润。

非洲猪瘟（ASF）是世界动物卫生组织（OIE）法定报告的烈性传染病之一，中国将其列为动物一类传染病，该病毒引起的出血性、毁灭性的猪传染病，死亡率高达100％。尽管ASF被发现了近1个世纪，但是防控这种疾病已经被证明是一种挑战，特别是因为没有可用的疫苗（王瑞，2020）。自从2018年8月ASF在中国暴发以来，不到一年传遍全国，生猪产业损失严重，波及食品加工等相关行业，对国民经济产生了严重的负面影响（胡浩，2020）。从农业农村部监测数据看，全国能繁母猪存栏量在ASF疫情暴发后连续13个月下降，2018年12月至2019年9月月环比下降幅度在2％～9％，下降速度超过了以前任何一个猪周期。至2019年9月，全国能繁母猪存栏量同比下降幅度达到38.9％。由于环保"一刀切"和非洲猪瘟疫情暴发的先后夹击，给国内生猪产业造成重创，猪肉产量出现了断崖式下降（李鹏程，2020）。尽管2019年以来国家有关部门密集出台支持养猪业复产的政策，但是目前猪肉供应仍然紧张。截至2020年12月底，活猪周价格仍然高达34.8元/千克，比上个猪周期最高价格还要高67.5％。反观俄罗斯，2007年发生ASF疫情，之后10年间，该病才蔓延到俄罗斯联邦的40个行政区域，2016年俄罗斯ASF疫情暴发达到了最高点，家猪发生222例，之后，ASF疫情数量逐步下降，到2018年家猪只发生了55例（PIC中国技术服务部，2019；Makarov VV，2017）。尽管2007年ASF在俄罗斯发生后一直没能根除，但是该病基本没有影响俄罗斯养猪业的持续发展，俄罗斯猪肉产量一直保持稳步增长。2007—2019年，俄罗斯猪肉产量由193万吨增长至394万吨，增长率约104％，进入全球前五，从2012年全球第二大猪肉进口国一跃成为全球猪肉第八大出口国，未来几年对外出口猪肉有望达到30万吨以上，名次还将前移。因此，了解俄罗斯养猪业情况，研究非洲猪瘟疫情背景下俄罗斯生猪产业转型升级经验，对中国养猪业稳定发展、保障猪肉供给具有十分重要的意义。

（一）俄罗斯生猪养殖业基本情况

1. 猪肉产量与自给率不断提高

2007—2018 年，俄罗斯猪肉产量由 193 万吨增长到 374 万吨（如图 3-21），年均复合增长率约 6.2%，增长了 181 万吨。2019 年猪肉产量达到 394 万吨，进入全球前五。未来 3～5 年，猪肉总产量预计还将增 100 万吨。2005 年俄罗斯猪肉自给率只有 60%，需要进口 103.3 万吨猪肉。2010 年猪肉自给率增长到 66%，需要进口猪肉 118.3 万吨。2012 年后，猪肉自给率大幅提高，由 2012 年 67% 增长到 2013 年的 74%。到 2018 年，俄罗斯猪肉自给率基本达到 100%。2019 年俄罗斯由猪肉净进口国转为猪肉净出口国，净出口 1.7 万吨。2006 年和 2007 年俄罗斯猪肉产量分别增长 8.0% 和 17.5%。2007 年发生 ASF 后，除了 2013 年和 2016 年增速较高外，其他年份增长速度维持在 4%～7.5%。可见，ASF 疫情对俄罗斯养猪业整体影响不大，虽影响了个别年份增速，但是俄罗斯猪肉产量一直保持着稳步增长。

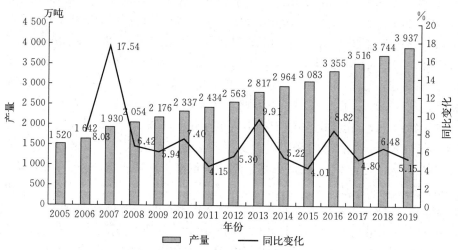

图 3-21　2005—2019 年俄罗斯猪肉总产量

数据来源：俄罗斯联邦统计局。

2. 猪肉进口量迅速下降，出口量不断增长

2012 年，俄罗斯进口猪肉量（含猪杂碎，下同）全球排名第二，共进口猪肉 124.3 万吨。至 2018 年进口量下降至 8.6 万吨，占总消费量的 2%。与此同时，俄罗斯的猪肉出口量（含猪杂碎，下同）持续提高，2018 年共计出口约 8.5 万吨（如图 3-22）。2019 年进口量为 9.1 万吨，出口 10.8 万吨，净

出口约 1.7 万吨。与 2017 年相比，尽管主要的亚洲市场对俄罗斯是不开放的，但是 2018 年猪肉出口仍然增长 20%，2019 年增长 27%。俄罗斯猪肉进口量从 2013 年后下降幅度较大，2018 年猪肉进口量又下一个台阶，由 2017 年 31.4 万吨下降至 8.6 万吨。猪肉进口量下降幅度较大年份一般对应俄罗斯猪肉产量较高增幅，比如 2013 年增幅达到 9.9%，2018 年增长 6.5%。目前受到非洲猪瘟疫情的影响，俄罗斯仍然不能出口猪肉到中国。现在中国、越南和柬埔寨等都发生了非洲猪瘟，猪肉需求缺口扩大。鉴于全球非瘟疫情导致猪肉短缺，未来几年俄罗斯的猪肉出口量还会持续走高。俄罗斯正加快生猪养殖布局和建设，并加速中国市场的开拓。

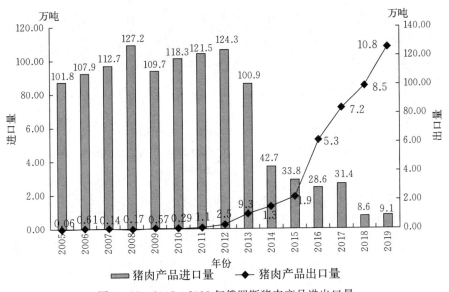

图 3 - 22　2005—2019 年俄罗斯猪肉产品进出口量

数据来源：俄罗斯联邦海关署。

3. 猪肉消费量和占比不断提升，2013 年之后较稳定

2000—2013 年俄罗斯人均猪肉消费量及占肉类消费量比例逐步增长，人均猪肉消费量由 12.0 千克增长到 26.6 千克（如图 3 - 23），增长了 121.6%；人均猪肉消费量占肉类消费量比例由 2000 年的 28.9% 提高到 2013 年的 35.4%（期间肉类消费量由 41.5 千克增长到 75.1 千克）。2014—2018 年，俄罗斯人均肉类消费量基本保持在 71～75 千克，猪肉消费量保持在 23.3～25.6 千克，猪肉消费量占比较稳定，基本保持在 32%～34%。2016—2018 年，俄

罗斯猪肉消费总量仅增长了 31 万吨，其中本地猪肉供给增长 63 万吨。2019年，俄罗斯肉类消费小幅增长，人均消费肉类 75.5 千克（与前期两个高峰1990 年的 75.0 千克、2013 年 75.1 千克消费水平接近），其中猪肉占 26.5 千克（接近前期最高点 2013 年的 26.6 千克）。可见，俄罗斯人肉类消费量和猪肉消费量提高的空间不大，未来猪肉产量增加量只能靠出口消化。

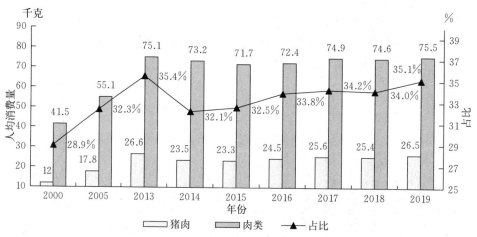

图 3-23   2013—2019 年俄罗斯人均年猪肉及肉类消费量

数据来源：俄罗斯联邦统计局。

4. 俄罗斯养猪行业利润较好，养殖成本较低

在非洲猪瘟造成的猪肉供应缺口及进口限制的保护下，俄罗斯养猪业一直保持比较好的利润。2015—2019 年，俄罗斯活猪价格（含增值税）分别为11.73 元/千克、11.09 元/千克、12.17 元/千克、11.16 元/千克、10.83 元/千克，按 2015—2019 年均重 113 千克计算，家庭养殖户利润分别为 211 元/头、23 元/头、65 元/头、105 元/头、－73 元/头，而规模养殖场利润分别为446 元/头、255 元/头、327 元/头、339 元/头、147 元/头（如图 3-24）。规模养殖场的利润明显高于家庭养殖户，多年来整个养猪行业维持着比较好的利润。2019 年俄罗斯规模养殖场商品猪生产成本折合人民币 8.25 元/千克，仅为同期中国商品猪生产成本的 55%。其中，饲料成本、能源资源成本、燃料和润滑油成本、人工费、其他（含防疫）、固定资产折旧等项目分别为 5.20 元/千克、0.22 元/千克、0.10 元/千克、0.70 元/千克、1.19 元/千克、0.84 元/千克，占总成本比例分别为 63.0%、2.6%、1.2%、8.5%、14.4%、10.2%。饲料成本占比和中国商品猪饲料生产成本比较接近。

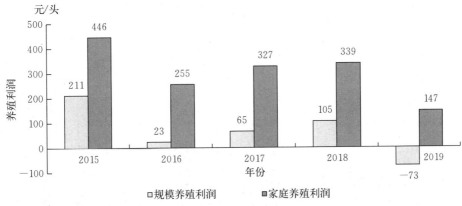

图 3 - 24　2015—2019 年俄罗斯规模猪场和家庭养殖户利润

数据来源：俄罗斯生猪养殖者联盟。

(二) 俄罗斯生猪规模养殖发展特点

1. 生猪养殖结构分化明显，规模化养猪发展很快

虽然 2007 年俄罗斯出现非洲猪瘟，但是俄罗斯的养猪业还是得到很大发展，规模化（规模化猪场的标准是母猪存栏 2 500 头以上，更小规模的农场在俄罗斯无法盈利而存在）养殖比重快速提升，家庭散养户（生猪存栏 1～200 头）比重大幅下降。规模化养殖 2005 年出栏猪比重为 28%，生产猪肉 42 万吨；2008 年出栏猪比重增长至 45%，生产猪肉 93.2 万吨；2018 年规模化养殖出栏猪比重高达 86%，生产猪肉 323.0 万吨；2019 年出栏猪比重创新高，达到 88%，生产猪肉 345.5 万吨（如图 3 - 25、图 3 - 26）。2018 年，俄罗斯前 20 强养猪企业猪肉产量占总产量 65%，2019 年提升到 68.2%（其中前 3 名企业占比 23%），预计 2023 年占比将达到 80% 以上。家庭散养户 2005 年出栏猪比重为 72%，生产猪肉 110 万吨；2008 年出栏猪比重下降到 55%，生产猪肉 112.2 万吨；2018 年出栏猪比重下降到 14%，生产猪肉 51.4 万吨；2019 年出栏猪比重下降到 12%，生产猪肉 48.2 万吨；未来占比还会持续下降，预计到 2023 年会降至 7%。可见，非洲猪瘟对家庭养殖户影响很大，对规模养殖影响很小。非洲猪瘟发生前，家庭养殖户出栏猪比重虽然下降，但是猪肉产量仍然小幅增长，非洲猪瘟发生后，家庭养殖户出栏猪比重和猪肉产量均开始大幅下降，而在此期间规模化养殖场尤其是大型养殖企业的猪肉产量一直保持较高增长速度，不仅弥补了散养户养殖量下降导致的缺口，还提高了全国猪肉的总产量。根据俄罗斯生猪养殖者联盟估计，未来 3～5 年，俄罗斯规模化猪

场猪肉产量至少还会增加 115 万吨。

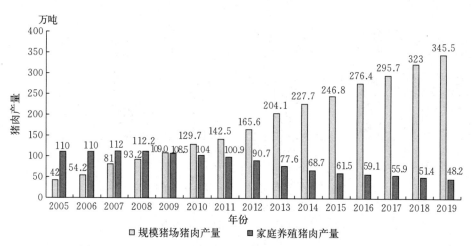

图 3-25　2005—2019 年俄罗斯规模猪场和家庭养殖猪肉产量

数据来源：俄罗斯联邦统计局。

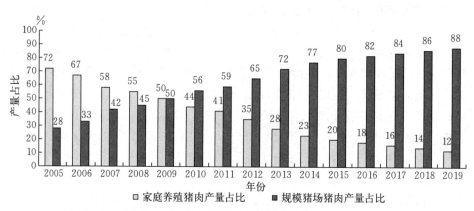

图 3-26　2005—2019 年俄罗斯规模猪场和家庭养殖猪肉产量份额

数据来源：俄罗斯联邦统计局。

2. 规模猪场养殖效率稳步提升，增长速度较快

据俄罗斯生猪养殖者联盟监测，俄罗斯规模猪场 2010 年每头能繁母猪年提供肥猪重为 2 001 千克，年提供肥猪 18.9 头，在之后的两年基本维持在 19 头左右。2013 年每头母猪年提供肥猪重大幅增长，达到 2 221 千克，比上一年增长 15.2%，年均提供肥猪 21.2 头，比上一年增长 14.1%。2014—2019 年每头能繁母猪年提供肥猪活体重一直稳步增长，环比增幅分别为 8.8%、4.4%、8.8%、8.8%、2.0%、3.3%，从 2014 年的 2 416 千克增长到 2019

年的 3 150 千克（如图 3 - 27），增长了 30.4％。2014—2019 年每头能繁母猪提供肥猪数量也是不断增长，环比增速分别为 7.8％、0.6％、7.9％、6.9％、1.1％、0.6％，从 2014 年的 22.8 头增长到 2019 年的 26.9 头，上涨了 18.1％。规模猪场出栏率（如图 3 - 28）2010—2014 年保持稳步增长趋势，由 2010 年 138％增长到 2014 年的 181％，上涨了 43 个百分点；2015—2019 年基本保持稳定，在 176％～179％。白条猪肉胴体均重自 2011 年以来一直保持缓慢增长趋势，由 2011 年的 81 千克一直增长到 2019 年的 92 千克左右，上涨了 13.6％。可见，俄罗斯规模猪场基本没有受到非洲猪瘟疫情影响，生产效率一直稳步增长。

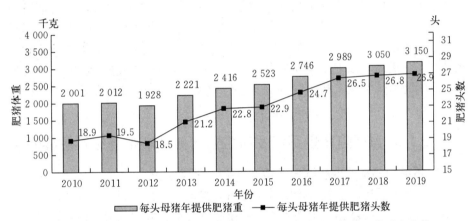

图 3 - 27 2010—2019 年俄罗斯规模猪场每头能繁母猪年提供肥猪重和头数

数据来源：俄罗斯生猪养殖者联盟。

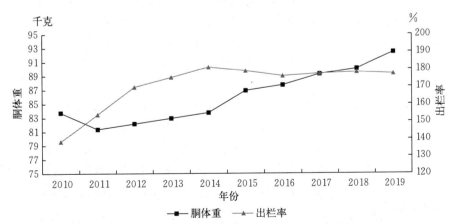

图 3 - 28 2010—2019 年俄罗斯规模猪场年出栏率和白条猪肉胴体均重

数据来源：俄罗斯生猪养殖者联盟。

3. 规模猪场的优质种猪基本来源于国外

根据俄罗斯生猪养殖者联盟估算，2019 年农业集团企业的主要母猪数量达到 170 万头，优质种源基本都来源于国外。几乎所有领先的猪遗传育种公司，例如海波尔、PIC、加裕、丹育、托佩克等都在俄罗斯本地生产种猪，既可以生产纯种猪也能生产 F1 代仔猪。俄罗斯在以下两种情况下会进口纯种猪：一是上述育种公司为了确保遗传进展，育种和遗传中心需要交换遗传物质；二是在启动新的生产综合体以及新的育种中心和扩繁场时，会同时需要大量的纯种种猪，公司被迫进口部分纯种猪。

4. 规模养殖场粪污处理模式较单一

由于俄罗斯规模化养猪场多是属于一体化的农业控股集团，土地储备充足，种植业也是农业集团公司的主营业务之一，故规模养殖场粪污处理多是采用全量收集还田利用模式。对养猪场产生的粪便、尿集中收集，全部进入化粪池贮存，化粪池下面铺黑膜，多为敞开式，粪污通过化粪池贮存进行无害化处理，作为肥料用专用车辆直接注入地里。当然，粪污处理也有采用沼气的方式，但由于俄罗斯天然气价格低廉，这种模式分布不多。

（三）非洲猪瘟背景下俄罗斯生猪产业的转型升级及主要做法

1. 俄罗斯生猪产业能够快速转型升级的原因分析

（1）符合国情的生物安全防控措施有效推动了转型升级。俄罗斯联邦政府消除非洲猪瘟主要从四个方面入手：一是建立一个强有力的兽医体系，确保中央部门相关政策执行到位。二是加强规模化养殖企业的生物安全。俄罗斯猪场生物安全分为四个等级，第四等级是最高的。所有企业都在争取达到四级生物安全。三是降低家庭散养户的数量。由于散养户无法达到高等级生物安全，所以散养户出栏猪比例必须下降。四是降低野猪的数量。散养户和野猪是病毒传染的最重要两个来源。俄罗斯联邦政府和生猪养殖者联盟在这四个方面共同努力合作。

联邦政府防控非洲猪瘟有三个步骤（Минсельхоза России，2012）：首先，俄罗斯联邦成立专门委员会，制定防控和消除非洲猪瘟方案，负责协调各州兽医局，每个州都有详细条例应对非洲猪瘟，和联邦政府保持一致。其次，俄罗斯联邦建立了对流行性病毒的监管系统，实施区域化管理。再次，俄罗斯联邦动物健康中心经常组织培训官员和相关技术人员，培训如何防控非洲猪瘟、监测和检测技术。

联邦政府俄罗斯联邦控制清除非洲猪瘟措施主要有四个方面（Минсельхоза России，2010）：一是及时检测、尽早发现，通过定期检测和临床饲养员认真观察做到尽早发现。二是尽可能及时确定感染区，即疫病暴发点。三是在受感染地区和可能受感染地区迅速实施有效检疫，尽快确定潜在感染区域，设立保护区和监督检验区。保护区一般是发病点 5 千米范围内，监督检疫区一般 5～100 千米范围，区的划分根据周边实际情况，分析发病点和其他猪场关系而定，也可能超过 5 千米或 100 千米。发病点全部猪和保护区内生物安全级别低的猪场所有猪全部捕杀。保护区和监督检验区之间设立检查点，禁止猪运出，但是生物安全级别高（第四等级）的猪场所饲养的猪或猪肉可以调到任何地方。对该区内猪场采集样本检测和分析研究。四是尽快清除感染的猪、相关用品及周边潜在感染的对象。所在区域内野猪也需要控制。消除原则是全部捕杀，后续继续监控监测。消除非洲猪瘟实质是一个经济问题。捕杀方式是用燃料烧毁。捕杀补贴标准参考当期生猪平均价格。规模化猪场的猪捕杀经费由保险公司支出，家庭养殖户的猪捕杀经费由地方州政府出。是否购买养猪保险由养殖者自己决定，不强制。但是多数养殖量大的猪场一般都买保险，政府补贴 50％的保险费用。

（2）迅速提升的规模化进程有效推进了转型升级。 ASF 疫情严重影响了俄罗斯家庭养殖户的发展，尤其是 2011 年之后家庭养殖猪肉产量和占比持续显著下降，而规模养殖获得了很大发展空间。2007 年俄罗斯发生 ASF 疫情，家庭养殖猪肉产量 2008 年增幅由 2007 年的 1.8％下降至 0.2％，2009—2019 年家庭养殖猪肉产量连续下降 11 年，其中 2009—2011 年下降幅度在 3％～4％，2012—2015 年下降幅度在 10％～14％，2016 年之后下降幅度在 4％～8％。家庭养殖生产猪肉占比由 2007 年的 58％下降至 2016 年 18％。

而俄罗斯规模养殖猪肉产量在 ASF 发生后一直保持增长，2008 年增幅由 2007 年的 49.5％下降至 15.1％，2009—2011 年增幅在 9％～18％，2012—2016 年增幅在 8％～24％。即使是家猪 ASF 疫情发生较严重的 2016 年，俄罗斯猪肉产量还获得了高达 8.8％的增速，规模养殖场猪肉产量增长了 12％，贡献了 88％的份额。俄罗斯规模猪场猪肉产量增幅波动比较大与 2016 年前 ASF 疫情逐步严重有关系。此外，值得注意的是，在非洲猪瘟疫情下，俄罗斯规模养殖成本一直保持较低水平，生产效率还能稳步提升，尤其是 2012 年之后增速较快。

联邦政府从生物安全角度制定的差别监管政策有效提高了养殖门槛，进一步促进了规模化程度的提升。该项政策的出台，导致生物安全做的较差的养殖场户和屠宰场逐步淘汰，而安全级别较高的规模养殖场和屠宰场得到扶持，在其他配套措施下产能持续扩张，猪场和屠宰场整体生物安全防护水平得到提高。在这种情况下，不仅是 ASF，还有其他对生产造成影响的疫病得到净化，规模养殖场发生疫病比例仅为 16％（Минсельхоза России，2016），行业养殖效率一直能稳步提升。规模养殖比重得到大幅度提升，又促进了养殖、屠宰、肉品销售一体化快速融合发展。

2. 俄罗斯生猪产业转型升级的主要做法

（1）加强养猪业生物安全管理，执行疫病根除计划。 非洲猪瘟发生后，俄罗斯政府加强了养殖业生物安全监管政策，比如加强统一的兽医服务，制定了流行病监测计划和非洲猪瘟根除计划，严格实施电子兽医认证和屠宰企业认证。非洲猪瘟根除计划中一项比较重要的政策是将养猪场划分等级，实施不同监管政策。俄罗斯猪场按生物安全等级划分为四级（贾良梁，2016）。第一等级，是所有散养的家庭养殖户，生物安全级别最低。第二等级，是圈养方式的家庭养殖户，不能饲喂泔水，和第一个等级的散户没有任何联系。第三等级，是圈养方式的猪场，饲养员只在一个场工作，不能到另一个猪场工作，除了饲养员可以接触动物，其他人员都不能接触。外面人员不接触猪场内人物。与其他场距离超过 500 米。猪场人员进入猪场需要换衣服和鞋子。猪场过去一段时间内没有规定的病，不同的猪病有不同的时间规定，比如对非洲猪瘟疫病是要求三年之内没有发生过；第四等级，在满足第三等级要求情况下，猪场和外界没有任何联系。所有饲料是高温处理过的颗粒料。所有工作人员进入猪场换一次性服装和鞋，消毒、洗澡、洗手。人员和运输物料、运猪等车辆不能混用，专门服务于该猪场。生产的肥猪只能在最高安全级别屠宰场屠宰（一般为新建的或升级后的屠宰场）。俄罗斯猪场第四等级是最高的，所有企业都得争取达到四级生物安全，因为只有生物安全达到第四级，猪场才会很少有疾病，猪肉才可以销售到任何地区，同时也可以出口。俄罗斯 90％一体化企业的养殖场都达到了四级生物安全等级。一体化企业因为非洲猪瘟导致的猪肉产量下降不到 1％。

（2）政策导向降低家庭养殖户数量，鼓励发展规模养殖。 有三个主要因素导致家庭养殖户和规模化养殖以相反的趋势发展。一是从生物安全角度制定的政策有效地降低了散养户的数量。散养户是病毒传染最重要的一个来源，尤其是非洲猪瘟发生后，病毒传播的风险更大。由于散养户无法达到高等级生物安全，所以家庭养殖户的数量下降成为必然。比如俄罗斯防疫政策规定，发病点全部猪和保护区内生物安全级别低的猪场所有猪全部捕杀。保护区和监督检验区（一般是发病点 5～100 千米范围）之间设立检查点，禁止猪运出，但是生物安全级别高（第四等级）的猪场除外。由于家庭养殖户养殖的猪只能在本地消化、生产效率较低等原因导致利润较差，进一步限制了家庭养殖户的发展。二是在俄罗斯新建猪场成本很高，不是家庭养殖户所能承受的，而规模养殖企业有发展的资本。在俄罗斯，由于生物安全原因多点式生产方式不受欢迎。大部分新母猪场都是 2 500~5 000 头母猪的自繁自养生产体系。新建猪场的成本很高（姜振军，2017），所有设施都由养猪生产者建设，包括土地、存栏猪、所有猪舍、饲料厂，甚至是屠宰加工厂。这需要投入大笔资金，估计成本为每头母猪 10 000 美元以上。而贷款利率一般为 14%~16%，仅有部分生产者可以获得政府贷款利率补贴（Национальный Союз свиноводов，2012）。因此，只有大型公司可以承担，获取必要资本发展养猪业。家庭散养户不断退出、在进口限制的保护下俄罗斯养猪生产有利可图，新增盈利促进了规模养殖的扩张。三是政府对养猪业的补贴支持仅仅针对规模养殖企业，家庭散养户不能惠及。包括补贴用于建设新的商品猪养殖设施、饲料生产、屠宰和深加工设施的投资贷款，用于育种和遗传中心建设的投资贷款，补贴经营活动的短期贷款，补贴包括非洲猪瘟在内的动物灾难性损失的保险。

（3）成立生猪养殖者联盟，营造规模化养殖发展的有利环境。俄罗斯生猪养殖者联盟成立于 2009 年，创立者有 65 家公司，成员包括了国内最大的几个生猪生产商，仅在联盟成立之初，成员公司的猪肉总产量就超过了国内规模化养殖猪肉总产量的一半。如今，俄罗斯生猪养殖者联盟的成员已经超过 130 家养猪公司，囊括了所有的中大型养猪企业，联盟代表了 90% 企业的利益。2019 年，超过 90% 的猪肉都是由中大型养猪企业生产的，小规模猪场没有自己的协会组织。联盟还包括 40 多个准会员，其中包括在行业中处于领先地位的兽药制造商和供应商、设计和建筑组织、创新设备制造商、行业媒体、以外包形式提供兽医服务的公司等。成立联盟的目的是团结俄罗斯猪肉生产商以协调其业务活动，代表和保护其利益，并在俄罗斯联邦发展有竞争力的猪肉生产，以帮助改善肉制品的质量并确保俄罗斯联邦的猪肉生产商获得最优惠的条件。联盟的主要目标是有效保持俄罗斯养猪企业的生产利润，并确保长期扩大产能水平。俄罗斯生猪养殖者联盟主要工作包括制定现代俄罗斯养猪业发展理念及其具体实施方案，包括旨在加速养猪业发展并提高其经济效率和竞争力的国家方案和项目；采取措施旨在显著扩大养猪业企业的筹资机会并最大限度地提高筹资条件，包括通过扩大可接受的条件下的贷款以及国家对谱系和商业性养猪的直接支持；采取措施发展育种基地，提高遗传潜力，提高动物健康状况，为行业企业提供优质的育种产品；与联邦立法和行政当局就拟定旨在保护该国粮食安全，发展国内粮食市场和俄罗斯养猪的立法和法规法案进行互动；对猪肉市场部门的状况和发展前景以及国内和国际市场的形成进行行业数据统计分析；持续监测猪肉市场行业的经济状况，在国内市场上展示产品质量，并使他们熟悉了解国家当局及俄罗斯人对猪肉产品质量的认可情况。比如，为了保护国内养猪业并赢得发展的时间，联盟促使政府出台了控制猪肉进口量、提高关税的政策，例如 2010 年增加商品猪的关税，从 5％提高至 40％，对猪肉和猪肉副产品的关税从 15％但不低于 0.15 欧元/千克提高到 25％但不低于 0.35 欧元/千克，超配额猪肉的税率从 30％增至 50％；2011 年，俄罗斯联邦政府批准了 2012 年肉类的进口关税配额，猪肉进口配额将减少 15 万吨（从 50 吨降至 35 万吨）等（王桂玉，2020）。受益于猪肉进口量的下降，俄罗斯生猪养殖行业强劲复苏。在非洲猪瘟最严重的 2016 年，俄罗斯生猪养殖者联盟与俄罗斯农业保险联盟共同推出生猪业保险计划，现在基本覆盖了全部的规模养殖场，全面捕杀发病猪从而为降低非洲猪瘟发生次数起了很大作用。

（4）鼓励产业一体化发展，有效保障了集团内的封闭运行。 在俄罗斯联邦，总共注册超过 400 家养猪公司。但是俄罗斯规模养猪的主力是数量较少的一体化集团企业。据俄罗斯生猪养殖者联盟统计，70 个一体化企业供应了俄罗斯 2018 年 85％猪肉量。在 2019 年，俄罗斯联邦 50 多个农业控股集团供应的猪肉产量占猪肉总产量的 83％以上。现在俄罗斯规模养猪场多数属于一体化的集团企业，其特点是饲料、养殖、屠宰、肉品销售一体化，甚至还和种植业融为一体。据俄罗斯养殖者联盟反映，在俄罗斯完全独立的饲料生产企业很少，大多数大中型企业都有自己的饲料生产能力和用于种植作物的耕地。例如，Cherkizovo 集团是俄罗斯最大的肉制品生产商之一，是提供俄罗斯鸡肉、猪肉和加工肉类市场的前三位企业之一，同时该集团司还是俄罗斯最大的饲料生产商。公司拥有 18 个现代养猪场、6 个肉类加工厂、6 个饲料厂，是俄罗斯最大的垂直一体化的农业控股集团。另一个一体化农业控股公司俄罗斯农业集团（RusAgro）是俄罗斯五大猪肉生产商之一，也是糖和油脂产品（大豆）最大的生产商之一。俄罗斯生猪养殖者联盟估计，未来一体化养殖场（养殖-肉品分销）占比会越来越高，2020 年一体化企业供应猪肉占比有望超过 88％，其中前 20 强供应猪肉占比高达 68％。在未来 4 年（2020—2023 年），前 20 强企业的猪肉年产量将增加 47％，猪肉总增加量约为 140 万吨，在农业生产中的产量份额将达到 80％。

（5）新建的现代化猪场和屠宰场为养猪业效率提升发挥了重要作用。 从俄罗斯规模养猪场的监测历史数据看，2013 年、2014 年、2016 年和 2017 年规模养殖场生产效率提高幅度较大，2013 年提高了 14％，其他年份增长幅度在 7％～8％。生产效率短期大幅提升，猪肉产量在 2011 年之后增速较快，除了与实施生物安全分级政策等原因外，新建或升级的现代化猪场硬件条件的提升也发挥了重大作用。根据俄罗斯生猪养殖者联盟反应，俄罗斯新建的现代化猪场的能繁母猪存栏量多为 2 500～5 000 头，小农场在俄罗斯无法盈利。为了加强生物安全和提升肉品质量，俄罗斯的农业集团企业还新建了与规模养殖量相配套的现代化高安全等级的屠宰场。2010 年俄罗斯国内生产用于屠宰的活猪2 500 万头，在新建或升级的高安全级别的屠宰场屠宰的猪仅有 300 万头，占12％。2018 年，俄罗斯生产的 4 100 万头生猪，有 2 400 万头进入新建的或升级后的屠宰场屠宰，占比 58％，预计 2022 年出栏 4 900 万头猪中的 78％会到新建或升级后的屠宰场屠宰。当前仍有在规划设计阶段或施工的屠宰场年屠宰产能还有约 1 400 万头。这些公司将会是养猪业出口的主要驱动力（肉品质量可控）。

（四）对中国的启示及建议

从俄罗斯养猪业发展历程看，养猪业能够健康快速发展，首先行业长期保持一定的养殖利润很关键，利润是驱动产能扩张的动力。其次是强化生物安全管理。中国在发生 ASF 疫情后，政府虽然制定了非洲猪瘟防控计划（杨浩财，2020），加强生猪检疫和疫病猪捕杀，加强运输环节、加工环节等监管，但是家庭养殖户和规模养殖场仍然遭受了重创。究其原因在于，目前简单一刀切的监管方式不适合中国的国情。中国是生猪生产大国，中小养殖场户较多，生物安全防护水平参差不齐，防护水平较低的养殖场户较多；屠宰场屠宰产能利用率较低，利润难以保障甚至难以生存，没有动力加强生物安全防护水平，并不能做到对进出运猪车辆等严格洗消；猪贩子较多，运猪车难以监管，目前仅仅是简单登记管理；区域生猪价格差异较大导致区域间大范围流通难以避免。以上种种原因导致中国养猪疫病交叉感染较严重，难以实施疫病净化，即使生物安全做得最好的核心种猪场也难以幸免。2020 年入冬以来，非洲猪瘟疫情反弹，仔猪腹泻等疫病趋于严重；部分区域母猪饲料量下降 50％以上，部分企业反映仔猪死亡率高达 30％。疫病造成的损失将严重影响未来猪肉保供任务的完成。根据以上分析，并考虑中国的国情，对中国非洲猪瘟疫情背景下生猪产业转型升级特提出如下对策建议。

1. 强化宏观调控，避免猪价大起大落

应切实将保障猪肉供应作为保障国家食物安全的重要组成部分，宏观调控一定要及时有效。一是充分利用关税等政策，有效调控猪肉进口，保障国内生猪生产的稳定发展。俄罗斯在 2013 年之前猪肉缺口也很大，一度缺口达到国内需求量的约 1/3。通过关税政策，对进口量进行适度控制，而不是任意进口，给国内养猪行业一个稳定发展环境，这对他们恢复生产也起到较大的作用。二是要综合考虑各区域的猪肉需求量和环境承载力等来规划各区域的养殖

量，依法保护合法的养猪场，以有效的法律手段切实制止以环保等名义强行拆除。三是应充分发挥行业协会的调控作用。借鉴俄罗斯及欧美国家对生猪养殖总量的宏观调控，充分利用行业协会的重要作用，有效管理协会内养殖场户养殖量的盲目扩张。

2. 实施建立在养殖场和屠宰场生物安全分级上的差别监管政策，提高养殖—屠宰业整体生物安全防护水平

首要的是将全国养殖场户和屠宰场尽快划分等级，引导养殖场户、屠宰场升级防控水平，高安全级别的屠宰场服务于高安全等级猪场，政策扶持引导市场自主组建专业运输队伍分别服务于不同安全级别的养殖场和屠宰场，避免交叉感染疫病。借鉴俄罗斯经验，可以划分为四级，达到最高等级的猪场和屠宰场可以享受特权，比如可以将猪或猪肉产品由专用受监管的运输车辆调往任何区域从而产生超额利润，反过来促进养殖和屠宰企业加强生物安全。在全国范围内根据高安全级别养殖场产能设定合适数量高安全级别屠宰场数量，以便保证屠宰场有稳定利润。生物安全级别较低的养殖场户生产的肥猪只能在低安全级别屠宰场屠宰，并只能在本地区消化，不能运出根据风险分级的区域之外。这对消除区域价差极为重要，只有消除巨大区域猪肉价差才能真正减少违法走私行为导致的疫病传播风险，非洲猪瘟疫病时有反复严重根本原因在于此。其次是建立一支高效廉洁的兽医队伍，赋予强势的执法权，保证监管政策执行到位。严格执行检疫相关制度，对运猪车辆实行严格定位监管。服务于高安全级别的猪场和屠宰场的车辆要保证绝对安全。再次，对养殖业重要疫病比如非洲猪瘟疫病导致的捕杀补贴执行到位。对家庭殖散养户类型的发病点猪及时捕杀并足额补贴。补贴标准可以按照平均成本或者平均市场价格。捕杀补贴经费全部由中央和省级政府拨付。对规模养殖场用保险的方式实施捕杀补贴，企业承担一定保费，政府可补贴部分经费，规模养殖场自主决定是否购买保险。

3. 出台具体政策促进养殖、屠宰、肉品销售一体化融合发展

养殖、屠宰、肉品销售高度一体化融合发展有利于保障猪肉稳定供应，避免猪周期对各环节的不利冲击。规模养殖比重的大幅度提升有利于产业链企业融合发展，政策支持将会加速这一发展趋势。一是建议对规模养猪企业放开新建 A 证屠宰场的审批限制，鼓励养殖企业新建现代化屠宰场进入肉品销售领域，打破销区市场对新进入企业的潜在的灰色限制，向屠宰及肉品销售领域引入竞争力量。二是以项目资金引导方式鼓励养殖企业和屠宰企业联合成立合资企业或相互参股，促进养殖和屠宰企业真正融合成为利益共同体。

四、未来中国生猪产业发展的可行模式

（一）利益与风险共担的"公司＋农户（家庭农场)"利益联结模式

结合调研，从养殖规模占比来看，"公司＋农户"的模式占了很大的比例，并且此模式对于带动当地农户增收具有一定的推动作用，同时公司借助农户可构建自己很大的养殖规模。从未来产业发展中，针对生猪价格明显波动，农户为了获得稳定保障性风险小的养殖利润，企业为了扩大养殖规模，占据较大的市场份额，发展"公司＋农户"的模式仍将是未来生猪产业发展的主要模式。值得注意的是，"公司＋农户"的模式运行要真正体现让农户获利，并分担养殖风险。此外，"公司＋家庭农场"的发展模式也具有明显优势，也将成为未来生猪产业发展的主流和趋势。

（二）延伸产业链条规避养殖环节风险的全产业链发展模式

调研中，相关企业均反映，从生猪产业来看，虽然近年来活猪价格波动明显，猪肉价格也有一定变动，但是从变动的幅度来看，猪肉价格下降相对活猪要小。由此使得多数养殖企业看到，发展全产业链对于降低养殖环节的市场风险，提高竞争力具有很大优势。本次调研中也了解到温氏集团正在着力延伸屠宰加工环节。未来生猪产业市场竞争激烈，对于生猪的大型企业集团，延伸产业链条规避养殖环节风险的全产业链发展模式将成为其发展的新趋势。

（三）闭循环生态环保模式成为新趋

生猪产业发展的环保压力越来越大。生猪发展模式中也逐步重视粪污治理，闭循环生态环保模式在应对环保压力方面将具有很大的优势。据对湖北金林原种畜牧有限公司的调研，该公司通过"猪—沼—果、猪—沼—菜、猪—沼—鱼、猪—沼—茶"循环农业发展模式对粪污进行资源化利用。如果按照严格的限养要求，该公司面临搬迁，但是由于公司对粪污资源化利用处理有效，公司被批准在限养区域养殖。

（四）主流模式将更加注重生猪产业的现代化、专业化、标准化

面临国内、国际生猪市场竞争压力的逐步加大，生猪产业在优化产业发展

模式的基础上，更需要提升自身生产技术和效率。本次调研中，多数生猪养殖企业对养殖技术非常重视，在降低养殖成本、提升产业竞争力，促进生猪产业现代化、专业化、标准化方面逐步探索好的有效模式。尤其是对于种猪引进、母猪产仔、生猪出栏活重等方面都进行了很多新的探索。

第四章 生猪高效安全养殖单项
关键技术应用效益评价

本章基于生猪高效安全养殖的圈舍设施改善、疫病防治、无抗饲料等关键技术示范应用的基本技术经济参数，跟踪和评估生猪高效安全养殖技术推广的经济、生态、社会及综合效益。

一、圈舍设施改善技术应用效益评价

本部分评价基于江西省清河畜牧科技实业有限公司的调研数据，以"猪场粪污—杜仲种养一体化技术应用与示范"为例，对圈舍设施改善技术进行经济效益评价。

(一) 技术应用与示范概况

猪场"粪污—杜仲种养一体化技术应用与示范"成果由中国农业大学、江西清河畜牧共同研究完成，开始实施于 2018 年 6 月，截至 2020 年 12 月，示范规模 3.5 万头。主要技术成果包括：①干清粪模式的应用。粪便一经产生即可分流，可保持舍内清洁、无臭味、污水量少且浓度低、易于净化处理，最大限度地减少废水的产生和排放，降低了废水的污染负荷，同时，干粪直接分离，养分损失小，肥料价值高，经过适当堆制后，可制作出高效生物活性有机肥。②完成了 1 300 米³ 沼气池的建设。通过沼气工程建设，为猪场粪尿无害化处理和资源化利用创造了条件，使该场年排放的 3 万多吨高浓度的养殖场废水和大量的养殖场固体废弃物得到资源化循环利用，周边的环境得到极大的改善。粪污经过生物堆肥和厌氧发酵等环节的处理，杀灭有毒有害病菌、病毒和寄生虫卵，根除了蚊蝇的滋生场所，减少人畜病害；大大减少了污水的 COD、BOD 及其他有害杂质，减轻了对地下水及下游水质的污染，保护当地及下游饮水人口的身心健康。同时，有助于统筹解决农村资源、能源、环境问题，推动养殖业健康发展，促进无公害农业生产，帮助农民增收，促进社会主义新农村建设，取得生态、能源、经济、社会等多方面的效益。③沼液沼渣资源化利用。该养殖场占地 600 亩，除猪舍及排污设施设备外，另有杜仲林 100 亩、雷竹林 50 亩、蔬菜基地 100 亩、桂花树及樟树林 200 亩。由于前期实行干清粪，经过沼气池的沼液沉淀后，沼渣量不多，可全部消耗，沼液经过逐级处理，BOD、COD、氨氮等指标达到排放标准后，按现在存栏，一天的排放量在 15 吨左右，除浇灌蔬菜后，再流到养殖场租用的 20 亩水塘，养鱼养鸭子，做到了真正意义上的可循环排放。

（二）经济效益评价

由于技术应用以来，受非洲猪瘟及新冠疫情影响，生猪市场波动幅度较大，养殖收益受技术应用以外的因素影响较大，因此，结合评价内容及数据可获取性，重点考察技术应用的节本效应，构建了该项目经济效益评价指标（如表 4-1）。

从技术投入成本看，企业的设备投入成本由技术应用前的 300 万元降至 260 万元，企业年运行费用，由技术应用前的 2 500 万元降至 2 315 万元，减少了 185 万元。

从生产效率看，由于圈舍设施的改进，育肥猪生长环境得到改善，全群死淘率由技术应用前的 6% 降至技术应用后的 4.5%，料重比由 2.75 降至 2.65，劳动生产率不断提高。

从养殖成本看，育肥猪养殖总成本由技术应用前的 2 000 元/头，降至技术应用后的 1 850 元/头，平均育肥猪养殖总成本减少了 150 元/头，按技术应用后的出栏规模 26 500 头计算，养殖总成本共减少了 397.5 万元。

表 4-1 "猪场粪污—杜仲种养一体化技术应用与示范"经济效益评价指标

评价指标	技术应用前	技术应用后
技术/设备投入成本（万元）	300.00	260.00
年运行费用（万元/年）	2 500.00	2 315.00
全群死淘率（%）	6.0	4.5
料重比	2.75	2.65
出栏头数（头）	25 000	26 500
育肥猪养殖总成本（元/头）	2 000	1 850

除上述指标外，所建立的示范生产线工程项目，若按年存栏量 30 000 头猪计算，每年产废水量达 3 万吨左右，可生产沼气量 30 万米³，每立方米可产生电 1.2~1.6 千瓦时，每千瓦时电 0.5~0.6 元，每年可获 18 万~24 万元以上收益；干猪粪达 3 万吨左右，每年可产有机肥 2 万吨以上，每吨价格可以达到 200 元左右，每年所生产的畜禽粪便有机肥收益预测在 400 万元。

（三）生态效益评价

生态效益主要是从节约资源、保护环境、减少粪污排放量等方面评价，结合评价内容及数据可获取性，构建了该项目生态效益评价指标（如表 4-2）。

表 4-2 "猪场粪污—杜仲种养一体化技术应用与示范"生态效益评价指标

评价指标	技术应用前	技术应用后
平均每头育肥猪用水量（千克/头·天）	5.0	3.9
养殖密度（头/米²）	1.50	1.45
粪污资源化利用率（％）	75	88
病死猪无害化处理率（％）	92	98
粪污处理成本（元/头）	3.0	2.2
COD 排放量（毫克/升）	80	68
N 排放量（克/升）	35	25

从节水、节地指标来看，技术应用前，平均每头育肥猪用水量为每天 5 千克，由于干清粪工艺的采纳，平均每头育肥猪用水量降至每天 3.9 千克，按 3.5 万头的示范规模计算，每天可节水 38.5 吨，每年可节水 13 860 吨，节水效果显著，既实现了资源的节约，又降低了养殖成本。技术应用前的生猪养殖密度变化不大，由每平方米 1.5 头降至 1.45 头，养殖密度相对较大，由于公司养殖设施现代化程度较高，可以充分利用圈舍空间，极大程度节约了土地利用空间。

从粪污资源化利用来看，干清粪、种养结合、有机肥生产等关键技术的应用，使该项目的优势得以充分发挥。粪污资源化利用率由技术应用前的 75％ 提高至技术应用后的 88％。同时，粪污处理成本也有技术应用前的每头 3 元降至每头 2.2 元，按 3.5 万头的示范规模计算，粪污处理成本减少了 2.8 万元。

从常规污染物排放来看，技术应用后，示范场 COD 排放量由每头每天 80 毫克/升降至 68 毫克/升，N 排放量由 35 克/升降至 25 克/升。极大地改善了养殖场工作人员的生活及工作环境，降低了企业与附件居民之间的摩擦。

（四）总体评价

江西清河畜牧 2018—2020 年"猪场粪污—杜仲种养一体化技术应用与示范"实施规模 35 000 头，企业的设备投入成本降低了 40 万元，年运行费用减少了 185 万元，养殖成本降低了 525 万元，粪污处理成本降低了 2.8 万元，节约用水 13 860 吨。沼气池的建设，每年可获得沼气收入 18 万～24 万元，干清粪模式的应用，可实现有机肥年收益 400 万元。将生猪养殖废弃物转化为优质有机肥料，用于有机农产品的种植，在农业生产不同环节之间实现物质多层次循环利用，减少了环境污染和资源浪费，实现了种养结合，促进了循环农业的发展，取得了良好的经济、生态和社会效益。

二、疫病防治技术应用效益评价

本部分基于珠海成达农牧科技有限公司、化州市泰丰牧业有限公司、兴育农业发展有限公司、荣晖养殖场的调研数据，对"非瘟生物安全防控及复产技术体系"进行经济效益评价。"非瘟生物安全防控及复产技术体系"成果由国家生猪种业工程技术研究中心、新兴县温氏慧农猪业科技有限公司共同研究完成，开始实施于 2019 年 1 月，截至 2020 年 12 月，示范规模 8 万头。该技术体系通过饲养管理、猪场内部生产管理、饲料原料把控及消毒、非洲猪瘟生物安全防控等关键环节技术的应用，建立非瘟生物安全防控及复产技术体系，有效降低了育肥猪发病率和死亡率，促进了养殖场经济效益的提高。

（一）技术体系应用的经济效益评价

"非瘟生物安全防控及复产技术体系"在 A、B 两企业的应用规模均为 3 万头，在 C、D 两企业的应用规模均为 1 万头，共 8 万头。从生产成本来看（如表 4-3），技术体系应用后，A 企业育肥猪生产总成本由 3 300 元/头降至 3 000 元/头，按示范规模 30 000 头计算，共节约成本 900 万元。B、C、D 三个企业的生产成本分别提高了 100 元/头、300 元/头、20 元/头，按示范规模 30 000 头、10 000 头、10 000 头计算，共提高了 620 万元。自非洲猪瘟暴发以来，生猪市场异常波动，养殖成本受仔猪、饲料、劳动力等投入要素价格上涨的影响，呈上升趋势，但由于基础生产条件、饲养管理水平的差异，个别企业生产成本降低。从生产成本构成来看，在技术体系应用后，四家企业的防疫治疗费都大幅度下降，每头育肥猪降低了 30 元，按示范规模 8 万头计算，共减少了 240 万元。

从收益角度看，在技术应用后，四家企业的育肥猪出售价格均有大幅度提高，除技术体系发挥作用外，生猪价格大幅上涨是企业收益提高的主要原因。四家企业育肥猪出售价格分别提高了 1 500 元/头、3 000 元/头、3 000 元/头、2 000 元/头。

从利润角度看，在技术应用后，A 企业每头生猪销售毛利润由 200 元增至 2 000 元，B 企业每头生猪销售毛利润由 100 元增至 3 000 元，C 企业每头生猪销售毛利润由 0 元增至 2 700 元，D 企业每头生猪销售毛利润由 300 元增至 2 280 元，各企业销售毛利润均大幅度提高。

表 4-3　非瘟生物安全防控及复产技术体系应用前后成本收益变动情况

单位：元/头

示范企业	育肥猪生产成本	技术应用前防疫治疗费	育肥猪出售价格	育肥猪生产成本	技术应用后防疫治疗费	育肥猪出售价格
A	3 300	120	3 500	3 000	90	5 000
B	1 900	110	2 000	2 000	80	5 000
C	2 000	130	2 000	2 300	100	5 000
D	3 200	85	3 500	3 220	55	5 500

（二）技术体系应用的生产效率评价

"非瘟生物安全防控及复产技术体系"在示范企业应用后，各企业 PSY、MSY 均有所提高（如表 4-4）。四家企业每头母猪每年所能提供的断奶仔猪数分别增加了 3 头、4 头、3.5 头、3 头，每头母猪每年所能提供的出栏育肥猪头数分别增加了 4 头、5 头、4 头、5.5 头，仔猪和育肥猪成活率提高，生产效率大幅度提高。

表 4-4　非瘟生物安全防控及复产技术体系应用前后的 PSY 和 MSY

单位：头

示范企业	PSY		MSY	
	技术应用前	技术应用后	技术应用前	技术应用后
A	17.0	20.0	15.0	19.0
B	21.0	25.0	19.0	24.0
C	18.5	22.0	17.0	21.0
D	18.0	21.0	14.0	19.5

示范企业在应用"非瘟生物安全防控及复产技术体系"后，仔猪和育肥猪的发病数、死亡数均大幅度降低（如表 4-5）。在仔猪生产环节，A 企业发病数减少了 2 000 头，死亡数占发病数的比重由 67% 增至 70%，说明该企业仔猪发病数大幅度减少，但治愈率并未提高；B 企业发病数减少了 600 头，死亡数占发病数的比重由 64% 降至 60%；C 企业发病数减少了 700 头，死亡数占发病数的比重由 80% 降至 50%；D 企业发病数减少了 64 头，死亡数占发病数

的比重由83%降至36%。B、C、D三个企业不仅发病绝对数减少，发病生猪的治愈率也在大幅度提高。在育肥猪生产环节，四家企业的发病数均大幅度降低，分别减少了900头、300头、300头、90头，死亡数占发病数的比重分别下降了5%、17%、10%、13%，说明技术体系在控制育肥猪发病和治理方面起到了积极的作用。

表4-5 非瘟生物安全防控及复产技术体系应用前后的发病数和死亡数

单位：头

| 企业 | 仔猪 | | | | 育肥猪 | | | |
| | 技术应用前 | | 技术应用后 | | 技术应用前 | | 技术应用后 | |
	发病数	死亡数	发病数	死亡数	发病数	死亡数	发病数	死亡数
A	3 000	2 000	1 000	700	1 800	1 500	900	700
B	1 100	700	500	300	900	600	600	300
C	1 000	800	300	150	500	300	200	100
D	120	100	56	20	120	87	30	18

（三）技术体系应用的社会效益评价

社会效益是生猪产业的发展对社会需承担责任与所做出的的贡献，考虑数据可获取性，本研究选取了带动农户数、带动农户总饲养头数、年培训人次、年技术指导户次四个指标来评价其社会效益。从带动农户数看，四家企业从无到有，在技术体系应用后，带动农户数分别为5、2、1、10户，共18户。技术体系应用后，四家企业带动农户总饲养头数分别为5 000头、3 000头、500头、6 000头，共14 500头。企业的培训和技术指导也在应用了技术体系后积极开展，四家企业年培训人次分别为120人、100人、80人、56人，共培训了356人；年技术指导户次分别为10户、4户、3户、25户，共42户（如表4-6）。企业在应用非瘟生物安全防控及复产技术体系后，在带动和培训农户方面起到了积极作用，社会效益不断提高。

表4-6 非瘟生物安全防控及复产技术体系应用后各企业社会效益

示范企业	带动农户数（户）	带动农户饲养头数（头）	年培训人次（人）	年技术指导户次（户）
A	5	5 000	120	10
B	2	3 000	100	4
C	1	500	80	3
D	10	6 000	56	25

（四）总体评价

珠海成达农牧科技有限公司等 4 家企业，于 2019—2020 年应用了由国家生猪种业工程技术研究中心、新兴县温氏慧农猪业科技有限公司共同研究的"非瘟生物安全防控及复产技术体系"，总实施规模 80 000 万头，养殖总成本共节约了 280 万元，其中，防疫治疗费用减少了 240 万元，育肥猪销售价格大幅度上涨，企业利润增加，经济效益明显提高；四家企业的 PSY、MSY 均有所提高，仔猪和育肥猪的发病数及死亡数大幅度下降，生产效率大大提高。同时，企业在应用了该技术体系后，在带动农户、对农户进行技术指导和培训方面开始发挥重要作用，与农户之间的联结机制逐渐由松散型向紧密型转变，社会效益不断提高。

三、无抗饲料技术应用效益评价

本部分基于茂名市冠美农业科技有限公司的调研数据，对"无抗饲料技术"的应用进行经济效益评价。"无抗饲料技术"成果由广东省农业科学院动物科学研究所研发，开始实施于 2018 年 9 月，截至 2020 年 12 月，示范规模 4 000 头。该技术针对饲用抗生素禁用、氧化锌限量施用的背景下，通过合理使用酶制剂、酸化剂、益生菌、植物提取物等替抗类添加剂产品，构建了无抗生素、无高锌高铜的高效绿色饲料配制技术体系，开展了系统的无抗饲料核心技术集成与替抗产品应用示范。

（一）无抗饲料技术应用的经济效益评价

无抗饲料技术应用后，示范企业育肥猪出栏活重由每头 120 千克增至 130 千克（如表 4-7），育肥猪平均销售收入由每头 1 656 元增至 3 107 元，每头增加

表 4-7　无抗饲料技术应用前后的成本收益

评价指标	单位	技术应用前	技术应用后
出栏活重	千克/头	120	130
出栏价格	元/千克	13.8	23.9
饲料用量	千克/头	342	357
饲料价格	元/千克	3.5	3.6
115 千克饲养成本	元/头	1 596	1 713
总饲养成本	元/头	1 665	1 936

了1451元，按技术应用规模4000头计算，共增加销售收入580.4万元。从利润变化角度看，技术应用前，每头育肥猪的销售收入1656元，减去总饲养成本1665元，利润为−9元；技术应用后，每头育肥猪的销售收入3107元，减去总饲养成本1936元，利润为每头1171元，每头育肥猪增加了1180元，按技术应用规模4000头计算，可实现增加利润472万元。

（二）无抗饲料技术应用的生产效率评价

无抗饲料技术在示范企业应用后，示范企业育肥猪料重比由2.85降至2.75（如表4-8），平均日增重由每头630克增至640克，达115千克日龄由技术应用前的193.5天减至190.2天，全群死淘率由3.65%降至3.62%，生产效率明显提高。

表4-8　无抗饲料技术应用前后的生产效率

评价指标	技术应用前	技术应用后
料重比	2.85	2.75
平均日增重（克/头）	630	640
达115千克日龄（日）	193.5	190.2
全群死淘率（%）	3.65	3.62

（三）社会效益评价

农业农村部第194号公告明确禁止在生猪饲料内添加含有促生长类药物添加剂（中药类除外），生猪饲料迫切需要代替该抗生素的新药物和技术。无抗饲料技术应用能够弥补抗生素禁用所带来饲料缺陷，保证生猪正常生长发育，具有重要的社会效益。生猪养殖场应用无抗饲料技术后，可以为社会提供质量安全的畜产品，保障消费者猪肉饮食健康安全。无抗饲料技术能够促进养殖场的可持续发展，饲料无抗减少了生猪废弃物中污染物含量，大大降低了对生态环境的污染。

（四）总体评价

茂名市冠美农业科技有限公司于2018年9月，开始应用由广东省农业科学院动物科学研究所研究的无抗饲料技术，技术应用规模4000头，技术应用后，示范企业生产效率大幅度提高，可实现利润增量472万元，经济效益显著。同时，在饲养过程中，实现了无抗生素、无高锌高铜的高效绿色饲养，不仅生产效率大幅提升，而且还减少了生猪废弃物中污染物含量，对于生猪产业提质增效具有积极意义。

第五章　集成技术在示范养殖场应用前后效益评价

在对单项技术进行评价的基础上，本章进一步构建评估生猪高效安全养殖综合效益的科学指标体系，并对集成后的高效安全养殖技术进行综合效益评价。

一、调研样本情况说明

本调研采用实地调研方式，调研对象是 WS、MY、DBN、YX 和 LNS 五家生猪养殖企业，此五家养殖企业是本项目生猪养殖技术示范应用的典型企业，调研主要内容为示范养殖场（户）基本情况、集成技术应用前后（2017—2020 年）示范养殖场的生猪成本收益、生产效率、社会效益与生态效益等，效益分析与评价全部基于调研数据。

本部分主要评价集成技术，即本项目研发的饲料营养技术、疫病防控技术和圈舍设施技术三大方面技术在示范养殖场综合应用的效果。自项目实施以来，这三大方面技术在五个示范场及其下属的多个分场进行了实验、示范和推广。在圈舍设施方面，如 QH 养殖场采用"猪场粪污—杜仲种养一体化技术应用与示范"技术，通过圈舍设施改善技术，大大减少了污水的 COD、BOD 及其他有害杂质，达标排放，在浇灌蔬菜后，再流到养殖场租用水塘，养鱼养鸭子，做到了真正意义上的可循环排放，取得生态、能源、经济、社会等多方面的效益。在疫病防控方面，CD、DF、XY、RH 等企业采用了"非瘟生物安全防控及复产技术体系"，该技术体系通过饲养管理、猪场内部生产管理、饲料原料质量把控及消毒、非洲猪瘟生物安全防控及复产技术体系等关键环节技术的应用，有效降低了育肥猪发病率和死亡率，促进了养殖场经济效益的提高。在饲料营养方面，如 GM 示范养殖场采用"无抗饲料技术"，在饲用抗生素禁用、氧化锌限量施用的背景下，通过合理使用酶制剂、酸化剂、益生菌、植物提取物等替抗类添加剂产品，构建了无抗生素、无高锌高铜的高效绿色饲料配制技术体系，开展了系统的无抗饲料核心技术集成与替抗产品应用示范。

在选择示范养殖场样本时，首先考虑了区域因素，在全国选择了南部（西南和东南）、中部、北部地区，并考虑不同养殖类型、养殖规模和技术水平，在每个省份选择一个典型养殖场，共选择了 WS、MY、DBN、YX 和 LNS 五个养殖场，提高了样本代表性。样本示范养殖场的具体特征见表 5-1，就区域来而言，WS、MY 代表中部地区，DBN 代表北方地区，YX 和 LNS 代表南方地区；就养殖规模上而言，WS 存栏 10 万头以上，MY、DBN、LNS 存栏在 4 万~5 万头，YX 为 1 万头以下；WS、YX 采用公司＋农户（家庭农场）的经营方式，MY、DBN、LNS 为企业养殖。从投资来看，五家示范养殖场都养殖设施设备水平较高，具有一定的经营管理能力，基本具备现代化养殖的特征，具备技术实验示范推广的条件。

表 5-1　示范养殖场基本情况

基本情况		WS	MY	DBN	YX	LNS
地区（省份）		湖南	河南	黑龙江	广西	海南
成立年份		2012	2010	2016	2014	2016
类型		合同农户	企业	企业	合同农户	企业
总投资（万元）	技术应用前	38 500	3 788	1 500	1 450	35 000
	技术应用后	37 000	3 978	2 400	1 230	35 000
养殖场面积（亩）	技术应用前	625	520	1 000	27	492
	技术应用后	600	413	1 000	27	492
猪舍面积（米²）	技术应用前	350 000	200 180	20 000	19 300	9 100
	技术应用后	333 000	158 925	40 000	19 300	9 100
生猪存栏（头）	技术应用前	160 000	32 366	20 000	7 500	50 000
	技术应用后	165 000	49 285	40 000	8 000	50 000
能繁母猪存栏（头）	技术应用前	16 660	—	1 700	—	4 400
	技术应用后	17 210	1 142	3 500	—	4 400
生猪出栏（头）	技术应用前	350 000	47 484	40 000	15 000	100 000
	技术应用后	370 000	72 306	80 000	16 000	100 000

二、效益评价指标体系构建

本研究旨在对不同示范养殖场在技术应用前后的经济、社会与生态效益三大效益进行评价。基于经济学理论、生猪生产实践和效益评估的相关文献，建立如下效益评价指标体系（如表 5-2）：经济、社会与生态效益都设置为一级指标，各一级指标下面对应二级指标、三级指标，从而构建了 3 个层次的不同生猪养殖模式评价指标体系，其中，经济效益共 18 个三级指标，社会效益共 9 个三级指标，生态效益共 8 个三级指标，构成了 35 个效益评价指标。

表 5 - 2　示范养殖场技术应用前后的效益评价体系

一级指标	二级指标	三级指标
经济效益	成本	1. 仔猪费用
		2. 饲料费用
		3. 人工费用
		4. 防疫治疗费用
		5. 技术服务费用
		6. 固定资产折旧
		7. 死亡损失费用
		8. 水电及燃料动力费
		9. 其他直接费用
		10. 土地成本
		11. 粪污处理费用
	收益	12. 销售收入
		13. 净利润
		14. 成本利润率
	生产效率	15. 全群死淘率
		16. 料重比
		17. 每个劳动力管理的育肥猪头数
		18. 每个劳动力年提供的活猪活重
社会效益	带动就业人数	19. 每个养殖场的从业人数
		20. 合同养殖户的数量
	带动农户增收	21. 养殖户的年养猪收入
		22. 雇工人员年工资总额
	节粮效果	23. 与行业平均料重比差额
	带动农户养殖技术	24. 培训人次
		25. 技术指导户次
	产品质量	26. 休药期执行情况
		27. 无抗饲料使用情况

（续）

一级指标	二级指标	三级指标
生态效益	节水、节地指标	28. 每头出栏生猪耗水量
		29. 每百头存栏生猪占用养殖场面积
		30. 生猪养殖密度
	粪污资源化利用率	31. 干粪资源化利用率
		32. 粪水资源化利用率
	无害化处理率	33. 干粪无害化处理率
		34. 粪水无害化处理率
		35. 病死猪无害化处理率

三、效益评价方法说明

（一）描述性统计

描述性统计，主要基于调研数据，通过图表形式描述经济效益、社会效益与生态效益具体指标的变化情况，能够直观显示不同示范养殖场技术应用前后效益的变动和差距。

（二）因素分析法

因素分析法是将分析指标分解为各个可以计量的因素，并根据各个因素之间的依存关系，顺次用各因素的比较值（通常即实际值）替代基准值（通常为标准值或计划值），据以测定各因素对分析指标的影响。

例如，设某一分析指标 M 是由相互联系的 A、B、C 三个因素相乘得到，报告期（实际）指标和基期（计划）指标为：

报告期（实际）指标 $M_1 = A_1 \times B_1 \times C_1$

基期（计划）指标 $M_0 = A_0 \times B_0 \times C_0$

在测定各因素变动指标对指标 R 影响程度时可按顺序进行：

基期（计划）指标 $M_0 = A_0 \times B_0 \times C_0$ （1）

第一次替代 $A_1 \times B_0 \times C_0$ （2）

第二次替代 $A_1 \times B_1 \times C_0$ （3）

第三次替代 $A_1 \times B_1 \times C_1$ （4）

分析如下：

（2）－（1）→A 变动对 M 的影响。

（3）－（2）→B 变动对 M 的影响。

（4）－（3）→C 变动对 M 的影响。

把各因素变动综合起来，总影响：$\Delta M = M_1 - M_0 = （4）-（3）+（3）-（2）+（2）-（1）$

因素分析法主要应用于分析经济效益中的生产效率指标，即每个劳动力年提供的生猪活重。运用因素分析法，得出五个示范养殖场每个劳动力年提供的生猪活重变动的影响因素。

（三）数据包络分析法 DEA

DEA 是一种建立多投入产出模型，以线性规划为基础，并加之多种限制条件来评价企业投入产出绩效的实证方法。DEA 用于测算技术进步和生产率增长指标，用于生产效率的分析。Malmquist 指数法基于 DEA 模型而提出，1982 年，Caves 首先将该指数用于生产率变化的测算，分别从投入产出角度构建了 Malmquist 生产率指数概念，后来，Malmquist 指数与 DEA 相结合用于测算生产率。基于产出角度的 Malmquist 生产率指数表达式为：

$$M_0^t(xt+1, \ yt+1, \ xt, \ yt) = \frac{D_0^t(x_{t+1}, \ y_{t+1})}{D_0^t(x_t, \ y_t)} \qquad (5-1)$$

$$M_0^{t+1}(xt+1, \ yt+1, \ xt, \ yt) = \frac{D_0^{t+1}(x_{t+1}, \ y_{t+1})}{D_0^{t+1}(x_t, \ y_t)} \qquad (5-2)$$

式 5-1、式 5-2 中，$D_0^t(x_t, y_t)$ 代表以第 t 期的技术表示的当期技术效率水平，$D_0^t(x_{t+1}, y_{t+1})$ 代表以第 t 期的技术表示（即以第 t 期的数据为参考集）的 $t+1$ 期技术效率水平；$D_0^{t+1}(x_t, y_t)$ 代表以第 $t+1$ 期的技术表示第 t 期的技术效率水平，$D_0^{t+1}(x_{t+1}, y_{t+1})$ 代表以第 $t+1$ 期的技术表示（即以第 $t+1$ 期的数据为参考集）的当期技术效率水平。

从 t 时期到 $t+1$ 时期的全要素生产率（TFP）变化的 Malmquist 的生产率指数的表达公式为：

$$M_0(x_{t+1}, \ y_{t+1}, \ x_t, \ y_t) = \left[\frac{D_0^t(x_{t+1}, \ y_{t+1})}{D_0^t(x_t, \ y_t)} \times \frac{D_0^{t+1}(x_{t+1}, \ y_{t+1})}{D_0^{t+1}(x_t, \ y_t)}\right]^{\frac{1}{2}}$$

$$(5-3)$$

假定规模效率不变的情况下，Malmquist 生产率指数分解为效率变化（EFFCH）和技术效率变化（TECH）两部分，即 $TFP = EFFCH \times TECH$

同时，技术效率变化可以分解成纯技术效率变化指数（PECH）和规模效率变化指数（SECH），即 $TFP = PECH \times SECH \times TECH$

当 TFP 指数为 1 时，全要素生产率不变；当 TFP 指数大于 1 时，全要素生产率提高；当 TFP 指数小于 1 时，全要素生产率下降。

使用 DEA 方法主要是应用于经济效益中全要素生产率的计算，从投入和产出视角，基于五个示范养殖场的调研数据，计算其在技术应用前后全要素生产率变动情况。

（四）熵权 TOPSIS 法

随着信息技术的进一步发展，各类评估分析方法应运而生，这些方法大大提高了评估的准确性和科学性，熵权 TOPSIS 就是其中一种。较为常用的综合评估方法是选取若干指标后，征求专家意见对各指标进行赋权，再运用诸如模糊综合评价法、TOPSIS 法等代入计算得出结果，层次分析法便是这类赋权方法的典型代表。尽管此类方法操作起来较为简单易行，但专家赋权本身便受较强的主观因素影响，这种赋权结果既不够客观，也不具有可比性，从而使得评估结果说服力大打折扣。熵权 TOPSIS 法打破了传统评估的局限性，创造性地将熵权法与 TOPSIS 方法结合在一起，此种方法的各评价指标权重是由矩阵数据计算出的结果确定，而并非来自专家学者的人为主观臆断，使权重系数更加有说服力，同时可以将待估对象与理想解之间的距离反映出来，由此体现不同待估对象的差距，这样的评估方法既符合多维度量化的要求又具备多属性评价的特点，较为科学可行。因此本研究将熵权 TOPSIS 法作为评估效益的核心方法。

使用 TOPSIS 法对不同生猪养殖模式综合效益进行分析的原理是：把要评价的三级指标数据逐项列成矩阵，通过归一法确定正、负理想状态解，计算并对比每种模式与这两个解之间的距离，最终得出各模式综合效益排名，其中最优对象解的判定方法为离正理想状态解最近，离负理想状态解最远。步骤如下：

步骤 1：构建原始数据矩阵。

即待评价模式在各评价指标下的相应数值，假设有 m 个需要评价的模式，指标个数为 n，第 i 个模式的第 j 个指标值为 Z_{ij}，则原始评价矩阵 R 为：

$$R = \begin{bmatrix} Z_{11} & Z_{12} & \cdots & Z_{1n} \\ Z_{21} & Z_{22} & \cdots & Z_{2n} \\ \vdots & \vdots & & \vdots \\ Z_{m1} & Z_{m2} & \cdots & Z_{mn} \end{bmatrix} \tag{5-4}$$

步骤 2：数据归一化。

为避免不同指标量纲对评价结果的影响，需要对原始数据矩阵进行归一化处理。采取的归一化方法为 Max - Min 最大最小归一化方法，以 Z'_{ij} 为归一化

后模式 i 在指标 j 处的取值，如：

$$Z'_{ij} = \frac{Z_{ij} - \text{Min}(Z_j)}{\text{Max}(Z_j) - \text{Min}(Z_j)} \qquad (5-5)$$

步骤 3：熵权法确定指标权重。

计算模式 i 在指标 j 的占比，并根据占比计算指标 j 的熵，以 e_j 为指标 j 的信息熵；p_{ij} 为第 i 个评价对象的第 j 项指标值占该指标总值的比重；r_{ij} 为对象 i 在第 j 项指标的值；a_j 为指标权重；g_j 为指标 j 的差异系数。

$$e_j = -\frac{1}{\ln m} \sum_{i=1}^{m} r_{ij} \ln p_{ij} \qquad (5-6)$$

$$p_{ij} = \frac{r_{ij}}{\sum\limits_{i=1}^{m} r_{ij}} \qquad (5-7)$$

$$a_j = \frac{g_j}{\sum\limits_{j=1}^{n} g_j} \qquad (5-8)$$

$$g_j = 1 - e_j \qquad (5-9)$$

步骤 4：构建加权判断矩阵。

将各指标的权重因子 w_j 引入规范化矩阵 R，构建加权判断矩阵 V，如：

$$w_j = \begin{bmatrix} w_1 & w_2 & \cdots & w_n \end{bmatrix} \qquad (5-10)$$

$$V_{ij} = W_j \cdot Z_{ij} \qquad (5-11)$$

$$V = \begin{bmatrix} v_{11} & v_{12} & \cdots & v_{1n} \\ v_{21} & v_{22} & \cdots & v_{2n} \\ \vdots & \vdots & & \vdots \\ v_{m1} & v_{m2} & \cdots & v_{mn} \end{bmatrix} \qquad (5-12)$$

步骤 5：获取正、负理想状态解。

正理想解：$A+ = \{v_1+, v_2+, \cdots, v_n+\} = \{(\max iv_{ij} \mid_j \in J_1), (\min iv_{ij} \mid_j \in J_2)\}$ $\qquad (5-13)$

负理想解：$A- = \{v_1-, v_2-, \cdots, v_n-\} = \{(\min iv_{ij} \mid_j \in J_1), (\max iv_{ij} \mid_j \in J_2)\}$ $\qquad (5-14)$

其中，J_1 为效益型属性；J_2 为成本型属性。

步骤 6：计算欧氏距离。

利用欧几里得公式计算各模式的评价值与正、负理想状态解的距离，d_i^+ 表示评价对象 i 与最优解的欧氏距离，d_i^- 表示评价对象 i 与最劣解的欧氏距离，即：

$$d_i^+ = \sqrt{\sum_{j=1}^{n} (v_{ij} - v_j^+)^2} \qquad (5-15)$$

$$d_i^- = \sqrt{\sum_{j=1}^{n} (v_{ij} - v_j^-)^2} \qquad (5-16)$$

步骤7：计算接近程度，r_i^* 表示第 i 个模式的相对贴近程度，根据该值的大小便能对有限评价对象进行排序，寻找综合效益最优的模式。

$$r_i^* = \frac{d_i^-}{d_i^+ + d_i^-} \qquad (5-17)$$

熵权 TOPSIS 模型主要应用于经济、社会、生态与综合效益，通过熵权法赋予各效益指标的权重，运用熵权 TOPSIS 模型得出不同生猪养殖模式在各项效益中的排名。

四、示范养殖场技术应用前后经济效益分析

经济效益主要从成本、收益、生产效率与全要素生产率四个方面进行分析。具体而言，运用描述性统计法分析成本变化，运用统计分析方法和因素分析法测算生产效率变化，运用 DEA 模型测算全要素生产率，运用熵权 TOP-SIS 模型进行经济效益评价。

（一）示范养殖场技术应用前后成本效益分析

生猪养殖的成本项目是按照《全国农产品成本收益资料汇编》的分类方法，将生猪总成本分为生产成本、土地成本和粪污处理费用三类，具体分类如图 5-1 所示。

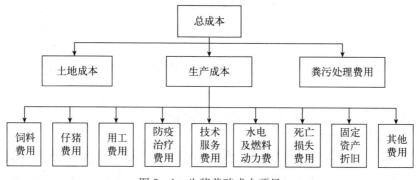

图 5-1　生猪养殖成本项目

1. 示范养殖场技术应用前后总成本变动情况分析

五个示范养殖场在技术应用前后的平均总成本分别为 1 527.35 元/头和 1 641.94 元/头，技术应用后总成本增加了 114.59 元/头，增幅 7.50%；其中 MY 的总成本增加最多，相比技术应用前增加了 862.96 元/头，增幅为 60.85%，LNS 的总成本在应用技术之后下降 259.00 元/头，降幅最大，为 12.95%。在技术应用之后，WS、DBN 的养殖总成本低于平均总成本，而其他三家示范养殖场的总成本高于平均总成本。按照总成本在技术应用后下降程度（从高到低）排序依次是 LNS>DBN>WS>YX>MY（如表 5-3）。

表 5-3　示范养殖场技术应用前后总成本的变动情况

单位：元/头，%

项目	时期	WS	MY	DBN	YX	LNS	平均
总成本	技术应用前	1 435.20	1 416.55	1 216.00	1 568.99	2 000.00	1 527.35
	技术应用后	1 376.19	2 278.51	1 139.00	1 674.99	1 741.00	1 641.94
	差额	−59.01	861.96	−77.00	106.00	−259.00	114.59
	变动率	−4.11	60.85	−6.33	6.76	−12.95	7.50

2. 示范养殖场总成本的三大项目变动情况分析

五个示范养殖场在技术应用前后的平均生产成本分别为 1 510.46 元/头和 1 620.71 元/头，技术应用之后比技术应用之前上升了 110.25 元/头，MY 和 YX 的生产成本在技术应用之后上升，其中 MY 的生产成本上升了 834.68 元/头，增幅最大，为 60.04%；WS、DBN 和 LNS 的生产成本在应用技术之后，生产成本有所下降，其中 LNS 的生产成本比技术应用前下降了 13.07%，降幅最大。按照生产成本在技术应用后下降程度（从高到低）依次排序为 LNS>DBN>WS>YX>MY。

关于土地成本，五个示范养殖场在技术应用前后的平均土地成本分别为 1.67 元/头和 2.15 元/头，其中 MY 的土地成本无论是在技术应用前还是技术应用后均高于其他四个示范养殖场，分别为 5.91 元/头和 8.63 元/头，但在应用技术之后下降了 2.72 元/头，降幅最大；其他两个示范养殖场土地成本技术应用前后土地成本均为 1 元多，变化不大。这主要是 MY 的养殖模式为公司一体化养殖，其土地租金可能高于 WS、YX 的公司＋合同农户模式。

关于粪污处理费用，五个示范养殖场在技术应用前后的平均粪污处理费用分别为 15.21 元/头和 19.08 元/头，技术应用之后较之前上升了 3.87 元/头，其中 MY 在技术应用前后的粪污处理费用最高（20.49 元/头和 45.05 元/头），特别是技术应用之后增加了 24.56 元/头，增幅也最大，而 WS、DBN、YX 和 LNS 的粪污处理费用在技术应用后均有不同程度的下降。这主要是因为 MY 养殖规模大，没有足够配套用地种养结合发展，环保要求严格，需要大型粪污处理设备进行处理，投资大，运行费用高，因而处理污染成本高。按照粪污处理费用在技术应用后下降程度（从高到低）依次排序为 WS＞YX＞DBN＞LNS＞MY（如表 5-4）。

表 5-4　示范养殖场技术应用前后总成本的三大项目变动情况

单位：元/头，%

成本明细	时期	WS	MY	DBN	YX	LNS	平均
生产成本	技术应用前	1 419.00	1 390.15	1 206.00	1 555.16	1 982.00	1 510.46
	技术应用后	1 363.11	2 224.83	1 129.00	1 663.62	1 723.00	1 620.71
	差额	−55.89	834.68	−77.00	108.46	−259.00	110.25
	变动率	−3.94	60.04	−6.38	6.97	−13.07	7.30
土地成本	技术应用前	1.20	5.91	—	1.25	—	1.67
	技术应用后	1.08	8.63	—	1.02	—	2.15
	差额	−0.12	2.72	—	−0.23	—	0.47
	变动率	−10.00	46.02	—	−18.40	—	28.14
粪污处理费用	技术应用前	15.00	20.49	10.00	12.58	18.00	15.21
	技术应用后	12.00	45.05	10.00	10.35	18.00	19.08
	差额	−3.00	24.56	0.00	−2.23	0.00	3.87
	变动率	−20.00	119.86	0.00	−17.73	0.00	25.44

3. 示范养殖场生产成本明细变动情况分析

饲料费用、仔猪费用、用工费用、防疫治疗费用和死亡损失费用合计占生猪养殖生产成本的 80% 以上（如表 5-5），因此主要对比分析这几项主要费用的变动情况。

平均饲料费用在技术应用后比技术应用前上升了 25.14 元/头，其中 MY、YX 的饲料费用在技术应用之后有所上升，WS、DBN 和 LNS 的饲料费用在应用技术之后有所下降，MY 的饲料费用上升了 239.84 元/头，LNS 的饲料费用下降了 140 元/头，按照饲料费用在技术应用后下降程度（从高到低）依次排序为 LNS＞DBN＞WS＞YX＞MY。平均仔猪费用在技术应用后较之前下降了 14 元/头，其中 MY、YX、WS 和 LNS 的仔猪费用在应用技术之后均有不同程度的下降，LNS 的仔猪费用下降最多，下降了 30 元/头，按照仔猪费用在技术应用后下降程度（从高到低）依次排序为 LNS＞WS＞MY、YX＞DBN。平均人工费用在应用技术后比之前下降了 31.41 元/头，其中 WS 和 LNS 的用工费用在应用技术之后有所下降、LNS 的用工费用下降最多，下降了 22 元/头，而 MY、DBN 和 YX 的用工费用在应用技术后均有所上升、MY 的用工费用上升最多，上升了 126.82 元/头，按照用工费用在技术应用后下降程度（从高到低）依次排序为 LNS＞WS＞DBN＞YX＞MY。平均防疫治疗费用在应用技术后较之前下降了 8.61 元/头，其中 MY、DBN、WS、YX 和 LNS 的防疫治疗费用在应用技术之后均有所下降、LNS 的防疫治疗费用下降最多，下降了 28 元/头，按照防疫治疗费用在技术应用后下降程度（从高到低）依次排序为：LNS＞DBN＞WS＞MY＞YX。平均死亡损失费用在应用技术后较之前下降了 1.08 元/头，其中 WS、DBN 和 LNS 的死亡损失费用在应用技术之后有所下降，DBN 的死亡损失费用下降最多，下降了 17 元/头，而 MY 和 YX 的死亡损失费用在应用技术后有所上升，MY 的死亡损失费上升最多，上升了 17.48 元/头，按照死亡损失费用在技术应用后下降程度（从高到低）依次排序为 DBN＞WS＞LNS＞YX＞MY。

表 5-5　示范养殖场技术应用前后生产成本的明细项目变动情况

单位：元/头

生产成本明细	时期	WS	MY	DBN	YX	LNS	平均
	技术应用前	795.00	717.85	696.00	683.24	1 000.00	778.42
饲料费用	技术应用后	779.50	957.69	650.00	770.60	860.00	803.56
	差额	−15.50	239.84	−46.00	87.36	−140.00	25.14
	技术应用前	350.00	260.00	260.00	300.00	300.00	294.00
仔猪费用	技术应用后	330.00	250.00	260.00	290.00	270.00	280.00
	差额	−20.00	−10.00	0.00	−10.00	−30.00	−14.00
	技术应用前	60.00	59.56	35.00	436.25	152.00	148.56
用工费用	技术应用后	55.00	186.38	50.00	478.50	130.00	179.98
	差额	−5.00	126.82	15.00	42.25	−22.00	31.41
	技术应用前	35.62	108.43	25.00	5.69	78.00	50.55
防疫治疗费用	技术应用后	30.58	106.83	18.00	4.28	50.00	41.94
	差额	−5.04	−1.60	−7.00	−1.41	−28.00	−8.61
	技术应用前	0.00	0.00	25.00	6.32	13.00	8.86
技术服务费用	技术应用后	0.00	0.00	20.00	7.42	5.00	6.48
	差额	0.00	0.00	−5.00	1.10	−8.00	−2.38

（续）

生产成本明细	时期	WS	MY	DBN	YX	LNS	平均
水电及燃料动力费	技术应用前	40.25	16.01	47.00	13.52	82.00	39.76
	技术应用后	37.88	29.63	35.00	10.23	82.00	38.95
	差额	−2.37	13.62	−12.00	−3.29	0.00	−0.81
死亡损失费用	技术应用前	95.20	6.07	43.00	50.27	30.00	44.91
	技术应用后	87.60	23.55	26.00	56.97	25.00	43.82
	差额	−7.60	17.48	−17.00	6.70	−5.00	−1.08
固定资产折旧	技术应用前	36.00	66.61	60.00	59.87	302.00	104.90
	技术应用后	35.80	131.47	55.00	45.62	276.00	108.78
	差额	−0.20	64.86	−5.00	−14.25	−26.00	3.88
其他费用	技术应用前	6.93	155.62	15.00	0.00	25.00	40.51
	技术应用后	6.75	539.28	15.00	0.00	25.00	117.21
	差额	−0.18	383.66	0.00	0.00	0.00	76.70

（二）示范养殖场技术应用前后收益变动分析

从销售收入来看，技术应用后，平均销售收入上升了 796.75/头，MY、YX、WS、DBN 和 LNS 的销售收入在技术应用之后均有所上升，其中 MY 的销售收入上升最高、上升了 1 437.5 元/头，按照销售收入在技术应用后上升程度（从高到低）依次排序为 MY＞YX＞DBN＞WS＞LNS。从净利润和成本收益率来看，技术应用后，平均净利润上升了 682.16 元/头，其中 MY、YX、WS、DBN 和 LNS 的净利润在技术应用之后均有所上升，YX 的净利润上升最高、上升了 1 379 元/头。按照成本利润率在技术应用后上升程度（从高到低）依次排序为 DBN＞YX＞LNS＞WS＞MY。上述三项指标值在技术应用之后都有所提高的主要原因是非洲猪瘟疫情造成生猪市场供给短缺，从而生猪价格大幅上升（如表5-6）。

表5-6 示范养殖场技术应用前后收益的变动情况

单位：元/头，%

收益项目	时期	WS	MY	DBN	YX	LNS	平均
销售收入	技术应用前	1 687.50	1 789.10	2 360.00	2 568.65	3 120.00	2 305.05
	技术应用后	1 894.20	3 226.60	3 290.00	3 978.18	3 120.00	3 101.80
	差额	206.70	1 437.50	930.00	1 409.53	0.00	796.75

（续）

收益项目	时期	WS	MY	DBN	YX	LNS	平均
净利润	技术应用前	252.30	372.55	1 144.00	999.66	1 120.00	777.70
	技术应用后	518.01	948.09	2 151.00	2 303.19	1 379.00	1 459.86
	差额	265.71	575.54	1 007.00	1 303.53	259.00	682.16
成本利润率	技术应用前	17.58	26.30	94.08	63.71	56.00	51.53
	技术应用后	37.64	41.61	188.85	137.50	79.21	96.96
	差额	20.06	15.31	94.77	73.79	23.21	45.43

（三）示范养殖场技术应用前后生产效率分析

生猪养殖的生产效率评价主要从以下几个方面进行：全群死淘率、料重比、每个劳动力管理的育肥猪头数和每个劳动力年提供的生猪活重。

1. 示范养殖场技术应用前后生产效率主要指标分析

从表 5-7 可以看出，在技术应用之后，平均全群死淘率下降了 1.16%，DBN、WS、LNS、YX 的全群死淘率均下降，其中 DBN 的全群死淘率下降最多，下降了 3%，只有 MY 在技术应用之后的全群死淘率反而上升了 1.93%；按照全群死淘率下降程度（从高到低）排序依次是 DBN＞WS＞LNS＞YX＞MY。在技术应用之后，平均料重比下降了 0.06，同样，只有 MY 在技术应用之后的料重比反而上升了 0.02，其他四个示范养殖场均下降，其中 DBN 的料重比下降最多，下降了 0.2；按照料重比下降程度（从高到低）排序依次是 DBN＞YX＞LNS、WS＞MY。在技术应用之后，平均每个劳动力管理的育肥猪头数上升了 97 头，只有 YX 在技术应用之后的每个劳动力管理的育肥猪头数下降了 250 头，其余四家示范养殖场则均上升，其中 MY 的每个劳动力管理的育肥猪头数上升最多，上升了 300 头；而按照每个劳动力管理的育肥猪头数在技术应用后上升程度（从高到低）排序依次是 MY＞LNS＞DBN＞WS＞YX。

表 5-7　示范养殖场技术应用前后生产效率的变动情况

生产效率	时期	WS	MY	DBN	YX	LNS	平均
全群死淘率（%）	技术应用前	8.00	6.72	8.00	7.26	8.00	7.60
	技术应用后	6.00	8.65	5.00	6.51	6.00	6.43
	差额	−2.00	1.93	−3.00	−0.75	−2.00	−1.16

（续）

生产效率	时期	WS	MY	DBN	YX	LNS	平均
	技术应用前	2.54	2.7	2.8	2.57	2.53	2.63
料重比	技术应用后	2.51	2.72	2.6	2.53	2.5	2.57
	差额	−0.03	0.02	−0.20	−0.04	−0.03	−0.06
每个劳动力管理的育肥猪头数	技术应用前	1 000	2 400	1 333	1 250	1 041	1 405
	技术应用后	1 080	2 700	1 480	1 000	1 250	1 502
	差额	80	300	147	−250	209	97

注：全群死淘率为包含哺乳期、保育期和育肥期的全群死淘率。

2. 示范养殖场技术应用前后生产效率综合指标分析——每个劳动力年提供的生猪活重分析

衡量生猪养殖生产效率的指标除了表5-7列出的3个指标外，还包括每个劳动力年提供的生猪活重，其主要受出栏量、平均活重和养殖场从业人数的影响。同时以技术应用前为基期，技术应用后为报告期，运用因素分析法来探究各种因素变动对示范养殖场生产效率的影响程度。计算公式为：每个劳动力年提供的生猪活重＝出栏量×平均活重/养殖场从业人数。

（1）描述性统计分析。 从表5-8可以看出，在技术应用之后，平均出栏量上升了17 164头，只有LNS的出栏量较技术应用前没有变化，其余四家示范企业则均上升，其中DBN的出栏量上升最多，上升了40 000头。在技术应用后，全部样本的平均活重增加了0.9千克/头，DBN和YX的没有变化，MY的下降了1.5千克/头，WS和YX的增加了3千克/头；在技术应用后，平均养殖场从业人数增加了2人，其中DBN的养殖场从业人数增加最多，增加了24人，LNS的养殖场从业人数减少最多，减少了16人。

表5-8　描述性统计分析

指标	时期	WS	MY	DBN	YX	LNS	平均
	技术应用前	350 000	47 484	40 000	15 000	100 000	110 497
出栏量（头）	技术应用后	370 000	72 306	80 000	16 000	100 000	127 661
	差额	20 000	24 822	40 000	1 000	0.00	17 164
	技术应用前	112.50	101.54	115.00	116.00	120.00	113.20
平均活重（千克/头）	技术应用后	115.50	100.00	115.00	119.00	120.00	114.00
	差额	3.00	−1.50	0.00	3.00	0.00	0.90

（续）

指标	时期	WS	MY	DBN	YX	LNS	平均
养殖场从业人数（人）	技术应用前	350	20	30	12	96	102
	技术应用后	343	27	54	16	80	104
	差额	—7	7	24	4	—16	2

（2）每个劳动力年提供的生猪活重及其影响因素分析。示范养殖场技术应用前后每个劳动力年提供的生猪活重。从表5－9可以看出，在技术应用之后，平均每个劳动力年提供的生猪活重增加了16 883.09千克，增幅为14％，除了YX每个劳动力年提供的生猪活重下降了18.08％之外，WS、MY、DBN、LNS的每个劳动力年提供的生猪活重均上升，其中LNS的每个劳动力年提供的生猪活重上升最多，上升了20％。按照每个劳动力年提供的生猪活重在技术应用后增加值（从高到低）排序依次为MY＞LNS＞DBN＞WS＞YX。

表5－9　示范养殖场技术应用前后每个劳动力年提供的生猪活重

单位：千克,％

示范养殖场	技术应用前	技术应用后	技术应用后相对技术应用前变换—绝对值	技术应用后相对技术应用前变换—相对值
WS	112 500.00	124 591.84	12 091.84	10.75
MY	241 076.27	267 800.00	26 723.73	11.09
DBN	153 333.33	170 370.37	17 037.04	11.11
YX	146 000.00	119 600.00	—26 400.00	—18.08
LNS	125 000.00	150 000.00	25 000.00	20.00
平均	123 077.77	139 960.87	16 883.09	14.00

每个劳动力年提供的生猪活重变动的影响因素分析——因素分析法。运用因素分析法，以技术应用前为基期，技术应用后为报告期，对养殖场每个劳动力年提供的生猪活重影响因素进行分析。主要计算公式和步骤如下：

报告期（技术应用后）每个劳动力年提供的生猪活重（M_1）＝出栏量（A_1）×平均活重（B_1）/养殖场从业人数（C_1）

基期（技术应用前）每个劳动力年提供的生猪活重（M_0）＝出栏量（A_0）×平均活重（B_0）/养殖场从业人数（C_0）

基期（技术应用前）$M_0 = A_0 \times B_0 / C_0$ （1）

第一次替代：$A_1 \times B_0 / C_0$ （2）

第二次替代：$A_1 \times B_1 / C_0$ （3）

第三次替代：$A_1 \times B_1 / C_1$ (4)

分析如下：

(2)−(1)＝出栏量（A）变动对每个劳动力年提供的生猪活重（M）的影响

(3)−(2)＝平均活重（B）变动对每个劳动力年提供的生猪活重（M）的影响

(4)−(3)＝养殖场从业人数（C）变动对每个劳动力年提供的生猪活重（M）的影响

把各因素变动综合起来，就是总影响 $M_1 - M_0$。

从表 5-10 可以看出，在技术应用后，平均每个劳动力年提供的生猪活重增加 16 883.09 千克，出栏量的变动使每个劳动力年提供的生猪活重增加 19 118.71 千克，贡献率为 113.24％；平均活重的变动使每个劳动力年提供的生猪活重增加 1 070.54 千克，贡献率为 6.34％；养殖场从业人数的变动使每个劳动力年提供的生猪活重下降 3 306.16 千克，贡献率为−19.58％；这说明技术应用之后示范养殖场的养殖效率提高，出栏量和平均活重变动对效率提高有正的贡献，而从业人数变动对效率提高呈负的贡献，是因为在技术应用之后从业人数增加。其中 MY 和 DBN 的出栏量变动对每个劳动力年提供的生猪活重贡献率较高，DBN 的出栏量变动对每个劳动力年提供的生猪活重贡献率为 900％，WS 的平均活重变动对每个劳动力年提供的生猪活重贡献率最高，为 26.23％，LNS 的养殖场从业人数变动对每个劳动力年提供的生猪活重贡献率最高，为 100％。

表 5-10 示范养殖场每个劳动力年提供的生猪活重变动的影响因素

单位：千克，％

指标	WS	MY	DBN	YX	LNS	平均
每个劳动力年提供生猪活重变动	12 091.84	26 723.73	17 037.04	−26 400.00	25 000.00	16 883.09
出栏量变动的贡献量	6 428.57	126 021.29	153 333.33	9 733.33	0.00	19 118.71
出栏量变动的贡献率	53.16	471.57	900.00	−36.87	0.00	113.24
平均活重变动的贡献量	3 171.43	−5 567.56	0.00	3 733.33	0.00	1 070.54
平均活重变动的贡献率	26.23	−20.83	0.00	−14.14	0.00	6.34
养殖场从业人数变动的贡献量	2 491.84	−93 730.00	−136 296.30	−39 866.67	25 000.00	−3 306.16
养殖场从业人数变动的贡献率	20.61	−350.74	−800.00	151.01	100.00	−19.58

（四）示范养殖场技术应用前后全要素生产率分析

借助 DEAP2.1 软件对五个示范养殖场技术应用前后的全要素生产率进行分析，其中投入和产出变量如表 5-11 所示。

表 5-11　示范养殖场技术应用前和技术应用后的投入产出变量

单位：元/头

变量	时期	WS	MY	DBN	YX	LNS	平均
投入变量							
土地成本	技术应用前	1.20	5.91	0.00	1.25	0.00	1.67
	技术应用后	1.08	8.63	0.00	1.02	0.00	2.15
粪污处理费用	技术应用前	15.00	20.49	10.00	12.58	18.00	15.21
	技术应用后	12.00	45.05	10.00	10.35	18.00	19.08
饲料费用	技术应用前	795.00	717.85	696.00	683.24	1 000.00	778.42
	技术应用后	779.50	957.69	650.00	770.30	860.00	803.56
仔猪费用	技术应用前	350.00	260.00	260.00	300.00	300.00	294.00
	技术应用后	330.00	250.00	260.00	290.00	270.00	280.00
用工费用	技术应用前	60.00	59.56	35.00	436.25	152.00	148.56
	技术应用后	55.00	186.38	50.00	478.50	130.00	179.98
防疫治疗费用	技术应用前	35.62	108.43	25.00	5.69	78.00	50.55
	技术应用后	30.58	106.83	18.00	4.28	50.00	41.94
技术服务费用	技术应用前	0.00	0.00	25.00	6.32	13.00	8.86
	技术应用后	0.00	0.00	20.00	7.42	5.00	6.48
水电及燃料动力费	技术应用前	40.25	16.01	47.00	13.52	82.00	39.76
	技术应用后	37.88	29.63	35.00	10.23	82.00	38.95
死亡损失费用	技术应用前	95.20	6.07	43.00	50.27	30.00	44.91
	技术应用后	87.60	23.55	26.00	56.97	25.00	43.82
固定资产折旧	技术应用前	36.00	66.61	60.00	59.87	302.00	104.90
	技术应用后	35.80	131.47	55.00	45.62	276.00	108.78
其他费用	技术应用前	6.93	155.62	15.00	0.00	25.00	40.51
	技术应用后	6.75	539.28	15.00	0.00	25.00	117.21
产出变量							
销售收入	技术应用前	1 687.50	1 789.10	2 360.00	2 568.65	3 120.00	2 305.05
	技术应用后	1 894.20	3 226.60	3 290.00	3 978.18	3 120.00	3 101.80

从表 5-12 可以看出，在技术应用后，五个示范养殖场全要素生产率指数平均为 1.456，五个示范养殖场各自的全要素生产率指数也均大于 1，表明技术应用提高了示范养殖场的全要素生产率，提高了 45.6%，其中 MY 的全要素生产率增长率最大，为 76.9%。从全要素生产率的分解测算结果来看，五个示范养殖场技术应用后与技术应用前相比，其效率、纯技术效率和规律效率均没有变化，而技术进步有显著的提高，说明技术进步是示范养殖场全要素生产率提高的主要原因。按照技术应用之后相对技术应用前全要素生产率（从高到低）排序依次为 MY>LNS>YX>DBN>WS。由于本研究在测定全要素生产率时采用的投入产出指标均为价值指标，而 2019 年生猪销售价格较高，因此每头猪销售收入与 2017 年相比有较大的提高，这也可能也是造成全要素生产率提高幅度较大的原因之一。

表 5-12　示范养殖场技术应用后相对技术应用前全要素生产率变化情况

示范养殖场	效率变化（effch）	技术变化（techch）	纯技术效率变化（pech）	规模效率变化（sech）	全要素生产率变化（tfpch）
WS	1	1.258	1	1	1.258
MY	1	1.769	1	1	1.769
DBN	1	1.464	1	1	1.464
YX	1	1.648	1	1	1.648
LNS	1	1.734	1	1	1.734
平均	1	1.456	1	1	1.456

（五）基于熵权 TOPSIS 示范养殖场技术应用前后经济效益分析

根据整理的经济效益评价指标体系，二级指标分为成本、收益与生产效率，三级指标依次为 11 个、3 个、4 个，共有 18 个。由于调研对象为技术应用前后的五个示范养殖场，所以用熵权 TOPSIS 模型对示范养殖场进行技术应用前后两次分析（如表 5-13、表 5-14、表 5-15）。

以各养殖场技术应用前的经济效益为例，构建各养殖场综合评价初始数据矩阵，初始矩阵各单元值对应于表中各指标取值，由于表中有逆向指标，先通过逆向化转化为正向指标，后进行归一化处理，得到矩阵 Z'_{ij}，各行依次表示 WS、MY、DBN、YX、LNS，形成了 5×19 阶矩阵：

$$Z'_{ij} = \begin{bmatrix} 0.000 & 0.647 & 0.938 & 0.709 & 1.000 & \cdots & 0.000 & 0.963 & 0.000 & 0.000 \\ 1.000 & 0.891 & 0.939 & 0.000 & 1.000 & \cdots & 1.000 & 0.370 & 1.000 & 1.000 \\ 1.000 & 0.960 & 1.000 & 0.812 & 0.000 & \cdots & 0.000 & 0.000 & 0.238 & 0.318 \\ 0.556 & 1.000 & 0.000 & 1.000 & 0.747 & \cdots & 0.578 & 0.852 & 0.179 & 0.261 \\ 0.556 & 0.000 & 0.708 & 0.296 & 0.480 & \cdots & 0.000 & 1.000 & 0.029 & 0.097 \end{bmatrix}$$

求取各项三级指标权重，取权重 w_j 与初始矩阵 z'_{ij} 的乘积作为加权后的标准矩阵 V：

$$w_j = (0.044 \quad 0.039 \quad 0.038 \quad 0.049 \quad 0.043 \quad \cdots \quad 0.151 \quad 0.047 \quad 0.116 \quad 0.086)$$

$$V = \begin{bmatrix} 0.000 & 0.025 & 0.036 & 0.035 & 0.043 & \cdots & 0.000 & 0.045 & 0.000 & 0.000 \\ 0.044 & 0.035 & 0.036 & 0.000 & 0.043 & \cdots & 0.151 & 0.017 & 0.116 & 0.086 \\ 0.044 & 0.038 & 0.038 & 0.040 & 0.000 & \cdots & 0.000 & 0.000 & 0.028 & 0.027 \\ 0.024 & 0.039 & 0.000 & 0.049 & 0.032 & \cdots & 0.087 & 0.040 & 0.021 & 0.023 \\ 0.024 & 0.000 & 0.027 & 0.015 & 0.021 & \cdots & 0.000 & 0.047 & 0.003 & 0.008 \end{bmatrix}$$

得到的加权后的标准矩阵确定正、负理想解，即 A^+ 表示标准矩阵 V 中每列的最大值，A^- 表示标准矩阵 V 中每列的最小值：

$$A^+ = (0.044 \quad 0.039 \quad 0.039 \quad 0.050 \quad \cdots \quad 0.152 \quad 0.047 \quad 0.118 \quad 0.087)$$

$$A^- = (0.000 \quad 0.000 \quad 0.000 \quad 0.000 \quad \cdots \quad 0.000 \quad 0.000 \quad 0.00 \quad 0.000)$$

表 5 - 13　各示范养殖场经济效益评价体系技术应用前后权重

一级指标	二级指标	三级指标	技术应用前权重	技术应用后权重
		仔猪费用	0.044	0.045
		饲料费用	0.039	0.053
		人工费用	0.038	0.042
		防疫治疗费用	0.049	0.043
		技术服务费用	0.043	0.043
	成本	固定资产折旧	0.037	0.043
经济效益		死亡损失费用	0.042	0.046
		水电及燃料动力费用	0.043	0.043
		其他直接费用	0.037	0.040
		土地成本	0.038	0.040
		粪污处理成本	0.055	0.041
		销售收入	0.046	0.043
	收益	净利润	0.043	0.061
		成本收益率	0.044	0.099

（续）

一级指标	二级指标	三级指标	技术应用前权重	技术应用后权重
经济效益	生产效率	死淘率	0.151	0.043
		料重比	0.047	0.044
		每个劳动力管理的育肥猪头数	0.116	0.120
		每个劳动力年提供的生猪活重	0.086	0.112

表 5 - 14   各示范养殖场技术应用前经济效益排名

养殖场	正理想解距离	负理想解距离	相对接近度	排序结果
WS	0.226	0.115	0.337	4
MY	0.123	0.234	0.656	1
DBN	0.198	0.143	0.419	3
YX	0.142	0.165	0.536	2
LNS	0.225	0.113	0.334	5

此处模型步骤与技术应用前相同，故着重从权重与效益排名两方面对技术应用后的五个示范养殖场进行分析。

表 5 - 15   各示范养殖场技术应用后经济效益排名

养殖场	正理想解距离	负理想解距离	相对接近度	排序结果
WS	0.213	0.123	0.366	5
MY	0.16	0.191	0.544	2
DBN	0.125	0.188	0.601	1
YX	0.179	0.157	0.467	3
LNS	0.175	0.128	0.421	4

通过比较五个示范养殖场技术应用前后的经济效益排名结果，发现技术应用前的经济效益排名为 MY＞YX＞DBN＞WS＞LNS；技术应用后的经济效益排名为 DBN＞MY＞YX＞LNS＞WS；其中，DBN 由第 3 升至第 1，MY 由第 1 降至第 2，YX 由第 2 降至第 3，LNS 由第 5 升至第 4，WS 由第 4 降至第 5，可以看出，DBN 与 LNS 的技术应用对提高经济效益具有显著效果。权重较大的指标有净利润（0.061）、成本收益率（0.099）、每个劳动力管理的育肥猪头数（0.120）、每个劳动力每年提供的生猪活重（0.112）。DBN 在这些权重较

大的指标中，每一项指标数值相比其他模式都排名靠前，这在计算相对贴近度的时候具有比较优势，所以经济效益排名第1；而 WS 的每个经济效益指标数值均是排名靠后，所以经济效益最低，其他养殖场的指标数值居中，故经济效益排名介于 DBN 与 WS 之间。

五、示范养殖场技术应用前后社会效益分析

本部分内容先运用描述性统计对社会效益各指标在技术应用前后的情况进行分析，再运用熵权 TOPSIS 模型对综合社会效益进行估计和评价。

（一）示范养殖场社会效益指标技术应用前后描述性统计分析

社会效益是指生猪产业发展对社会需承担的责任与所做出的贡献。结合调研问卷，构建示范养殖场技术应用前后的社会效益评价指标（如图 5 - 2）。

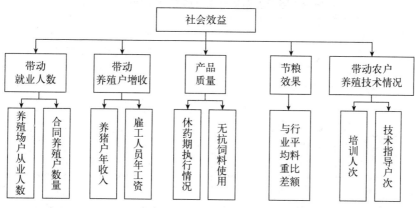

图 5 - 2　示范养殖场技术应用前后的社会效益指标体系

总体来看，技术应用后带动就业人数增加，平均每个养殖场的就业人数增加了 2 人，合同养殖户数量增加了 3 户；无论是从养殖场户的从业人数还是合同养殖户数量来说，均是 WS 带动就业的人数较多，其次是 LNS 养殖场；按照技术应用后带动就业人数增加情况（从高到低）排序为 DBN＞YX＞MY＞WS＞LNS。从带动养殖户增收来看，在技术应用后，养殖场（户）平均年养猪收入增加了 258 万元，养殖场（户）工人平均年工资总额增加了 524 万元，其中 WS 的养殖户年养猪收入增加最多，增加了 970 万元，MY 的养殖场工人年工资总额增加最多，增加了 127 万元，按照技术应用后带动养殖户增收情况（从高到低）排序为 WS＞YX＞MY＞DBN＞LNS。从节粮效果来看，采用示

范养殖场生猪料重比与整个养猪行业平均料重比（3∶1）差额进行分析，在技术应用后，五个示范养殖场的料重比均低于行业均值，平均节粮效果上升了0.056；同时无论在技术应用前还是在技术应用之后，LNS 的节粮效果均是最大，仅有 MY 在技术应用后的节粮效果比技术应用前略低，低了 0.02。从带动农户养殖技术来看，在技术应用后，平均培训人次增加了 582 次，技术指导户次增加了 201 次，且 WS 的培训人次和及技术指导户次无论是技术应用前还是技术应用后都是最多的，其中培训人次增加了 2 000 人，技术指导户次增加了 1 000 户。从产品质量来看，无论是技术应用前还是技术应用后，各示范养殖场均严格执行休药期，同时关于技术应用前后的无抗饲料使用情况来看，仅有 WS 在技术应用前未使用无抗饲料，其他四个示范养殖场均在技术应用前后使用无抗饲料。这主要是因为 WS 作为公司＋合同农户模式的最具代表性企业，其带动农户就业、带动农户增收和提高农户养殖技术能力显著要高于公司一体化养殖模式及其他模式（如表 5 - 16）。

表 5 - 16　示范养殖场技术应用前后的社会效益指标

社会效益指标		时期	WS	MY	DBN	YX	LNS	平均
带动就业人数	每个养殖场从业人数（人）	技术应用前	350	20	30	12	96	102
		技术应用后	343	27	54	16	80	104
		差额	−7	7	24	4	−16	2
	合同养殖户的数量（户）	技术应用前	500	0	0	6	18	105
		技术应用后	510	0	0	8	20	108
		差额	10	0	0	2	2	3
带动养殖户增收	养殖户年养猪收入（万元）	技术应用前	10 500	0	0	523	18 000	5 804
		技术应用后	11 470	0	0	720	18 126	6 063
		差额	970	0	0	197	126	258
	雇工人员年工资总额（万元）	技术应用前	0	513	157	42	80	158
		技术应用后	0	640	284	53	77	210
		差额	0	127	127	11	−3	52
节粮效果	与行业平均料重比（3∶1）差额	技术应用前	0.46	0.30	0.20	0.43	0.47	0.372
		技术应用后	0.49	0.28	0.40	0.47	0.50	0.428
		差额	0.03	−0.02	0.20	0.04	0.03	0.056
带动农户养殖技术	培训（人次）	技术应用前	8 000	1 284	0	64	170	1 904
		技术应用后	10 000	2 136	0	96	200	2 486
		差额	2 000	852	0	32	30	582

（续）

社会效益指标		时期	WS	MY	DBN	YX	LNS	平均
带动农户养殖技术	技术指导（户次）	技术应用前	5 000	0	0	8	10	1 004
		技术应用后	6 000	0	0	12	15	1 205
		差额	1 000	0	0	4	5	201
产品质量	休药期执行情况（%）	技术应用前	100	100	100	100	100	100
		技术应用后	100	100	100	100	100	100
		差额	0	0	0	0	0	0
	无抗饲料使用情况（%）	技术应用前	0	100	100	100	100	80
		技术应用后	100	100	100	100	100	100
		差额	100	0	0	0	0	20

注：节粮效果等于生猪行业平均料重比－示范养殖场的生猪料重比，值越大，说明节粮效果越好。

（二）基于熵权 TOPSIS 示范养殖场技术应用前后社会效益分析

根据整理的社会效益评价指标体系，二级指标分为带动就业人数、带动农户增收、节粮效果、带动农户养殖技术与产品质量，三级指标依次为 2 个、2 个、1 个、2 个、2 个，共有 9 个。借助熵权 TOPSIS 模型对技术应用前后各示范养殖场社会效益进行分析（如表 5-17、表 5-18、表 5-19）。

表 5-17　各示范养殖场社会效益评价体系技术应用前后权重

一级指标	二级指标	三级指标	技术应用前权重	技术应用后权重
社会效益	带动就业人数	每个养殖场的从业人数	0.129	0.126
		合同养殖户的数量	0.199	0.209
	带动农户增收	养殖户的年养猪收入	0.127	0.132
		雇工人员年工资总额	0.091	0.097
	节粮效果	与行业平均料重比差额	0.042	0.040
	带动农户养殖技术	培训人次	0.157	0.159
		技术指导户次	0.222	0.237
	产品质量	休药期执行情况	0.000	0.000
		无抗饲料使用情况	0.034	0.000

表 5 - 18　各示范养殖场技术应用前社会效益排名

示范养殖场	正理想解距离	负理想解距离	相对接近度	排序结果
WS	0.111	0.37	0.77	1
MY	0.372	0.102	0.215	3
DBN	0.387	0.044	0.103	5
YX	0.388	0.05	0.114	4
LNS	0.353	0.142	0.288	2

表 5 - 19　各示范养殖场技术应用后社会效益排名

示范养殖场	正理想解距离	负理想解距离	相对接近度	排序结果
WS	0.108	0.387	0.781	1
MY	0.387	0.103	0.21	3
DBN	0.398	0.05	0.112	4
YX	0.404	0.036	0.081	5
LNS	0.372	0.141	0.275	2

由模型分析结果可以得出，技术应用前各示范养殖场社会效益排名为WS>LNS>MY＞YX＞DBN；技术应用后各示范养殖场社会效益排名为WS>LNS>MY＞DBN＞YX，各示范养殖场技术应用前后的社会效益排名变化不大，技术应用后相比技术应用前来说，WS、LNS、MY 的社会效益排名不变，分别位于第 1、2、3 位，DBN 的社会效益排名由第 5 升至第 4，YX 的社会效益排名由第 4 降至第 5，这表明 WS 在社会效益方面优于其他示范养殖场，DBN 通过技术应用后提升了社会效益。权重超过 0.1 的指标有每个养殖场的从业人数（0.126）、合同养殖户的数量（0.209）、养殖户的年养猪收入（0.132）、培训人次（0.159）、技术指导户次（0.237），WS 在这些正向指标中的数值比其他模式偏高，所以社会效益排名第 1；而 YX 的合同养殖户的数量、养殖户的年养猪收入、培训人次与技术指导户次指标数值均为 0，由于这些指标的权重占有重要地位，所以在计算相对贴近度时处于劣势，导致模型分析后的社会效益最低；其他示范养殖场的指标数值居中，故社会效益排名介于WS 与 YX 之间。

六、示范养殖场技术应用前后生态效益分析

生态效益主要通过统计方法与熵权 TOPSIS 模型相结合进行评估，先运用描述

性统计对生态效益的指标进行论述，再运用熵权 TOPSIS 模型进行生态效益分析。

（一）示范养殖场生态效益指标技术应用前后描述性统计分析

生态效益主要是从节约资源、保护环境、减少粪污排放量以及适度养殖促进资源最大化利用等方面评价。结合主要研究内容，构建示范养殖场技术应用前后的生态效益评价指标如图 5-3 所示。

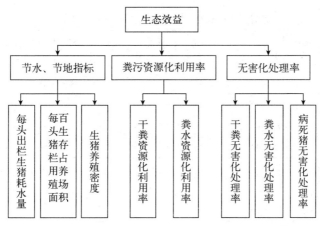

图 5-3　示范养殖场技术应用前后的生态效益指标体系

从节水、节地指标来看（如表 5-20），在技术应用后，平均每头出栏生猪耗水量减少了 0.01 吨/年，每百头存栏生猪占用养殖场土地面积减少了 0.67 亩，生猪养殖密度减少了 0.66 米²/头。从生猪耗水量来看，DBN 最高，技术应用前后均为 1 吨/头，其他四个示范养殖场耗水量都在 0.6 吨/头以下，其中 WS 和 LNS 的最低，为 0.04 吨/头；技术应用后，仅有 MY 的每头出栏生猪耗水量有所减少，其他示范养殖场耗水量不变。DBN 的每百头存栏生猪占用养殖场面积无论是在技术应用前还是技术应用后均较高于其他示范养殖场，但 DBN 的每百头存栏生猪占用养殖场面积在技术应用后下降最多，下降了 2.5 亩。MY 的生猪养殖密度在技术应用前后均比其他养殖场高，但在技术应用后生猪养殖密度下降最大，下降了 2.96 米²/头。从粪污资源化利用率来看，只有 YX 在技术应用前粪污资源化利用率为 90%，各个示范养殖场在技术应用后均能做到 100% 的粪污资源化利用。从无害化处理率来看，仅有 YX 在技术应用前粪污无害化处理率为 90%，技术应用后各示范养殖场均做到了 100% 的粪污无害化处理；对于病死猪无害化处理，各个示范养殖场无论是在技术应用前还是技术应用后均做到了 100% 的无害化处理。这表明五个示范养殖场在养殖过程中，均非常注重水资源、土地资源的节约利用和生态环境保护，对现代化养殖技术的接受度与利用度较高，值得推广。

表 5 - 20　示范养殖场技术应用前后的生态效益指标

生态效益指标		时期	WS	MY	DBN	YX	LNS	平均
节水节地指标	每头出栏生猪耗水量（吨/头）	技术应用前	0.04	0.40	1.00	0.60	0.04	0.42
		技术应用后	0.04	0.35	1.00	0.60	0.04	0.41
		差额	0.00	−0.05	0.00	0.00	0.00	−0.01
	每百头存栏生猪占用养殖场土地面积（亩）	技术应用前	0.39	1.61	5.00	0.36	0.98	1.67
		技术应用后	0.36	0.84	2.50	0.34	0.98	1.00
		差额	−0.03	−0.77	−2.50	−0.02	0.00	−0.67
	生猪养殖密度（米²/头）	技术应用前	2.19	6.18	1.00	2.57	0.18	2.43
		技术应用后	2.02	3.22	1.00	2.41	0.18	1.77
		差额	−0.17	−2.96	0.00	−0.16	0.00	−0.66
粪污资源化利用率	干粪资源化利用率（%）	技术应用前	100	100	100	90	100	98
		技术应用后	100	100	100	100	100	100
		差额	0	0	0	0	0	2
	粪水资源化利用率（%）	技术应用前	100	100	100	90	100	98
		技术应用后	100	100	100	100	100	100
		差额	0	0	0	0	0	2
无害化处理率	干粪无害化处理率（%）	技术应用前	100	100	100	90	100	98
		技术应用后	100	100	100	100	100	100
		差额	0	0	0	0	0	2
	粪水无害化处理率（%）	技术应用前	100	100	100	90	100	98
		技术应用后	100	100	100	100	100	100
		差额	0	0	0	0	0	2
	病死猪无害化处理率（%）	技术应用前	100	100	100	100	100	100
		技术应用后	100	100	100	100	100	100
		差额	0	0	0	0	0	0

注：生猪养殖密度＝猪舍面积/生猪存栏头数。

（二）基于熵权 TOPSIS 示范养殖场技术应用前后生态效益分析

根据整理的生态效益评价指标体系，二级指标分为节水节地指标、粪污资源化利用率，三级指标依次为 3 个、2 个、3 个，共有 8 个。借助熵权 TOPSIS 模型对技术应用前后各示范养殖场生态效益进行分析（如表 5-21、表 5-22、表 5-23）。

表 5-21　各示范养殖场生态效益评价体系技术应用前后权重

一级指标	二级指标	三级指标	技术应用前权重	技术应用后权重
生态效益	节水、节地指标	每头出栏生猪耗水量	0.170	0.326
		每百头存栏生猪占用养殖场面积	0.140	0.276
		生猪养殖密度	0.147	0.398
	粪污资源化利用率	干粪资源化利用率	0.136	0.000
		粪水资源化利用率	0.136	0.000
	无害化处理率	干粪无害处理率	0.136	0.000
		粪水无害化处理率	0.136	0.000
		病死猪无害化处理率	0.000	0.000

表 5-22　各示范养殖场技术应用前生态效益排名

示范养殖场	正理想解距离	负理想解距离	相对接近度	排序结果
WS	0.049	0.363	0.881	2
MY	0.164	0.309	0.653	3
DBN	0.221	0.300	0.576	4
YX	0.295	0.180	0.379	5
LNS	0.019	0.373	0.952	1

表 5-23　各示范养殖场技术应用后生态效益排名

示范养殖场	正理想解距离	负理想解距离	相对接近度	排序结果
WS	0.241	0.454	0.653	2
MY	0.417	0.306	0.424	4
DBN	0.440	0.291	0.398	5
YX	0.348	0.326	0.483	3
LNS	0.082	0.550	0.870	1

由模型分析后的结果可得，技术应用前各示范养殖场生态效益排名为 LNS＞WS＞MY＞DBN＞YX，技术应用后各示范养殖场生态效益排名为 LNS＞WS＞YX＞MY＞DBN，技术应用后相比于技术应用前来说，LNS、

WS 的生态效益排名不变，仍为第 1、2 位，YX 的生态效益排名由第 5 升至第 3，MY 的生态效益排名由第 3 降至第 4，DBN 的生态效益排名由第 4 降至第 5，这表明 LNS 在生态效益方面优于其他示范养殖场，YX 在技术应用后生态效益有了显著提升。在生态效益的 8 个指标中，除每头出栏生猪耗水量（0.326）、每百头存栏生猪占用养殖场耕地面积（0.276）、生猪养殖密度（0.398）外，其他五个生态效益指标的权重均为 0，LNS 在生态效益负向指标中的数值均偏小，而 DBN 在每头出栏生猪耗水量与每百头存栏生猪占用养殖场耕地面积的数值均最大，因此经过模型运算后，LNS 生态效益最高，DBN 生态效益最低；其他示范养殖场的指标数值居中，故生态效益排名介于 LNS 与 DBN 之间。

七、基于熵权 TOPSIS 示范养殖场技术应用前后综合效益分析

将经济、社会、生态三种效益指标进行整合形成综合效益评价指标体系，共有 11 个二级指标，35 个三级指标。借助熵权 TOPSIS 模型对技术应用前后各示范养殖场综合效益进行分析（如表 5 - 24、表 5 - 25、表 5 - 26）。

表 5 - 24　各示范养殖场综合效益评价体系技术应用前后权重

一级指标	二级指标	三级指标	技术应用前权重	技术应用后权重
经济效益	成本	仔猪费用	0.018	0.020
		饲料费用	0.016	0.023
		人工费用	0.016	0.019
		防疫治疗费用	0.021	0.019
		技术服务费用	0.018	0.019
		固定资产折旧	0.016	0.019
		死亡损失费用	0.018	0.021
		水电及燃料动力费用	0.018	0.019
		其他直接费用	0.016	0.018
		土地成本	0.016	0.018
		粪污处理成本	0.023	0.018
	收益	销售收入	0.020	0.019
		净利润	0.018	0.027
		成本收益率	0.018	0.044

（续）

一级指标	二级指标	三级指标	技术应用前权重	技术应用后权重
经济效益	生产效率	死淘率	0.064	0.019
		料重比	0.020	0.020
		每个劳动力管理的育肥猪头数	0.049	0.053
		每个劳动力年提供的生猪活重	0.036	0.050
社会效益	带动就业人数	每个养殖场的从业人数	0.060	0.062
		合同养殖户的数量	0.092	0.103
	带动农户增收	养殖户的年养猪收入	0.059	0.065
		雇工人员年工资总额	0.042	0.047
	节粮效果	与行业平均料重比差额	0.020	0.020
	带动农户养殖技术	培训人次	0.073	0.078
		技术指导户次	0.103	0.116
	产品质量	休药期执行情况	0.000	0.000
		无抗饲料使用情况	0.016	0.000
生态效益	节水、节地指标	每头出栏生猪耗水量	0.020	0.022
		每百头存栏生猪占用养殖场耕地面积	0.016	0.019
		生猪养殖密度	0.017	0.027
	粪污资源化利用率	干粪资源化利用率	0.016	0.000
		粪水资源化利用率	0.016	0.000
	无害化利用率	干粪无害化处理率	0.016	0.000
		粪水无害化处理率	0.016	0.000
		病死猪无害化处理率	0.000	0.000

表 5-25　各示范养殖场技术应用前综合效益排名

示范养殖场	正理想解距离	负理想解距离	相对接近度	排序结果
WS	0.108	0.183	0.629	1
MY	0.181	0.115	0.388	2
DBN	0.200	0.072	0.266	5
YX	0.193	0.076	0.283	4
LNS	0.189	0.092	0.327	3

表 5－26　各示范养殖场技术应用后综合效益排名

示范养殖场	正理想解距离	负理想解距离	相对接近度	排序结果
WS	0.109	0.200	0.646	1
MY	0.204	0.100	0.330	2
DBN	0.205	0.089	0.303	4
YX	0.214	0.075	0.259	5
LNS	0.198	0.096	0.327	3

经过模型运算结果可以得出，技术应用前各示范养殖场综合效益排名为WS＞MY＞LNS＞YX＞DBN；技术应用后各示范养殖场综合效益排名为WS＞MY＞LNS＞DBN＞YX，技术应用后相比于技术应用前来说，WS、MY与 LNS 综合效益排名无变化，分别位居第 1、第 2、第 3，DBN 综合效益排名由第 5 升至第 4，YX 综合效益排名由第 4 降至第 5，这表明 WS 与 MY 在综合效益上具有显著优势，DBN 在技术应用后综合效益得到改善。权重较大的指标有净利润（0.027）、成本收益率（0.044）、每个劳动力管理的育肥猪头数（0.053）、每个劳动力年提供的生猪活重（0.050）、每个养殖场的从业人数（0.062）、合同养殖户的数量（0.103）、养殖户的年养猪收入（0.065）、雇工人员年工资总额（0.047）、培训人次（0.078）、技术指导户次（0.116）、生猪养殖密度（0.027），WS 在这些指标中的数值排名均靠前，这为其在综合效益评价中位于第一奠定了基础，而 YX 在这些指标的数值排名靠后，所以综合效益最低。MY、LNS 与 DBN 的各项效益指标数据基本处于中间排名状态，因此综合效益排名位于 WS 与 YX 之间。

八、主要结论

总体来看，技术应用之后五个示范养殖场的平均经济效益、社会效益和生态效益均有所提高。具体而言：经济效益主要从总成本、销售收入、净利润、成本利润率、每个劳动力年提供的生猪活重及全要素生产率这几个方面来衡量。技术应用之后，五个示范养殖场平均总成本上升了 114.59 元/头；平均销售收入上升了 796.75 元/头，平均净利润上升了 861 元/头，平均成本利润率上升了 45.43%；平均每个劳动力年提供的生猪活重增加了 16 883 千克（增幅14%）；平均全要素生产率提高了 45.6%。由此可以得出，虽然技术应用带来了总成本的增加，但是销售收入有了更大提升，且平均生产效率和全要素生产率均有很大提高。社会效益主要从带动就业人数、带动农户增收、节粮效果、带动农户养殖技术和产品质量这几个方面来衡量。技术应用之后，五个示范养殖场平均从业人数增加了 2 人，合同养殖户数量增加了 3 户；平均养殖户年养猪收入增加了 258 万元、雇工人员年工资总额增加了 52 万元；与行业平均料重比（3∶1）相比，平均节粮效果增加了 0.056；平均培训人次增加 582 人、技术指导户次增加 201 户；五个示范养殖场均能严格遵守休药期规定并使用无抗饲料，其中无抗饲料使用率增加了 20%。由此可以得出，应用技术后提高了就业率与工资水平，节约了更多粮食，提升了养殖户的养殖技术和提高了猪肉产品的品质。生态效益主要从节水、节地指标、粪污资源化利用率和无害化处理率这几个方面来衡量。技术应用之后，五个示范养殖场平均每头出栏生猪耗水量减少了 0.01 吨/头，平均每百头存栏生猪占用养殖场土地面积减少了 0.67 亩，平均生猪养殖密度下降了 0.66 米²/头；无论是平均干粪资源化利用率还是粪水资源化利用率均是 100%，相比技术应用前增加了 2%；从无害化处理率来看，无论是平均干粪无害化处理率、粪水无害化处理率还是病死猪无害化处理均是 100%，其中相比技术应用前，干粪无害化处理率和粪水无害化处理率增加了 2%。由此可以得出，技术应用在一定程度上可以节约水资源和土地资源，提高养殖场粪污资源利用和无害化处理率。

五个示范养殖场由于各自的优劣势，技术应用后，在经济、社会、生态效益方面存在差异，综合效益排名在前的是 WS 和 MY，其分别是国内生猪合同养殖模式和一体化养殖模式的典型代表。

从表 5 - 27 可以看出，五个示范养殖场由于养殖规模、养殖模式、技术水平以及所处区域不同，在经济效益、社会效益、生态效益及综合效益方面存在差异，DBN 的生猪销售收入相比其他示范养殖场要高出很多，生猪市场行情把控到位，其经济效益较高；WS 是公司＋家庭农场的合作模式，社会带动效

表 5 - 27　示范养殖场技术应用后各效益排名

示范养殖场	经济效益	社会效益	生态效益	综合效益
WS	5	1	2	1
MY	2	3	4	2
DBN	1	4	5	4
YX	3	5	3	5
LNS	4	2	1	3

益明显，社会效益最高；LNS 位于海南，该区域环境承载力有限，养殖环保要求高，故生态效益最高。总体来看，WS 的综合效益最高，而 YX 综合效益最小，YX 的经济效益和生态效益排名均居于第 3 位，但社会效益效益排名第 5，可能是由于 YX 示范养殖场的养殖规模最小，带动农户数量也非常有限，造成社会效益最低，从而降低了综合效益的排名。由此可见，技术应用的实际效果受多种因素的影响，在推广的过程中需要充分考虑，进行资源优化配置，充分发挥养殖技术在生产实践中作用。

第六章　不同生猪养殖模式的效益评价——基于 8 省的调研

由于中国生猪养殖分布广泛，各地在自然资源禀赋、经济发展水平与社会文化环境等方面存在差异，养殖规模和产业素质水平不一，养殖模式也呈现多种模式并存局面。目前全国养殖模式大致可以分为独立农户、公司＋农户、公司＋家庭农场、合作社＋农户和公司一体化五大类。同时，由于各种生猪养殖模式在经营方式、要素投入等方面存在差异，由此产生的经济效益、社会效益与生态效益也可能存在差异，有的养殖模式经济效益高，但生态效益低，比如部分大规模养殖场生产效率高，废弃物处理不达标；有的养殖模式社会效益高，但经济效益低，比如一些合作社带动社员作用强，养殖成本较高；有的养殖模式在经济、社会与生态效益上均表现落后或先进，进而在生产效益和效率、产品质量安全程度、废弃物处理等方面表现出相应特征。按照生猪产业供给侧结构性改革要求，亟须优化生猪养殖模式，促进生猪产业提质增效。

本研究通过构建生猪高效安全养殖综合效益评估的科学指标体系，采用统计分析、熵权法、DEA 方法和因素分析法等，基于 8 省 16 县 238 个养猪场户的调研数据，对不同区域、不同模式生猪养殖经济、生态、社会及综合效益进行评价和比较，旨在提出各模式优化的对策建议，提高资源配置效率，促进生猪产业转型升级提质增效，促进生猪产业向生态、高效、安全的方向发展。

一、调研样本情况说明

（一）调研方案

本调研采用实地调研方式，以独立农户、公司＋农户、公司＋家庭农场、合作社＋农户、公司一体化养殖为五种养殖模式为调研对象，于 2019 年 10—11 月完成调研。调研主要内容为养殖场（户）基本情况、生产效率及成本收益、社会效益与生态效益等。为了提高样本的代表性，选择中国北部、中部、南部三个区域的 8 个生猪主产省份——黑龙江、山东、河北、河南、湖北、江苏、四川和广东进行调研，每个省选择 2 个主产县，每个县选择 15 个样本场户，1 个省共选择 30 个左右的样本场户。本次调研由课题组成员实地进行调研，与当地政府部门主管领导、畜牧部门负责人和养殖场户进行细致座谈，同时指导养殖场户填写调研问卷，共收回调研问卷 238 份，有效问卷 238 份，其中，独立农户占 112 份，公司＋农户占 35 份，公司＋家庭农场占 19 份，合作社＋农户占 27 份，公司一体化占 45 份。调研问卷主要数据为 2017—2019 年的数据，本研究效益分析全部基于调研数据。

（二）五种养殖模式的界定

独立农户是指养殖农户不依附、不隶属其他外部关系，以家庭生产经营为单位，依靠自身经验单独进行生猪养殖的农户为独立农户；独立养殖农户缺乏资金、技术，养殖的基础设施较为简陋，生猪养殖的用地、通风设施、照明和保暖设施全部依据自身经验或者借鉴其他养殖场的标准仿建；生猪养殖的饲料来源主要自配饲料或者购买全价料，生产要素投入比较单一，随行就市销售生猪，抵御风险能力弱。

公司＋农户模式是养殖户通过与企业以签订合同的形式合作，养殖户负责猪舍建设和生猪饲养管理，企业提供饲料、仔猪、兽药等各种投入品，并按合同价收购生猪，但公司对农户养殖规模、圈舍建设标准等设有严格的门槛，合作形式较为松散，例如双胞胎、新希望六和和正邦等养殖公司。

公司＋家庭农场的模式实质是公司＋农户的升级版，公司与家庭农场的合作关系更加紧密，如温氏公司，公司要求农户扩大生产规模，同时注重适度规模经营，形成规模效应，按照公司的标准，统一规范标准建设猪舍，安装自动化养殖设备，采用智能化自动化管理，对废弃物进行无害化处理，实现循环养殖。该模式是由量变到质变的过程，公司＋家庭农场一定程度上克服了公司＋农户模式小农生产环节内部规模不经济问题，提高了生产效率，降低了生产成本，有助于实现资源的帕累托最优配置。具体运作是：合作养殖户自己按公司要求建设猪舍，企业为农户按内部合同价提供全价料、养殖技术和兽药及相关技术服务，公司保留种猪繁育和育仔阶段，将育肥阶段以委托的形式交给农场养殖，农户交给公司一定的预订金，生产周期结束后，公司按照合同定期回购育肥猪，公司按照额定毛利结合成本和市场价格确定生猪回收价格，农户养殖生猪的存活率高，可获得更高的利润。

合作社＋农户的养殖模式是由小散养殖户通过契约自愿依法成立生猪养殖专业合作社，合作社为农户统一购买饲料，为农户的养殖提供专业技术指导与服务，统一购买生产资料降低农户的生产成本，同时约束农户禁止使用饲料添加剂、抗生素等，合理规范地使用兽药，提高产品质量；对农户进行的技术指导，提高农户自身养殖素质的同时增加生产效益；农户则自建养殖场，按照合作社的标准养殖，由合作社进行统一销售出栏商品猪，减少农户销售难的问题。

公司一体化养殖是企业生猪一体化养殖就是由一个公司独立开展养猪的全部生产经营活动，包括猪舍建设、饲料生产、育种、防疫、育肥、销售等，独立分享养猪的利润和承担风险，如牧原公司。公司一般实力较强，建设现代化猪舍，拥有专业育种团队对种猪的育种和繁殖进行研发，雇用专业的管理人员对猪苗进行培育和育肥，与专业屠宰企业合资建立加工厂，并进行屠宰。生猪一体化养殖模式根据自身实力能够产生规模效益、减少交易的环节，降低市场风险，减少养殖的成本，同时管理高度集中，生猪的选种、养殖、疫病防控和成本方面等处于可控的状态，能够提高生猪的产品质量和生产效率，提高市场竞争力。

二、效益评价指标体系构建及方法说明

本章基于研究内容的特点和调研数据的可获得性，对生猪养殖模式效益评价指标的选择与前述"示范养殖场养殖模式集成技术应用前后效益评价"的指标体系略有不同。本部分构建了包括经济、社会与生态三大效益，共计 43 个效益评价指标，如表 6-1 所示。本部分效益评价的研究方法与前述"示范养殖场集成技术应用前后效益评价"研究方法相同。

表 6-1 不同生猪养殖模式效益评价体系

一级指标	二级指标	三级指标
经济效益	成本	（一）仔猪费用
		（二）饲料费用
		（三）人工费用
		（四）防疫治疗费用
		（五）技术服务费用
		（六）固定资产折旧
		（七）死亡损失费用
		（八）水电费用
		（九）燃料动力费用
		（十）其他直接费用
		（十一）土地成本
		（十二）粪污处理费用
	收益	（十三）销售收入
		（十四）净利润
		（十五）成本收益率

（续）

一级指标	二级指标	三级指标
经济效益	生产效率	（十六）出栏率
		（十七）死淘率
		（十八）每个劳动力管理的生猪头数
		（十九）料重比-自繁自育
		（二十）料重比-专业育肥
		（二十一）每个劳动力年提供的生猪产量-自繁自育
		（二十二）每个劳动力年提供的生猪产量-专业育肥
社会效益	带动就业人数	（二十三）每个养殖场的从业人数
		（二十四）合同养殖户的数量
	带动农户增收	（二十五）养殖户的年养猪收入
		（二十六）雇工人员年工资总额
	节粮效果	（二十七）与行业平均料重比差额
	带动农户养殖技术	（二十八）培训人次
		（二十九）技术指导户次
	产品质量	（三十）药物使用规范程度
		（三十一）休药期执行情况
		（三十二）使用添加剂目的
		（三十三）无抗饲料使用情况
		（三十四）质量安全事件
生态效益	节水、节地指标	（三十五）每头出栏生猪耗水量
		（三十六）每百头存栏生猪占用养殖场面积
		（三十七）生猪养殖密度
	粪污资源化利用率	（三十八）干粪资源化利用率
		（三十九）粪水资源化利用率
	无害化利用率	（四十）干粪无害处理率
		（四十一）粪水无害化处理率
		（四十二）病死猪无害化处理率
	环境污染问题	（四十三）环境污染处罚比率

三、不同生猪养殖模式经济效益分析

经济效益主要从成本、收益、生产效率与全要素生产率四个方面进行分析。成本分析采用统计方法，生产效率采用统计分析和因素分析法，全要素生产率采用 DEA 模型，经济效益评价采用熵权 TOPSIS 模型。

（一）不同生猪养殖模式成本分析

生猪养殖的成本项目是按照《全国农产品成本收益资料汇编》的分类方法，将生猪总成本分为土地成本、生产成本与粪污处理费用三类，具体分类如图 6-1 所示。

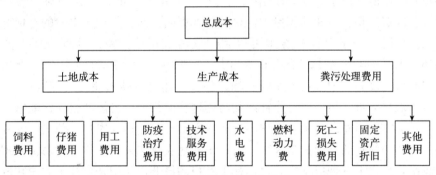

图 6-1 生猪养殖成本项目

2017—2019 年各模式总成本整体呈上升趋势（如表 6-2）。由于受 2018 年非洲猪瘟在中国暴发影响，2019 年各养殖模式的平均总成本大幅度提高，提高了 39.07%，其中独立农户总成本上升最多。2017—2019 年，五种模式的平均养殖总成本从高到低排序依次为独立农户、公司＋农户、公司一体化、公

表 6-2 不同生猪养殖模式总成本的变化趋势

单位：元/头

	年份	独立农户	公司＋农户	公司＋家庭农场	合作社＋农户	公司一体化	总体平均
总成本	2017	1 718.00	1 776.00	1 674.00	1 684.00	1 728.00	1 723.00
	2018	1 778.00	1 779.00	1 676.00	1 759.00	1 801.00	1 775.00
	2019	2 624.00	2 483.00	2 378.00	2 185.00	2 228.00	2 468.00
	均值	2 040.00	2 012.00	1 909.00	1 876.00	1 919.00	1 989.00

司＋家庭农场、合作社＋农户，除了合作社＋农户之外，其他模式的平均总成本均在 1 900 元/头以上，合作社＋农户相比独立农户的平均总成本低了 164元/头，说明合作社＋农户的成本比较优势明显。与总体平均相比，独立农户、公司＋农户的总成本过高。

2017—2019 年各模式的生产成本整体呈上升趋势（如表 6－3）。按平均值从高到低排序依次为独立农户、公司＋农户、公司＋家庭农场、公司一体化、合作社＋农户，各养殖模式的平均总成本排序基本一致。2017—2019 年，各模式的平均土地成本呈上升趋势，2019 年上升较快，比 2018 年上升了约 7元/头，主要由于近些年土地政策、养殖用地紧张造成土地成本上升，按照土地成本从高到低排序依次为公司＋农户、公司一体化、公司＋家庭农场、独立农户、合作社＋农户，公司＋农户养殖模式每头猪的土地成本是独立农户的 2倍左右，可能是由于公司要求合同农户按照一定的标准建设，相对于独立农户，合同农户猪舍占地面积更大，单位成本更高，而合作社＋农户的土地成本最低，可能是由于合作社养殖可以利用集体农用地。粪污处理费用主要受2016 年以来环保政策趋严的影响，2017—2019 年五种模式的平均粪污处理费用均有所提高，其中公司＋家庭农场、公司一体化养殖的粪污处理费用最高，是独立农户的近 2 倍，而合作社的粪污处理费用最低，可能是合作社能够更好开展种养结合。总之，独立农户的生产成本最高，公司＋农户、公司＋家庭农场、公司一体化的土地成本较高，公司＋家庭农场和公司一体化的粪污处理费用较高，而以上三种成本中，合作社＋农户的最低，说明合作社＋农户在成本方面具有一定的优势。

表 6－3　不同生猪养殖模式总成本的成本明细项目变动趋势

单位：元/头

成本明细	年份	独立农户	公司＋农户	公司＋家庭农场	合作社＋农户	公司一体化	总体平均
生产成本	2017	1 645.00	1 682.00	1 636.00	1 624.00	1 643.00	1 645.00
	2018	1 699.00	1 687.00	1 623.00	1 699.00	1 702.00	1 690.00
	2019	2 521.00	2 309.00	2 241.00	2 100.00	2 105.00	2 348.00
	均值	1 955.00	1 893.00	1 833.00	1 808.00	1 817.00	1 895.00
土地成本	2017	13.94	35.37	18.27	10.27	25.19	19.09
	2018	14.85	30.06	18.85	8.25	18.46	17.33
	2019	20.26	33.48	33.08	29.26	29.04	26.01
	均值	16.35	32.97	23.40	15.93	24.23	20.81

（续）

成本明细	年份	独立农户	公司+ 农户	公司+ 家庭农场	合作社+ 农户	公司 一体化	总体 平均
粪污处 理费用	2017	13.29	16.64	23.86	9.42	24.30	19.19
	2018	13.31	12.31	21.95	10.74	23.64	20.45
	2019	17.52	19.81	38.44	17.73	25.46	22.88
	均值	14.71	16.25	28.08	12.63	24.46	20.84

生产成本中饲料费用、仔猪费用、用工费用和防疫治疗费用占生猪养殖生产成本的 90%，因此主要分析 2017—2019 年不同生猪养殖模式这几项费用的平均变动情况。从表 6-4 看出，独立农户的饲料费用最高，公司+家庭农场的饲料费用最低。公司+农户的仔猪费用最高，比以自繁自育为主的独立农户和合作社+农户仔猪费用高出 150 元/头左右，主要是因为公司+农户模式的养殖户以专业育肥为主，仔猪来自公司合同价提供，受非洲猪瘟影响，2019年的仔猪价格较高。合作社+农户的用工费用最高，公司一体化养殖模式的最低，主要是公司一体化养殖模式一般养殖规模较大，养殖设备先进，具有规模效益，劳动生产率较高，因此用工费用较低，而合作社+农户的则相反。在防疫治疗费用中公司一体化最高，合作社+农户最低，这主要是受养殖户特征和非洲猪瘟影响，合作社+农户缺乏专业的兽医指导，除了生猪强制疫苗费用支出以外，很少使用其他预防性药物，而公司一体化养殖由于养殖规模大，相对应的风险也较大，因此相对于合作社+农户要更注重防疫治疗。总之，独立农户的饲料费用最高，公司+农户、公司+家庭农场的仔猪费用较高，独立农户、合作社+农户的用工费用较高，独立农户和公司一体化的防疫治疗费用较高。

表 6-4　2017—2019 年不同生猪养殖模式生产成本明细项目平均变动情况

单位：元/头

成本明细	独立 农户	公司+ 农户	公司+ 家庭农场	合作社 +农户	公司 一体化	总体 平均
饲料费用	1 071.00	1 013.00	927.00	1 076.00	1 015.00	1 042.00
仔猪费用	538.00	674.00	571.00	510.00	534.00	556.00
用工费用	39.92	24.81	27.93	45.29	14.90	30.63
防疫治疗费用	75.85	66.23	69.75	63.90	81.15	73.70
技术服务费用	6.29	7.08	9.03	7.95	15.61	8.40

（续）

成本明细	独立农户	公司＋农户	公司＋家庭农场	合作社＋农户	公司一体化	总体平均
水电费用	29.89	50.63	75.19	29.34	40.19	37.70
燃料动力费用	9.92	10.88	25.80	2.97	12.91	10.96
死亡损失费用	63.84	81.24	50.26	42.87	66.43	63.59
固定资产折旧	161.97	33.30	77.83	55.31	57.18	106.39
其他费用	12.05	2.00	24.31	14.59	32.86	16.92

（二）不同生猪养殖模式收益变动分析

2017—2019 年，各种养殖模式的销售收入均呈先减后增的趋势，主要是因为 2018 年受非洲猪瘟影响，生猪行业遭受严重打击，生猪出栏量大幅度下降，后期受生猪供需缺口过大，生猪价格反弹并呈现急速上升态势影响，生猪销售收入提高；各模式的销售收入在 2 000 元以上，差别不大。2017—2019 年，各种养殖模式的净利润也呈现与销售收入相同的趋势，2018 年均亏损，2019 年全部扭亏为盈，其中合作社＋农户、公司＋家庭农场、公司一体化的净利润较高，在 800 元/头以上；三年平均来看，合作社＋农户的最高，为 353 元/头，独立农户的净利润最低，为 84 元/头，独立农户应对疫情风险能力最弱。2017—2019 年，各模式成本利润率也呈先降后升的趋势，且在 2019 年成本利润率都在 15％以上，其中合作社＋农户、公司＋家庭农场、公司一体化的成本利润率在 30％以上，三年平均来看，独立用户、公司＋农户的成本利润率为负值，合作社＋农户、公司＋家庭农场的在 10％，公司一体化模式仅为 1.81％（如表 6-5）。

表 6-5　不同生猪养殖模式生猪养殖的收益变动趋势

单位：元/头，%

收益项目	年份	独立农户	公司＋农户	公司＋家庭农场	合作社＋农户	公司一体化	总体平均
销售收入	2017	1 564.00	1 630.00	1 680.00	1 669.00	1 622.00	1 603.00
	2018	1 441.00	1 484.00	1 613.00	1 600.00	1 406.00	1 472.00
	2019	3 110.00	2 892.00	3 188.00	3 213.00	2 973.00	3 074.00
	均值	2 038.00	2 002.00	2 160.00	2 161.00	2 000.00	2 050.00

（续）

收益项目	年份	独立农户	公司＋农户	公司＋家庭农场	合作社＋农户	公司一体化	总体平均
净利润	2017	−81.00	−52.00	44.00	45.00	−21.00	−42.00
	2018	−258.00	−203.00	−10.00	−98.00	−296.00	−218.00
	2019	589.00	584.00	947.00	1 114.00	868.00	726.00
	均值	84.00	110.00	327.00	353.00	184.00	155.00
成本利润率	2017	−8.96	−8.19	0.34	−0.90	−6.12	−6.94
	2018	−18.95	−16.55	−3.76	−9.00	−21.91	−17.07
	2019	18.55	16.51	34.06	47.04	33.45	24.53
	均值	−3.12	−2.74	10.21	12.38	1.81	0.17

（三）不同生猪养殖模式生产效率分析

生猪养殖的生产效率评价主要从出栏率、育肥猪死淘率、料重比、每个劳动力管理的生猪头数（生猪存栏/从业人数）、每个劳动力年提供的生猪产量（活重）等几个指标进行分析，同时考虑自繁自育和专业育肥两种类型。

1. 不同生猪养殖模式生产效率主要指标变动分析

从表 6-6 可以看出，公司＋农户和独立农户的平均出栏率最高，为 185%；公司＋家庭农场的平均出栏率最低，为 154%。公司＋农户和公司一体化养殖模式的育肥猪死淘率最高，在 4.00% 以上，合作社＋农户的育肥猪死淘率比较低，为 2.91%，可能是公司＋农户、公司一体化养殖规模比较大，养殖密度过高，疫病产生和传染的风险大。专业育肥类型的平均料重比比自繁自育类型的平均料重比低了 0.18，可能和专业育肥猪的品种饲料转化率高有关，在自繁自育类型中，公司＋家庭农场的料重比最低为 2.72，说明公司具有饲料配方研发优势，提高了饲料效率；在专业育肥类型中，合作社＋农户的料重比最低为 2.42。从每个劳动力管理的生猪头数来看，公司＋家庭农场每个劳动力管理的生猪头数最多，其次是公司＋农户，而独立农户、合作社＋农户及公司一体化养殖模式的每个劳动力管理的生猪头数较少，其中公司一体化的每个劳动力管理的生猪头数较少的原因可能是在统计养殖人数时，除了养殖技术工人外，还包括管理人员、兽医、营养师、育种师等人员。

总之，从出栏率看，公司＋家庭农场模式最低，独立农户、公司＋农户的最高；从育肥猪死淘率来看，独立农户、公司＋农户和公司一体化的较高，合作社＋农户的最低；从料重比来看，自繁自育养殖类型中合作社＋农户和公司一体化的较高，公司＋家庭农场的最低；在专业育肥养殖类型中，独立农户、公司＋家庭农场的较高，合作社＋农户的最低；从每个劳动力管理的生猪头数看，独立农户、合作社＋农户和公司一体化的较低，公司＋家庭农场、公司＋农户的较高。

表 6－6　不同生猪养殖模式生产效率变动趋势

生产效率	年份	独立农户	公司＋农户	公司＋家庭农场	合作社＋农户	公司一体化	总体平均
出栏率（％）	2018	182.00	196.00	183.00	201.00	190.00	188.00
	2019	188.00	174.00	125.00	158.00	166.00	174.00
	均值	185.00	185.00	154.00	180.00	178.00	181.00
育肥猪死淘率（％）	2017	3.78	3.52	2.64	2.87	3.26	3.47
	2018	4.02	3.71	2.59	3.02	4.20	3.77
	2019	3.90	6.11	3.79	2.84	4.60	4.24
	均值	3.90	4.45	3.01	2.91	4.02	3.83
料重比-自繁自育	2017	3.15	3.10	2.74	3.34	3.20	3.15
	2018	3.18	3.12	2.76	3.29	3.40	3.20
	2019	3.14	2.96	2.66	3.15	3.20	3.11
	均值	3.15	3.06	2.72	3.26	3.27	3.16
料重比-专业育肥	2017	3.48	2.95	3.41	2.53	2.85	3.08
	2018	3.44	3.14	2.86	2.44	2.84	3.10
	2019	3.04	2.66	2.85	2.30	2.92	2.77
	均值	3.32	2.92	3.04	2.42	2.87	2.98
每个劳动力管理的生猪头数（头）	2017	239	433	400	243	273	285
	2018	243	412	465	224	259	287
	2019	239	377	466	169	190	261
	均值	240	408	444	212	241	278

注：出栏率＝当年末出栏量/上年末存栏量，基于调研数据为 2017—2019 年年末生猪存栏量，故在此仅列示 2018 年和 2019 年的出栏率情况。

2. 不同生猪养殖模式生产效率综合指标分析——每个劳动力年提供的生猪产量

衡量生猪养殖生产效率的指标除了表 6－6 列出的 5 个指标外，还包括每个劳动力年提供的生猪产量。调研的猪场养殖类型主要为自繁自育和专业育肥两种，以 2017 年为基期、2019 年为报告期，分析 2019 年相比 2017 年生产效率的变动情况，并运用因素分析法探究各种因素对生产效率的影响。计算公式分别为：

对于自繁自育户：每个劳动力年提供生猪产量＝能繁母猪头数×

MSY×每头育肥猪出栏活重/养殖场从业人数

对于纯育肥户：每个劳动力年提供生猪产量＝年出栏育肥猪头数×

每头育肥猪出栏活重/养殖场从业人数

（1）描述性统计分析。 从表 6-7 可以看出，对于自繁自育的猪场来说，五种模式的 2017—2019 年平均能繁母猪头数呈上升的趋势，2019 年比 2017年增加了 110 头；从 2017—2019 年平均能繁母猪头数来看，公司＋农户的能繁母猪头数最多，其中公司＋农户养殖模式平均能繁母猪存栏 3 332 头，独立农户的能繁母猪头数最少，为 115 头。从 MSY 来看，五种模式的 2017—2019年平均 MSY 呈先升后降趋势，2019 年比 2018 年下降的较多，且低于 2017 年的水平，平均在 20 头左右；其中公司一体化 MSY 最低，公司＋家庭农场最高。从出栏活重来看，五种模式的 2017—2019 年平均出栏活重呈先降后升趋势，2019 年达到了 129.47 千克/头，比 2018 年增加了约 10 千克/头，其中公司一体化模式的育肥猪平均活重最低，为 117.11 千克/头，其他模式都在 120千克/头以上。从养殖场从业人数来看，2017—2019 年五种模式的平均从业人数呈先增再降趋势，公司一体化的养殖场从业人数最多，约为 68 人，独立农户人数最少，约为 4 人。

表 6-7　自繁自育猪场影响因素描述性统计分析

指标	年份	独立农户	公司+农户	公司+家庭农场	合作社+农户	公司一体化	总体平均
能繁母猪头数（头）	2017	117	2 924	851	185	2 019	748
	2018	112	3 446	849	188	2 173	817
	2019	117	3 625	650	168	2 402	858
	均值	115	3 332	784	180	2 198	807
每头母猪一年内提供的生猪出栏量（头）	2017	20	21	22	22	20	20
	2018	21	21	23	21	20	21
	2019	20	21	19	20	19	20
	均值	20	21	21	21	20	20
平均活重（千克/头）	2017	119.88	119.83	119.60	122.91	115.84	119.61
	2018	118.88	115.00	121.00	124.16	115.15	118.84
	2019	132.03	126.33	137.20	131.43	120.34	129.47
	均值	123.60	120.39	125.93	126.17	117.11	122.64

（续）

指标	年份	独立农户	公司＋农户	公司＋家庭农场	合作社＋农户	公司一体化	总体平均
养殖场从业人数（人）	2017	4.15	16.00	13.90	8.15	67.67	21.97
	2018	4.16	14.57	14.10	12.42	69.76	23.00
	2019	4.04	13.14	11.40	11.65	68.28	21.70
	均值	4.12	14.57	13.13	10.74	68.57	22.23

从表6-8可以看出，对于专业育肥的猪场来说，五种模式的2017—2019年平均出栏量呈先升后降的趋势，2019年比2018年下降较多，且低于2017年的水平，主要是由于非洲猪瘟的影响；从2017—2019年平均出栏量来看，公司＋农户和公司一体化模式养殖规模大，育肥猪出栏量最高，公司一体化、公司＋农户两种模式每户平均出栏26 000多头，独立农户的出栏量最低，为1 401头。从出栏活重来看，五种模式的2017—2019年平均出栏活重呈先略微下降再急速上升趋势，2019年达到了128.21千克/头，比2018年增加了约11千克/头，其中公司＋家庭农场模式的育肥猪平均活重最低，为118.33千克/头，其他模式都在120千克/头以上。从养殖场从业人数来看，五种模式的2017—2019年平均从业人数呈现上升趋势，公司＋农户的养殖场从业人数最多，约为18人，独立农户人数最少，约为2人。

表6-8 专业育肥猪场影响因素描述性统计分析

指标	年份	独立农户	公司＋农户	公司＋家庭农场	合作社＋农户	公司一体化	总体平均
出栏量（头）	2017	1 377	27 533	6 000	3 265	24 175	9 592
	2018	1 426	29 176	7 282	3 547	29 274	11 020
	2019	1 399	22 074	5 177	2 554	25 393	9 113
	均值	1 401	26 261	6 153	3 122	26 280	9 908
平均活重（千克/头）	2017	116.33	117.06	115.00	120.00	118.33	117.34
	2018	119.17	116.96	113.33	120.00	112.60	116.41
	2019	127.80	126.91	126.67	130.00	129.66	128.21
	均值	121.10	120.31	118.33	123.33	120.20	120.65
养殖场从业人数（人）	2017	2.30	17.30	3.70	4.00	6.00	6.70
	2018	2.20	19.80	7.30	15.00	8.60	10.60
	2019	2.20	19.30	9.20	20.00	6.60	11.50
	均值	2.20	18.80	6.70	13.00	7.10	9.60

（2）不同生猪养殖模式每个劳动力年提供的生猪产量及其影响因素分析。
一是不同生猪养殖模式每个劳动力年提供的生猪产量。从表 6 - 9 可以看出，对于自繁自育场来说，五种模式的 2017—2019 年平均每个劳动力年提供的生猪产量呈上升趋势，2019 年总体均值为 100 793.79 千克，比 2017 年提高了 18 114.82 千克，增幅 21.91%；2017—2019 年每个劳动力年提供的平均生猪产量，公司＋农户模式是最高的，为 589 194.10 千克，合作社＋农户是最低的，为 46 274.71 千克，按照每个劳动力年提供的生猪产量均值（从高到低）排序依次为公司＋农户、公司＋家庭农场、公司一体化、独立农户、合作社＋农户。

对于专业育肥场来说，五种模式的 2017—2019 年平均每个劳动力年提供的生猪产量呈先升后降趋势，2019 年总体均值为 102 009.38 千克，比 2017 年减少了 66 985.60 千克，降幅 39.64%；2017—2019 年每个劳动力年提供的平均生猪产量，公司一体化模式是最高的，为 452 968.39 千克，合作社＋农户模式是最低的，为 47 640.97 千克，按照每个劳动力年提供的生猪产量均值（从高到低）排序依次为公司一体化、公司＋农户、公司＋家庭农场、独立农户、合作社＋农户。

表 6 - 9 不同生猪养殖模式每个劳动力年提供的生猪产量

单位：千克，%

养殖模式		2017 年	2018 年	2019 年	均值	2019 年相对 2017 年变化-绝对值	2019 年相对 2017 年变化-相对值
独立农户	自繁自育	67 200.78	67 007.99	75 081.19	69 763.32	7 880.41	11.73
	专业育肥	69 649.10	77 217.49	81 271.46	76 046.02	11 622.36	16.69
公司＋农户	自繁自育	460 244.39	572 208.51	735 129.41	589 194.10	274 885.02	59.73
	专业育肥	185 976.26	172 343.36	145 151.70	167 823.77	−40 824.56	−21.95
公司＋家庭农场	自繁自育	158 411.70	165 356.05	147 902.87	157 223.54	−10 508.82	−6.63
	专业育肥	188 008.81	112 583.32	71 515.20	124 035.77	−116 493.61	−61.96
合作社＋农户	自繁自育	61 184.52	39 483.79	38 155.80	46 274.71	−23 028.72	−37.64
	专业育肥	97 945.56	28 375.11	16 602.25	47 640.97	−81 343.31	−83.05
公司一体化	自繁自育	68 617.12	73 131.16	81 878.76	74 542.35	13 261.63	19.33
	专业育肥	476 775.73	383 280.69	498 848.76	452 968.39	22 073.03	4.63
总体平均	自繁自育	82 678.98	88 655.40	100 793.79	90 709.39	18 114.82	21.91
	专业育肥	168 994.98	121 189.74	102 009.38	130 731.37	−66 985.60	−39.64

二是每个劳动力年提供的生猪产量变动的影响因素分析——因素分析法。运用因素分析法对以 2017 年为基期，2019 年为报告期的不同生猪养殖模式的每个劳动力年提供的生猪产量影响因素情况进行分析。以自繁自育类型的每个劳动力年提供的生猪产量分析为例，主要计算公式和步骤如下：

报告期（2019 年）每个劳动力年提供的生猪产量（M_1）＝能繁母猪头数（A_1）×MSY（B_1）×出栏平均活重（C_1）/养殖场从业人数（D_1）

基期（2017 年）每个劳动力年提供的生猪产量（M_0）＝能繁母猪头数（A_0）×MSY（B_0）×出栏平均活重（C_0）/养殖场从业人数（D_0）

基期（2017 年）$M_0 = A_0 \times B_0 \times C_0 / D_0$　　（1）

第一次替代：$A_1 \times B_0 \times C_0 / D_0$　　　　（2）

第二次替代：$A_1 \times B_1 \times C_0 / D_0$　　　　（3）

第三次替代：$A_1 \times B_1 \times C_1 / D_0$　　　　（4）

第四次替代：$A_1 \times B_1 \times C_1 / D_1$　　　　（5）

分析如下：

（2）－（1）＝能繁母猪头数（A）变动对每个劳动力年提供的生猪产量（M）的影响

（3）－（2）＝MSY（B）变动对每个劳动力年提供的生猪产量（M）的影响

（4）－（3）＝出栏平均活重（C）变动对每个劳动力年提供的生猪产量（M）的影响

（5）－（4）＝养殖场从业人数（D）变动对每个劳动力年提供的生猪产量（M）的影响

把各因素变动综合起来，就是总影响 $M_1 - M_0$。

每个劳动力年提供的生猪产量影响因素分析——自繁自育类型。从表 6－10 可以看出，对于自繁自育场来说，五种模式总体上每个劳动力年提供的生猪产量 2019 年相比 2017 年增加了 18 114.82 千克，其中能繁母猪头数的贡献量为 12 132.13 千克，贡献率为 66.97%；MSY 的贡献量为－2 841.69 千克，贡献率为－15.69%；平均活重的贡献量为 7 576.72 千克，贡献率为 41.83%；养殖场从业人数的贡献量为 1 247.65 千克，贡献率为 6.89%。分别来看，公司＋家庭农场的能繁母猪头数和 MSY 对其每个劳动力年提供的生猪产量贡献率最高，分别为 355.86% 和 145.34%，独立农户的平均活重对其每个劳动力年提供的生猪产量贡献率最高为 85.35%，合作社＋农户的养殖场从业人数对其每个劳动力年提供的生猪产量贡献率最高为 71.15%。

表 6 - 10　自繁自育猪场每个劳动力年提供的生猪产量影响因素情况

单位：千克,%

指标	独立农户	公司+农户	公司+家庭农场	合作社+农户	公司一体化	总体平均
每个劳动力年提供生猪产量变动	7 880.41	274 885.02	−10 508.82	−23 028.72	13 261.63	18 114.82
能繁母猪头数贡献量	−167.30	110 282.81	−37 396.85	−5 760.97	13 003.63	12 132.13
能繁母猪头数贡献率	−2.12	40.12	355.86	25.02	98.05	66.97
MSY 贡献量	−668.57	2 134.64	−15 273.76	−4 417.51	−2 093.30	−2 841.69
MSY 贡献率	−8.48	0.78	145.34	19.18	−15.78	−15.69
平均活重贡献量	6 726.17	31 063.19	15 560.56	3 535.69	3 089.38	7 576.72
平均活重贡献率	85.35	11.30	−148.07	−15.35	23.30	41.83
养殖场从业人数贡献量	1 990.10	131 404.38	26 601.24	−16 385.93	−738.08	1 247.65
养殖场从业人数贡献率	25.25	47.80	−253.13	71.15	−5.57	6.89

　　每个劳动力年提供的生猪产量影响因素分析——专业育肥类型。从表 6 - 11 可以看出，对于专业育肥场来说，2019 年相比 2017 年，五种模式总体上每个劳动力年提供的生猪产量下降了 −66 985.60 千克，其中出栏量的贡献量为 −8 423.35 千克，贡献率为 12.57%；平均活重的贡献量为 14 866.12 千克，贡献率为 −22.19%；养殖场从业人数的贡献量为 −73 428.38 千克，贡献率为 109.62%。分别来看，公司一体化的出栏量对其每个劳动力年提供的生猪产量贡献率最高为 108.77%，公司一体化的平均活重对其每个劳动力年提供的生猪产量贡献率最高为 217.23%，公司+家庭农场的养殖场从业人数对其每个劳动力年提供的生猪产量贡献率最高为 92%。

表 6 - 11　专业育肥猪场每个劳动力年提供的生猪产量影响因素情况

单位：千克,%

指标	独立农户	公司+农户	公司+家庭农场	合作社+农户	公司一体化	总体平均
每个劳动力年提供生猪产量变动	11 622.36	−40 824.56	−116 493.61	−81 343.31	22 073.03	−66 985.60
出栏量贡献量	1 111.87	−36 870.80	−25 780.86	−21 319.79	24 008.25	−8 423.35
出栏量贡献率	9.57	90.32	22.13	26.21	108.77	12.57
平均活重贡献量	6 976.95	12 546.46	16 462.61	6 385.48	47 949.65	14 866.12
平均活重贡献率	60.03	−30.73	−14.13	−7.85	217.23	−22.19
养殖场从业人数贡献量	3 533.54	−16 500.22	−107 175.36	−66 409.00	−49 884.88	−73 428.38
养殖场从业人数贡献率	30.40	40.42	92.00	81.64	−226.00	109.62

（四）不同生猪养殖模式全要素生产率分析

基于 2017 年和 2019 年 8 个省份样本场户的调研数据，采用 DEAP 2.1 软件，对五种类型的样本场户生猪养殖全要素生产率进行测定，得出 2019 年相对 2017 年全要素生产率变动情况。投入和产出变量如表 6-12 所示。

表 6-12 不同生猪养殖模式投入产出变量

单位：元/头

变量	年份	独立农户	公司+农户	公司+家庭农场	合作社+农户	公司一体化	总体平均
投入变量							
饲料费用	2017	1 024.00	976.00	878.00	1 079.00	988.00	1 007.00
	2019	1 154.00	1 073.00	1 004.00	1 090.00	1 044.00	1 104.00
仔猪费用	2017	395.00	505.00	412.00	364.00	406.00	409.00
	2019	782.00	1 000.00	858.00	708.00	751.00	807.00
用工费用	2017	36.07	23.93	23.49	52.86	14.56	30.03
	2019	47.08	29.27	39.72	52.39	17.73	36.24
防疫治疗费用	2017	70.35	54.00	74.75	54.98	79.52	68.18
	2019	86.84	88.57	66.50	73.66	84.73	83.98
技术服务费用	2017	5.80	6.75	8.00	5.62	17.96	8.04
	2019	7.17	7.65	4.00	7.53	13.58	8.21
水电费	2017	30.00	55.21	68.47	19.39	36.15	35.77
	2019	31.94	48.45	96.12	48.78	48.80	43.74
燃料动力费	2017	9.15	14.13	40.35	2.33	11.64	11.65
	2019	11.00	8.84	13.46	3.58	14.64	10.79
土地成本	2017	13.94	35.37	18.27	10.27	25.19	19.09
	2019	20.26	33.48	33.08	29.26	29.04	26.01
粪污处理费	2017	13.29	16.64	23.86	9.42	24.30	19.19
	2019	17.52	19.81	38.44	17.73	25.46	22.88
其他费用	2017	10.01	1.80	24.92	10.20	32.91	15.22
	2019	10.58	2.21	25.96	19.56	37.28	18.38
死亡损失费	2017	54.85	55.49	36.15	42.57	46.83	50.94
	2019	76.00	129.54	78.93	42.18	83.27	82.07

（续）

变量	年份	独立农户	公司＋农户	公司＋家庭农场	合作社＋农户	公司一体化	总体平均
固定资产折旧	2017	54.67	31.28	65.94	33.78	44.90	48.05
	2019	379.81	41.38	119.01	93.45	78.54	225.32
产出变量							
销售收入	2017	1 564.00	1 630.00	1 680.00	1 669.00	1 622.00	1 603.00
	2019	3 110.00	2 892.00	3 188.00	3 213.00	2 973.00	3 074.00

从表 6-13 可以看出，2019 年相对 2017 年无论是从样本总体平均还是每种养殖模式来看，全要素生产率指数都大于 1，总体平均的全要素生产率指数为 1.372，说明 2019 年全要素生产率相比 2017 年提高了 37.2%。不同生猪养殖模式的全要素生产率指数在 1.3～1.7，按照从高到低排序依次是公司＋家庭农场、公司＋农户、公司一体化、独立农户和合作社＋农户，其中公司＋家庭农场最高，为 1.691，合作社＋农户最低为 1.144，意味着 2019 年每种模式全要素生产提高均在 10% 以上。从不同生猪养殖模式全要素生产率的分解测算结果来看，2019 年相对 2017 年而言，不同生猪养殖模式的效率、纯技术效率和规模效率均没有变化，只有技术出现了明显的进步，表明全要素生产率提高的主要原因来自技术进步。另外，需要说明的是，由于本研究在测定全要素生产率时采用的投入产出指标均为价值指标，而 2019 年生猪销售价格较高，因此每头猪销售收入与 2017 年相比有较大的提高，这也可能是造成全要素生产率提高幅度较大的原因之一。

表 6-13 不同生猪养殖模式 2019 年相对 2017 年全要素生产率变化情况

养殖模式	效率变化（effch）	技术变化（techch）	纯技术效率变化（pech）	规模效率变化（sech）	全要素生产率变化（tfpch）
独立农户	1	1.308	1	1	1.308
公司＋农户	1	1.430	1	1	1.430
公司＋家庭农场	1	1.691	1	1	1.691
合作社＋农户	1	1.144	1	1	1.144
公司一体化	1	1.379	1	1	1.379
样本总体平均	1	1.372	1	1	1.372

（五）基于熵权 TOPSIS 经济效益分析

根据整理的经济效益评价指标体系，二级指标分为成本、收益与生产效率，三级指标依次为 12 个、3 个、7 个，共有 22 个。借助熵权 TOPSIS 模型进行分析：

构建不同生猪养殖模式综合评价初始数据矩阵，初始矩阵各单元值对应于表中各指标取值，各行依次表示独立农户、公司＋农户、公司＋家庭农场、合作社＋农户、公司一体化，形成了 5×22 阶矩阵。由于有逆向指标，先通过逆向化转化为正向指标，后进行归一化处理，得到矩阵 Z'_{ij}：

$$Z'_{ij} = \begin{bmatrix} 0.824 & 0.035 & 0.177 & 0.307 & 1.000 & \cdots & 0.218 & 0.000 & 0.000 & 0.134 \\ 0.000 & 0.423 & 0.674 & 0.865 & 0.915 & \cdots & 0.382 & 0.444 & 1.000 & 1.000 \\ 0.629 & 1.000 & 0.571 & 0.661 & 0.706 & \cdots & 1.000 & 0.311 & 0.451 & 0.104 \\ 1.000 & 0.000 & 0.000 & 1.000 & 0.822 & \cdots & 0.018 & 1.000 & 0.143 & 0.000 \\ 0.851 & 0.409 & 1.000 & 0.000 & 0.000 & \cdots & 0.000 & 0.500 & 0.336 & 0.310 \end{bmatrix}$$

求取各项三级指标权重，取权重 w_j 与初始矩阵 Z'_{ij} 的乘积作为加权后的标准矩阵 V：

$$W_j = (0.028 \quad 0.062 \quad 0.042 \quad 0.036 \quad 0.028 \quad \cdots \quad 0.076 \quad 0.038 \quad 0.051 \quad 0.072)$$

$$V = \begin{bmatrix} 0.024 & 0.002 & 0.008 & 0.011 & 0.028 & \cdots & 0.017 & 0.000 & 0.000 & 0.010 \\ 0.000 & 0.027 & 0.029 & 0.031 & 0.026 & \cdots & 0.029 & 0.017 & 0.051 & 0.073 \\ 0.018 & 0.064 & 0.025 & 0.024 & 0.020 & \cdots & 0.077 & 0.012 & 0.023 & 0.008 \\ 0.029 & 0.000 & 0.000 & 0.037 & 0.023 & \cdots & 0.001 & 0.039 & 0.007 & 0.000 \\ 0.024 & 0.026 & 0.043 & 0.000 & 0.000 & \cdots & 0.000 & 0.019 & 0.017 & 0.023 \end{bmatrix}$$

得到的加权后的标准矩阵确定正、负理想解，即 A^+ 表示标准矩阵 V 中每列的最大值，A^- 表示标准矩阵 V 中每列的最小值：

$$A^+ = (0.029 \quad 0.064 \quad 0.043 \quad 0.037 \quad 0.028 \quad \cdots \quad 0.078 \quad 0.039 \quad 0.051 \quad 0.074)$$

$$A^- = (0.000 \quad 0.000 \quad 0.000 \quad 0.000 \quad 0.000 \quad \cdots \quad 0.000 \quad 0.000 \quad 0.000 \quad 0.000)$$

根据各模式相对贴近度大小比较得出经济效益排名：公司＋家庭农场＞公司＋农户＞合作社＋农户＞公司一体化＞独立农户（表 6-15）。权重较大的指标有饲料费用（0.062）、销售收入（0.066）、成本收益率（0.052）、死淘率（0.076）、出栏率（0.066）、料重比—自繁自育（0.074）、料重比—专业育肥（0.054）、每个劳动力提供的生猪产量—自繁自育（0.051）、每个劳动力提供的生猪产量—专业育肥（0.072）（如表 6-14）。公司＋家庭农场在这些权重较大的指标中，每一项指标数值相比其他模式都排名靠前，这在计算相对贴近度的时候具有比较优势，所以经济效益排名第 1；而独立农户的每个经济效益指标数值均是排名靠后，所以经济效益最低（如表 6-15）。结合实际情况，公司＋家庭农场经济效益高的原因是公司与家庭农场双方生产要素的紧密联合，即公司通过技术指导及标准化养殖流程，优化各种投入，提高了要素利用率，而且按合同销售，规避了市场风险，这些都有助于合作农户提高养殖效

表 6 - 14 不同生猪养殖模式经济效益评价体系权重

一级指标	二级指标	三级指标	权重
经济效益	成本	仔猪费用	0.028
		饲料费用	0.062
		人工费用	0.042
		防疫治疗费用	0.036
		技术服务费用	0.028
		固定资产折旧	0.028
		死亡损失费用	0.035
		水电费用	0.030
		燃料动力费用	0.029
		其他直接费用	0.037
		土地成本	0.032
		粪污处理费用	0.039
	收益	销售收入	0.074
		净利润	0.054
		成本收益率	0.066
	生产效率	出栏率	0.027
		死淘率	0.052
		每个劳动力管理的生猪头数	0.066
		料重比-自繁自育	0.076
		料重比-专业育肥	0.038
		每个劳动力年提供的生猪产量-自繁自育	0.051
		每个劳动力年提供的生猪产量-专业育肥	0.072

表 6 - 15 不同生猪养殖模式经济效益排名

模式	正理想解距离	负理想解距离	相对接近度	排序结果
独立农户	0.180	0.091	0.336	5
公司＋农户	0.140	0.149	0.515	2
公司＋家庭农场	0.117	0.171	0.593	1
合作社＋农户	0.160	0.154	0.491	3
公司一体化	0.169	0.093	0.356	4

率；而独立农户缺乏资金、设施相对落后，组织化程度和养殖技术水平不高，其承受和化解市场风险的能力很弱，极易在市场波动中蒙受损失，所以在经济效益中缺乏竞争优势。

四、不同生猪养殖模式社会效益分析

本部分先运用描述性统计对社会效益指标进行分析，再运用熵权 TOPSIS 模型对社会效益进行评价。

（一）不同生猪养殖模式社会效益指标描述性统计分析

社会效益是指生猪产业发展对社会需承担的责任与所做出的贡献。结合调研问卷，构建关于不同生猪养殖模式的社会效益评价指标（如图 6-2）。

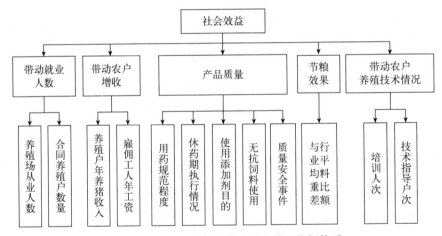

图 6-2　不同生猪养殖模式社会效益指标体系

社会效益的定量指标分析（如表 6-16）。从样本总体平均来看，每个养殖场户带动养殖场从业人数平均为 21.16 人，公司或合作社带动合同养殖户数量平均为 20.72 户；养殖场年养猪收入平均为 24.24 万元，平均每个养殖场在员工开支上的总花费为 137.72 万元；料重比比行业平均水平（3.0）高出 0.13；平均每个养殖户每年接受培训 6.5 次，7.37 户养殖场受到过技术指导。从带动就业人数来看，无论是从每个养殖场的从业人数还是合同养殖户数量来说均都是公司一体化模式、公司＋农户带动就业的人数较多，而独立农户带动就业人数最少。从带动养殖户增收来看，公司＋农户的年养猪收入最高，合作社＋农户的年养猪收入最低；全部养殖场工人年工资最高的是公司一体化模式，合作社＋农户的养殖场工人年工资最低。从节粮效果看，调研样本场户的节粮效果普遍较差，相对来说，公司＋农户与公司＋家庭农场的料重比最低（低于行业水平），说明其饲料利用率更高，节粮效果较好，其他模式的节粮效果均低于行业平均水平。从带动农户养殖技术来看，合作社＋农户、公司＋农户对农户的培训次数和技术指导次数较多。

表6-16　不同生猪养殖模式社会效益定量指标

社会效益指标		独立农户	公司＋农户	公司＋家庭农场	合作社＋农户	公司一体化	总体平均
带动就业情况	养殖场从业人数（人）	4.01	36.58	18.09	11.07	58.37	21.16
	合同养殖户的数量（户）	0.00	40.67	13.77	7.71	0.00	20.72
带动农户增收	年养猪收入（万元）	23.57	30.16	25.20	17.96	40.00	24.24
	全部雇工工人年工资（万元）	39.94	126.11	74.84	30.10	331.71	137.72
节粮效果	与行业平均料重比差额	−0.17	0.04	0.22	−0.20	−0.23	−0.13
带动农户养殖技术	培训人次（次/人/年）	7.67	3.81	6.61	9.67	4.73	6.50
	技术指导户次（次/户/年）	2.50	8.64	7.11	5.51	13.09	7.37

注：节粮效果是行业生猪平均料重比—示范养殖场的生猪料重比；独立农户中带动农户养殖技术指标表示其接受的培训次数及技术指导次数，其他模式中的带动农户养殖技术指标是指公司或合作社为合同农户或其他养殖户提供的培训次数及技术指导户次。

生猪产品质量的五个指标分析（如表6-17）。在药物规范程度中，遵医嘱与按说明书是较为规范的程序，以二者比例之和对各生猪养殖模式进行排序，总体平均来看，73.88%养殖场户药物使用比较规范，五种模式药物使用规范程度从高到低依次是公司一体化、合作社＋农户、公司＋家庭农场、公司＋农户、独立农户，对应比例为88.89%、75.76%、75%、72.97%、68.42%；值得注意的是，在独立农户、公司＋农户养殖模式中存在自己随意使用药物的现象，一方面是独立农户偏向于经验养殖，另一方面是部分公司与农户利益联结不紧密，公司未能形成规范、完善的技术服务体系。在休药期执行情况中，样本总体平均选择严格按照兽药要求的比例占到89.41%，但每种模式都还存在自己决定休药期或没有留意休药期的现象，这表明各生猪养殖模式还需要加强饲养管理。在使用添加剂的目的中，各养殖模式的主要目的是保健和预防治疗疾病，但选择促生长与节省饲料在样本总体平均中也达到31.29%的比例；在无抗饲料的使用情况中，样本总体平均使用比例为69.89%，仍有30%的使用添加有抗生素的饲料，这不符合中国关于饲料禁抗的规定，按照选择使用无抗饲料的比例从高到低依次为独立农户、公司＋农户、公司＋家庭农场、合作社＋农户、公司一体化。关于质量安全事件，仅在独立农户中出现过，其他养殖模式均无质量安全事件。

表 6-17　不同生猪养殖模式产品质量指标

单位：%

产品质量		独立农户	公司＋农户	公司＋家庭农场	合作社＋农户	公司一体化	总体平均
药物规范程度	遵医嘱	42.86	48.65	40.00	36.36	53.33	44.40
	自己随意	3.01	5.41	0.00	0.00	0.00	2.24
	根据自身兽医知识使用	28.57	21.62	25.00	24.24	11.11	23.88
	按说明书	25.56	24.32	35.00	39.39	35.56	29.48
休药期执行情况	严格按照要求进行	84.82	94.12	89.47	96.30	93.18	89.41
	自己决定休药期	8.04	5.88	10.53	0.00	4.55	6.36
	没有留意休药期	7.14	0.00	0.00	3.70	2.27	4.24
添加剂的目的	促生长、节省饲料	33.77	38.89	42.31	20.45	22.00	31.29
	保健	37.66	33.33	34.62	40.91	48.00	39.03
	治疗疫病	28.57	27.78	23.08	38.64	30.00	29.68
无抗饲料使用情况	使用无抗饲料	72.94	70.59	66.67	61.90	60.47	69.89
质量安全事件	发生过	3.74	0.00	0.00	0.00	0.00	1.79
	未发生过	96.26	100.00	100.00	100.00	100.00	98.21

（二）基于熵权 TOPSIS 社会效益分析

根据整理的社会效益评价指标体系（如表6-18），二级指标分为带动就业人数、带动农户增收、节粮效果、带动农户养殖技术与产品质量，三级指标依次为2个、2个、1个、2个、5个，共有12个。借助熵权 TOPSIS 模型进行分析。

表 6-18　不同生猪养殖模式社会效益评价指标权重

一级指标	二级指标	三级指标	权重
社会效益	带动就业人数	每个养殖场的从业人数	0.089
		合同养殖户的数量	0.140

（续）

一级指标	二级指标	三级指标	权重
	带动农户增收	养殖户的年养猪收入	0.047
		全部雇工人员年工资总额	0.134
	节粮效果	与行业平均料重比差额	0.117
	带动农户养殖技术	培训人次	0.074
社会效益		技术指导户次	0.063
		药物使用规范程度	0.078
		休药期执行情况	0.053
	产品质量	使用添加剂目的	0.080
		无抗饲料使用情况	0.080
		质量安全事件	0.044

根据各模式相对贴近度大小比较得出社会效益排名：公司＋农户＞公司一体化＞公司＋家庭农场＞合作社＋农户＞独立农户（如表 6 - 19）。权重较大的指标有合同养殖户的数量（0.140）、全部雇工人员年工资总额（0.134）、与行业平均料重比差额（0.117），公司＋农户在这些正向指标中的数值比其他模式偏高，所以社会效益排名第 1，这是由于公司＋农户的生产经营模式较为成熟，在带动农户就业与增收方面发挥着重要作用，现在又由松散型向紧密型利益联结机制转变，社会效益不断提高；而独立农户的每个社会效益指标数值几乎都是最低，甚至还发生过质量安全事件，所以社会效益最低。

表 6 - 19　不同生猪养殖模式社会效益排名

模式	正理想解距离	负理想解距离	相对接近度	排序结果
独立农户	0.270	0.107	0.283	5
公司＋农户	0.163	0.203	0.554	1
公司＋家庭农场	0.202	0.158	0.439	3
合作社＋农户	0.242	0.14	0.366	4
公司一体化	0.214	0.213	0.498	2

五、不同生猪养殖模式生态效益分析

本部分先运用描述性统计对生态效益的指标进行分析，再运用熵权 TOP-

SIS模型对生态效益进行评价。

（一）不同生猪养殖模式生态效益指标描述性统计分析

生态效益主要是从节约资源、保护环境、减少粪污排放量以及适度养殖促进资源最大化利用等方面评价。结合主要研究内容，构建关于不同生猪养殖模式的生态效益评价指标（如图6-3）。

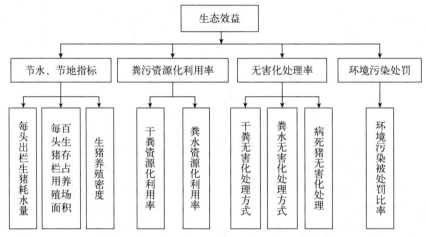

图6-3 不同生猪养殖模式的生态效益指标体系

从节水、节地指标来看（如表6-20），从样本总体平均来看，每头出栏生猪年耗水量平均为2.86吨，每百头存栏生猪占用耕地面积平均为1.96亩，生猪养殖密度平均为0.67头/米^2。公司＋农户、公司＋家庭农场每头生猪年耗水量较高，超过5吨，而其他三种模式的耗水量较低，在2.5吨以下，这可

表6-20 不同生猪养殖模式节水、节地指标

养殖模式	每头出栏生猪耗水量（吨/头）	每百头存栏生猪占用养殖场面积（亩）	生猪养殖密度（头/米^2）
独立农户	2.39	2.20	0.56
公司＋农户	5.47	1.53	1.07
公司＋家庭农场	5.46	1.67	0.72
合作社＋农户	1.71	1.47	0.72
公司一体化	2.29	2.12	0.61
总体平均	2.86	1.96	0.67

能是由于公司＋农户大多以专业育肥为主，养殖周期短，养殖设施现代化程度不高，猪场的日常清洁主要以水冲式为主；每百头存栏生猪占用养猪场面积从高到低排序依次为独立农户、公司一体化、公司＋家庭农场、公司＋农户、合作社＋农户，主要是因为公司一体化的养殖规模大且养殖场除了生猪圈舍之外，还包括生活区、饲料厂等区域；生猪养殖密度最高的是公司＋农户，最低的是独立农户，可能因为公司＋农户模式，一般农户养殖用地较少，而且公司对养殖规模有一定的要求，因此只能采取高密度养殖，可以充分利用圈舍的空间。

　　从资源化利用率来看（如表 6 - 21），在干粪资源化利用率中，种养结合、生产有机肥与销售最能体现干粪资源化利用水平，即这三种指标比例之和越大，代表干粪资源化利用率越好，从样本总体平均来看，干粪资源化有效利用率为 64.61％；五种模式按有效利用率，从高到低依次为公司一体化、公司＋农户、独立农户、公司＋家庭农场、合作社＋农户，说明公司一体化养殖规模大，环保要求严格，粪污处理设备完善，能够对干粪进行有效利用，而合作社＋农户由于对干粪的赠送比例最大，且存在直接排放现象，所以干粪资源化利用率最低。在粪水资源化利用率中，种养结合、销售与达标排放最能体现粪水资源化利用水平，以三者比例之和大小对各模式粪水资源化利用率进行排序，从样本总体平均来看，粪水资源化有效利用率为 67.20％，从高到低依次为公司＋农户、公司＋家庭农场、公司一体化、独立农户、合作社＋农户。由此可以看出，样本场户的粪污资源化利用率都不太高。

表 6 - 21　不同生猪养殖模式资源化利用率

单位:％

指标名称		独立农户	公司＋农户	公司＋家庭农场	合作社＋农户	公司一体化	总体平均
干粪资源化利用方式	种养结合	52.20	48.94	53.57	48.84	46.15	50.29
	生产有机肥	5.03	17.02	3.57	4.65	12.31	7.89
	赠送	33.96	34.04	35.71	37.21	32.31	34.21
	直接排放	1.26	0.00	0.00	2.33	1.54	1.17
	销售	7.55	0.00	7.14	6.98	7.69	6.43
粪水资源化利用方式	种养结合	57.75	60.00	60.00	53.85	55.00	57.23
	直接排放	1.41	2.22	0.00	0.00	1.67	1.29
	赠送	32.39	24.44	28.00	38.46	31.67	31.51
	销售	3.52	8.89	4.00	5.13	0.00	3.86
	达标排放	4.93	4.44	8.00	2.56	11.67	6.11

从干粪与粪水的无害化处理来看（如表6-22），二者的具体处理指标相同，不论是干粪还是粪水无害化处理，厌氧发酵＋好氧发酵的比例和均为80％以上左右，即干粪与粪水的无害化处理方式均以厌氧发酵＋好氧发酵为主。从死猪的处理方式来看，各生猪养殖模式均以政府统一进行焚烧为主，均占61.54％，其他处理方式按照比例从高到低依次为放入化尸池、深埋、发酵堆肥。从样本总体平均来看，仅有4.50％的养殖场干粪无害化处理方式不到位，5.33％的养殖场粪水无害化处理方式不到位，对于病死猪的处理调研样本处理的都比较好。

表6-22　不同生猪养殖模式无害化处理率

单位:％

指标名称		独立农户	公司＋农户	公司＋家庭农场	合作社＋农户	公司一体化	总体平均
干粪无害化处理方式	厌氧发酵	40.65	45.45	33.33	51.52	32.00	40.47
	好氧发酵	46.34	39.39	50.00	33.33	50.00	44.75
	微生物发酵	7.32	6.06	16.67	9.09	12.00	8.95
	深度处理、达标排放	0.81	3.03	0.00	6.06	4.00	2.33
	其他处理方式	4.07	6.06	0.00	0.00	2.00	3.11
	不进行处理	0.81	0.00	0.00	0.00	0.00	0.39
粪水无害化处理方式	厌氧发酵	49.00	43.24	50.00	61.54	47.73	49.33
	好氧发酵	37.00	37.84	22.22	34.62	29.55	34.22
	微生物发酵	3.00	0.00	11.11	0.00	6.82	3.56
	深度处理、达标排放	5.00	10.81	16.67	3.85	9.09	7.56
	其他处理方式	4.00	8.11	0.00	0.00	6.82	4.44
	不进行处理	2.00	0.00	0.00	0.00	0.00	0.89
病死猪无害化处理方式	政府统一焚烧	61.90	47.37	63.16	65.38	69.57	61.54
	放入化尸池	9.52	39.47	21.05	7.69	19.57	17.09
	发酵堆肥	0.00	7.89	5.26	3.85	4.35	2.99
	深埋	28.57	5.26	10.53	23.08	6.52	18.38

关于养殖场因环境污染受到处罚情况（如表6-23），各模式均有涉及。总体平均来看，17.65％的样本均因环境污染问题受到过处罚，其中独立农户因环境污染被处罚的比例最高，占到20.54％，公司＋农户养殖模式受处罚的比例最低。

表 6-23 不同生猪养殖模式因环境污染受处罚比率

单位:%

指标名称	独立农户	公司＋农户	公司＋家庭农场	合作社＋农户	公司一体化	总体平均
因环境污染受处罚比例	20.54	11.43	15.79	14.81	17.78	17.65

（二）基于熵权 TOPSIS 生态效益分析

根据整理的生态效益评价指标体系（如表 6-24），二级指标分为节水节地指标、粪污资源化利用率、无害化利用率和环境污染问题，三级指标依次为 3 个、2 个、2 个、3 个，共有 9 个。借助熵权 TOPSIS 模型进行分析。

表 6-24 不同生猪养殖模式生态效益评价指标权重

一级指标	二级指标	三级指标	权重
生态效益	节水、节地指标	每头出栏生猪耗水	0.112
		每百头存栏生猪占用养殖场面积	0.167
		生猪养殖密度	0.125
	粪污资源化利用率	干粪资源化利用率	0.089
		粪水资源化利用率	0.089
	无害化利用率	干粪无害处理率	0.132
		粪水无害化处理率	0.173
		病死猪无害化处理率	0.000
	环境污染问题	环境污染处罚比例	0.114

根据各生猪养殖模式生态效益的相对贴近度大小进行排序，结果为：公司＋家庭农场＞合作社＋农户＞公司一体化＞公司＋农户＞独立农户（如表 6-25）。权重较大的指标有每头出栏生猪耗水量（0.112）、每百头存栏生猪占用养殖场耕地面积（0.167）、生猪养殖密度（0.125）、干粪无害处理率（0.132）、粪水无害处理率（0.173）、环境污染处罚比例（0.114）。公司＋家庭农场模式在这些指标中排名均靠前，独立农户在这些指标中排名靠后，因此公司＋家庭农场生态效益最高，独立农户生态效益最低。结合实际情况，公司＋家庭农场充分利用配套的土地，开展种养结合，降低粪便的集中处理压力，并且拥有公司统一要求的环保设施和粪污有效处理方式；独立农户一般资金缺乏，圈舍设施简陋，生态环保意识不强，没有粪污处理设备或可行的粪污

处理方式，缺乏监管，甚至有时随意排放，造成环境污染。

表 6 - 25　不同生猪养殖模式生态效益排名

模式	正理想解距离	负理想解距离	相对接近度	排序结果
独立农户	0.293	0.143	0.328	5
公司＋农户	0.270	0.193	0.416	4
公司＋家庭农场	0.103	0.313	0.753	1
合作社＋农户	0.132	0.327	0.712	2
公司一体化	0.241	0.198	0.450	3

六、基于熵权 TOPSIS 不同生猪养殖模式综合效益分析

将经济、社会、生态三种效益指标进行整合形成综合效益评价指标体系（如表 6 - 26），共有 12 个二级指标，43 个三级指标。借助熵权 TOPSIS 模型进行分析。

表 6 - 26　不同生猪养殖模式综合效益评价指标权重

一级指标	二级指标	三级指标	权重
		仔猪费用	0.015
		饲料费用	0.033
		人工费用	0.022
		防疫治疗费用	0.019
		技术服务费用	0.014
	成本	固定资产折旧	0.015
		死亡损失费用	0.018
经济效益		水电费用	0.016
		燃料动力费用	0.015
		其他直接费用	0.019
		土地成本	0.017
		粪污处理费用	0.020
		销售收入	0.039
	收益	净利润	0.028
		成本收益率	0.034

（续）

一级指标	二级指标	三级指标	权重
经济效益	生产效率	出栏率	0.014
		死淘率	0.022
		每个劳动力管理的生猪头数	0.035
		料重比-自繁自育	0.040
		料重比-专业育肥	0.020
		每个劳动力年提供的生猪产量-自繁自育	0.027
		每个劳动力年提供的生猪产量-专业育肥	0.037
社会效益	带动就业人数	每个养殖场的从业人数	0.028
		合同养殖户的数量	0.044
	带动农户增收	养殖户的年养猪收入	0.015
		全部雇工人员年工资总额	0.043
	节粮效果	与行业平均料重比差额	0.037
	带动农户养殖技术	培训人次	0.023
		技术指导户次	0.020
	产品质量	药物使用规范程度	0.025
		休药期执行情况	0.017
		使用添加剂目的	0.026
		无抗饲料使用情况	0.025
		质量安全事件	0.014
生态效益	节水、节地指标	每头出栏生猪耗水量	0.019
		每百头存栏生猪占用养殖场面积	0.028
		生猪养殖密度	0.021
	粪污资源化利用率	干粪资源化利用率	0.015
		粪水资源化利用率	0.015
	无害化利用率	干粪无害处理率	0.022
		粪水无害化处理率	0.029
		病死猪无害化处理率	0.000
	环境污染问题	环境污染处罚比率	0.019

　　根据各生猪养殖模式综合效益的相对贴近度大小进行排序，结果为：公司＋家庭农场＞公司＋农户＞合作社＋农户＞公司一体化＞独立农户（如

表 6-27)。权重较大的指标有饲料费用（0.033）、销售收入（0.039）、成本收益率（0.034）、以存栏量测算的劳动生产率（0.035）、自繁自育的料重比（0.040）、每个劳动力年提供的生猪产量——专业育肥（0.037）、合同养殖户的数量（0.044）、全部雇工人员年工资总额（0.043）、与行业平均料重比差额（0.037）。公司＋家庭农场在这些指标中的数值排名均靠前，这为其在综合效益评价中排名第1位奠定了基础，而独立农户的各效益数据排名几乎全部位于最后，缺乏竞争优势，所以综合效益最低。公司＋农户、合作社＋农户与公司一体化的各项效益指标数据基本处于中间排名状态，因此综合效益排名位于公司＋家庭农场与独立农户之间。

结合当前实际情况看，公司＋家庭农场模式是双方在资金、技术、管理、场地、劳动等生产要素方面的优化组合，双方能实现优势互补但生产技术进步较为缓慢；公司＋农户的生产经营模式较为成熟，在带动农户就业与增收方面发挥着重要作用，但也存在利益联结机制不紧密的状况，但其在逐渐由松散型向紧密型利益联结机制转变；合作社＋农户依靠合作社对农户进行技术指导、疫病防控及生产资料购买，但合作社部分机构存在虚设或资金短缺影响养殖效率；公司一体化由公司独立开展全部生产经营活动，具有较强的资金、科技与人才力量，但养殖规模大带来的养殖风险也大，管理与环保压力较大；独立农户低技术、抗风险能力低的生产方式，在养殖成本、生产效率、节粮效果、节约资源等方面处于劣势。

表 6-27　不同生猪养殖模式综合效益排名

模式	正理想解距离	负理想解距离	相对接近度	排序结果
独立农户	0.136	0.061	0.309	5
公司＋农户	0.102	0.102	0.499	2
公司＋家庭农场	0.086	0.117	0.574	1
合作社＋农户	0.112	0.109	0.493	3
公司一体化	0.119	0.088	0.424	4

七、主要结论

1. 五种模式 2019 年相比 2017 年经济效益有明显提升，社会效益和生态效益处于一般水平，有待提高

在经济效益方面，2019 年相比 2017 年五种养殖模式的平均总成本上升了745 元/头，增幅为 43.24%；销售收入上升了 1 471 元/头，增幅为 91.77%；

净利润上升了 768 元/头，增幅为 118.29%；成本利润率上升了 31.47%；自繁自养猪场每个劳动力年提供的生猪产量上升了 18 115 千克，增幅为 21.91%；专业育肥猪场每个劳动力年提供的生猪产量下降了 66 986 千克，降幅为 38.64%；全要素生产率提高了 37.2%。在社会效益方面，五种养殖模式平均带动 21.16 人就业，吸引 23.34 户合同养殖户；平均带动养殖户年养猪收入 24.24 万元，养殖场平均雇工工资总额为 137.72 万元；平均节粮效果下降了 0.13；每个养殖户进行了养殖技术培训与指导为 102.64 人次和 178.54 户次进行；同时有 98.21% 的养殖场户未发生过质量安全事件。在生态效益方面，五种养殖模式平均每头出栏生猪耗水量为 2.86 吨，平均每百头存栏生猪占用养殖场耕地面积为 1.96 亩，平均生猪养殖密度为 0.67 头/米^2；平均干粪资源化利用率为 64.61%，平均粪水资源化利用率为 67.2%；平均干粪无害化处理率为 95.5%；平均粪水无害化处理率为 94.67%，所有样本场户均能做到对病死猪进行无害化处理；平均有 17.65% 的样本场户因环境污染受到过处罚。

2. 五种模式在经济、社会、生态效益方面存在明显差异

(1)"公司＋家庭农场"的经济效益最高，独立农户最低。 经济效益主要从总成本、销售收入、净利润、成本利润率、每个劳动力年提供的生猪产量及全要素生产率这几个方面来分析各模式之间的差异。2017—2019 年五种养殖模式的平均总成本总体呈上升趋势，按照三年平均总成本（从高到低）排序依次为独立农户＞公司＋农户＞公司一体化＞公司＋家庭农场＞合作社＋农户；2017—2019 年五种养殖模式的平均销售收入总体呈先减后增的趋势，按照三年平均销售收入（从高到低）排序依次为合作社＋农户＞公司＋家庭农场＞独立农户＞公司＋农户＞公司一体化；2017—2019 年五种养殖模式的净利润与成本利润率总体呈先减后增的趋势，按照三年平均成本利润率（从高到低）排序依次为合作社＋农户＞公司＋家庭农场＞公司一体化＞公司＋农户＞独立农户；对于自繁自育猪场来说，2017—2019 年五种养殖模式的每个劳动力年提供的生猪产量总体呈上升趋势，按照三年平均每个劳动力年提供的生猪产量（从高到低）排序依次为公司＋农户＞公司＋家庭农场＞公司一体化＞独立农户＞合作社＋农户；对于专业育肥猪场来说，2017—2019 年五种养殖模式的每个劳动力年提供的生猪产量总体呈先升后降趋势，按照三年平均每个劳动力年提供的生猪产量（从高到低）排序依次为公司一体化＞公司＋农户＞公司＋家庭农场＞独立农户＞合作社＋农户；2019 年相对 2017 年五种养殖模式的全要素生产率提高了 37.2%，按照全要素生产率（从高到低）排序依次为公司＋家庭农场＞公司＋农户＞公司一体化＞独立农户＞合作社＋农户。

（2）**公司＋农户的社会效益最高，独立农户最低**。社会效益主要从带动农户就业、带动农户增收、节粮效果、带动农户养殖技术和产品质量这几个方面来分析各模式之间的差别。按照五种养殖模式平均带动就业人数（从高到低）排序依次为公司一体化＞公司＋农户＞公司＋家庭农场＞合作社＋农户＞独立农户；按照五种养殖模式平均带动农户增收（从高到低）排序依次为公司一体化＞公司＋农户＞公司＋家庭农场＞独立农户＞合作社＋农户；按照五种养殖模式平均节粮效果（从高到低）排序依次为公司＋家庭农场＞公司＋农户＞独立农户＞合作社＋农户＞公司一体化；仅有 3.74％的独立农户发生过质量安全事件，其他四种养殖模式的养殖场均未发生过质量安全事件。

（3）**公司＋家庭农场的生态效益最高，独立农户最低**。生态效益主要从节水、节地指标、粪污资源化利用率、无害化处理率和环境污染问题这几个方面来分析各模式的差别。按照五种养殖模式平均每头出栏生猪耗水量（从低到高）排序依次为合作社＋农户＞公司一体化＞独立农户＞公司＋家庭农场＞公司＋农户，按照五种养殖模式平均每百头存栏生猪占用养殖场耕地面积（从低到高）排序依次为合作社＋农户＞公司＋农户＞公司＋家庭农场＞公司一体化＞独立农户，按照五种养殖模式平均生猪养殖密度（从高到低）排序依次为公司＋农户＞合作社＋农户＞公司＋家庭农场＞公司一体化＞独立农户；按照五种养殖模式干粪资源化利用率（从高到低）排序依次为公司一体化＞公司＋农户＞独立农户＞公司＋家庭农场＞合作社＋农户，按照五种养殖模式粪水资源化利用率（从高到低）排序依次为公司＋农户＞公司＋家庭农场＞公司一体化＞独立农户＞合作社＋农户；按照五种养殖模式干粪无害化处理率（从高到低）排序依次为公司＋家庭农场＞独立农户＞公司一体化＞合作社＋农户＞公司＋农户，按照五种养殖模式粪水无害化处理率（从高到低）排序依次为公司＋家庭农场、合作社＋农户＞独立农户＞公司一体化＞公司＋农户；五种养殖模式对于病死猪的处理都做得比较好，均能 100％做到对病死猪进行无害化处理；从因环境污染受处罚角度来看，按照五种养殖模式因环境污染受处罚比例（从低到高）排序依次为公司＋农户＞合作社＋农户＞公司＋家庭农场＞公司一体化＞独立农户。

3. **综合效益排名在前的是公司＋家庭农场、公司＋农户两种模式，说明合同养殖模式目前在国内是最优的模式**

上述研究可以得出，五种养殖模式由于养殖规模、养殖现代化程度、技术水平以及所处区域不同和非洲猪瘟影响，在经济效益、社会效益、生态效益及综合效益方面存在差异，但从综合效益来看公司＋家庭农场、公司＋农户分别排在第 1 和第 2 位（如表 6-28），说明合同养殖模式最优。独立农户由于养殖

表 6 - 28　不同生猪养殖模式各效益排名

养殖模式	经济效益	社会效益	生态效益	综合效益
独立农户	5	5	5	5
公司＋农户	2	1	4	2
公司＋家庭农场	1	3	1	1
合作社＋农户	3	4	2	3
公司一体化	4	2	3	4

技术水平限制、养殖场设施现代化程度不高和养殖理念落后等原因，其经济效益、社会效益和生态效益均处于劣势，排名第 5。公司＋农户养殖模式的社会效益排名第 1、经济效益排名第 2，主要是因为其充分发挥带动农户就业与增收作用，给诸多小规模养殖户提供较优质饲料和仔猪，吸引更多小规模养殖户加入，在猪价波动时稳定其销售收入。公司＋家庭农场模式的经济效益和生态效益均排名第 1，主要是因为该种模式大多是规模养殖户与公司进行合作，在猪价波动较大时，其凭借良好且稳定的销售渠道和较低的养殖成本，有助于维持生猪养殖利润率，同时家庭农场拥有的丰富土地资源，可以更好发挥种养结合作用，因此经济效益和生态效益最高，而由于公司在与农户合作时有一定的门槛，所以限制了合同农户的数量，故其社会效益低于公司＋农户的模式。合作社＋农户的生态效益排名第 2，主要是因为大多数养殖户均是同时兼顾种植业和生猪养殖两种劳作活动，其自身拥有足够的农田来承载猪场产生的粪污资源，因此生态效益较高。公司一体化的社会效益排名第 2，主要是因为其养殖现代化程度较高，养殖规模大，虽不能直接带动农户养殖，但需要大量雇佣农民作为技术工人，为农户提供大量工作岗位，而且可以给当地农户提供了诸多先进养殖技术指导，因此社会效益较高，但生态效益和经济效益均比较靠后，说明公司一体化养殖还存在缺陷，如大规模养殖可能提高管理成本，大量雇工导致人工成本过高，大规模用地导致土地租金费用高，在处理污染方面，设备和运行费用也较高。由此可见，在 2017—2019 年，在以上五种模式中，养殖户与公司的合作模式是效益最优的模式，是目前值得推广的养殖模式。

第七章　中国生猪高效安全养殖：环境约束[*]

改革开放以来，中国生猪产业实现了快速发展，完全扭转了猪肉供给短缺的不利局面（王明利，2018）。但这一过程也引致了一个社会极为关注的问题，即大量未经处理随意排放的养殖粪污（畜禽养殖过程产生粪便、尿液和污水）对环境造成了极大威胁，已影响到农业的可持续发展（李茹茹等，2014；宋大利等，2018）。并且相关研究预测，至 2025 年，畜禽养殖粪污排放始终将对环境构成明显污染，其中生猪养殖将是畜禽养殖粪污排放的主要来源（李鹏程等，2020）。面对严峻的环境污染形势，自 2014 年起始，《畜禽规模养殖污染防治条例》《关于推进农业废弃物资源化利用试点的方案》《关于促进南方水网地区生猪养殖布局调整优化的指导意见》《国务院办公厅关于加快推进畜禽养殖废弃物资源化利用的意见》和《畜禽养殖禁养区划定技术指南》等一系列规划、文件先后出台，对畜禽养殖粪污处理等相关环保行为做了更加严格的规范和要求。那么当前全国生猪养殖粪污处理情况如何，社会从中受益情况如何，是否还存在提升空间？这些问题的研究都有利于准确把握生猪养殖粪污污染形势，探明下一步发展方向，对于促进生猪养殖业的持续健康发展具有重要现实意义。本章针对生猪产业发展面临的环境约束，从环保政策演变、粪污处理现状及经济福利效应等方面出发，分析中国生猪绿色养殖情况，并对欧美国家种养结合的实践经验进行归纳、总结。

一、畜禽养殖相关环保政策演变脉络

（一）环保政策宽松期（"十五"期间）

2001 年《畜禽养殖业污染物排放标准》的出台，首次明确规定了畜禽养殖业污染物排放标准，提出了"无害化处理、综合利用"的总原则，并规定"畜禽养殖业应积极实现污染物的资源化利用"，标志中国生猪养殖"绿色时代"的到来。随后，《畜禽养殖业污染防治技术规范》《畜禽养殖污染防治管理办法》等明确了对畜禽养殖污染防治实行综合利用优先，资源化、无害化和减量化的原则。

＊ 本章两部分内容已分别发表在《农业经济与管理》2020 年第 5 期和《世界农业》2020 年第 3 期上。

（二）环保政策收紧期（"十一五"期间）

国务院制定了《畜禽场环境质量及卫生控制规范》《畜禽粪便无害化处理技术规范》《畜禽养殖业污染治理工程技术规范》与畜禽环境、粪便处理相关技术规范3个；细化沼气补贴政策，推广"统一建池、集中供气、综合利用"的沼气工程建设模式，发展养殖场大中型沼气、养殖小区集中沼气工程，"鼓励畜禽养殖规模化和粪污利用大型化和专业化，发展适合不同养殖规模和养殖形式的畜禽养殖废弃物无害化处理模式和资源化综合利用模式，污染防治措施应优先考虑资源化综合利用"；提出《第一次全国污染源普查方案》1项，形成《污染源普查技术报告》标定畜禽排污系数；标志着畜禽养殖业环保约束从定性向定量研究的转变，步入新的历史阶段。

（三）环保政策密集期（"十二五"期间）

2012年《全国畜禽养殖污染防治"十二五"规划》系统总结分析了中国畜禽养殖污染防治现状、问题和面临形势，为各地开展畜禽养殖污染防治工作提供了科学指导，中国畜牧业环境污染防治进入新的发展阶段。2013年，针对畜禽养殖的环保约束达到峰值，国务院出台了第一部专门针对畜禽养殖污染防治的法规文件《畜禽规模养殖污染防治条例》，明确畜牧业发展规划应当统筹考虑环境承载能力以及畜禽养殖污染防治要求，合理布局，科学确定畜禽养殖品种、规模、总量，同时，明确了禁养区划分标准、使用对象、激励和处罚办法。《大气污染防治行动计划》（"大气十条"）、《水污染防治行动计划》（"水十条"）提出要科学划定畜禽养殖禁养区，关闭或搬迁禁养区内的畜禽养殖场和养殖专业户，对京津冀、长三角、珠三角等区域提出更高的节能环保要求。2015年出台了《关于促进南方水网地区生猪养殖布局调整优化的指导意见》，细化要求主产县要制定生猪养殖区域和禁止建设畜禽养殖场和养殖小区的区域，引导生猪养殖向非超载区转移。

（四）环保政策爆发期（"十三五"期间）

"十三五"伊始，习近平总书记在中央财经领导小组第十四次会议讲话中明确表示"力争在'十三五'时期，基本解决大规模畜禽养殖场粪污处理和资源化问题。"国务院制定了《"十三五"生态环境保护规划》，并发布《畜禽养殖禁养区划定技术指南》确保不合规的畜禽养殖户"关停并转"的顺利实施。同时"十三五"是中国生猪产业转型升级的关键时期，农业农村部将以《全国生猪生产发展规划（2016—2020年）》出台实施为契机，进一步加强对生猪生产发展的扶持和引导，健全绿色发展为导向的政策框架体系，强化监测预警，加强科技支撑，推动生猪生产转型升级，促进生猪产业持续健康发展。《土壤污染防治行动计划》（"土十条"）发布与"十二五"期间的"大气十条""水十条"相呼应，完善了对于污染防治行为总规划，要求明确合理确定畜禽养殖布局和规模，强化畜禽养殖污染防治。《控制污染物排放许可制实施方案》《第二次全国污染源普查方案》《畜禽粪污资源化利用行动方案2007—2020年》《做好畜禽粪污资源化利用项目实施工作》《种养结合循环农业示范工程建设规划(2017—2020)》《国务院关于印发打赢蓝天保卫战三年行动计划的通知》等文件相继出台，深化落实了生猪养殖环保优先的理念。2018年生猪非洲瘟疫情暴发，同时受到环保和猪周期的影响，猪肉供给严重收紧，生猪产业面临严峻挑战。政府制定了《应对非洲猪瘟疫情影响做好生猪市场保供稳价工作的方案》《国务院办公厅关于稳定生猪生产促进转型升级的意见》等保障生猪供需的政策，《农业农村部办公厅关于加大农机购置补贴力度支持生猪生产发展的通知》《关于做好种猪场和规模猪场流动资金贷款贴息工作的通知》等补贴、贷款相关政策，《关于对仔猪及冷鲜猪肉恢复执行鲜活农产品运输"绿色通道"政策的通知》《关于进一步规范畜禽养殖禁区划定和管理，促进生猪生产发展的通知》点运输、规范禁养区等环保相关政策，将畜禽养殖环境规制推向高潮（如表7-1）。

表7-1 关于畜牧业环保政策、法规及领导讲话等内容

阶段	年份	部门	畜牧业环保相关政策及法规
宽松期	2000	农业部	《大中型畜禽养殖场能源环境工程建设规划（2001—2005年)》
	2001	财办农	《农村小型公益设施建设补助资金管理试点办法》
		国家标准	《畜禽养殖业污染物排放标准》
		技术规范	《畜禽养殖业污染防治技术规范》
		国家环保总局	《畜禽养殖污染防治管理办法》
收紧期	2006	技术规范	《畜禽场环境质量及卫生控制规范》《畜禽粪便无害化处理技术规范》
	2007	国务院	《第一次全国污染源普查方案》《国务院关于促进畜牧业持续健康发展的意见》《关于促进生猪生产发展稳定市场供应的意见》
		农计办	《关于进一步加强农村沼气建设管理的意见》
		农业部	《关于印发养殖小区和联户沼气工程试点项目建设方案的通知》
	2009	国家环保总局	《畜禽养殖业污染治理工程技术规范》
	2010	国家环保总局	《畜禽养殖业污染防治技术政策》

（续）

阶段	年份	部门	畜牧业环保相关政策及法规
	2011	中国环境科学出版社	《污染源普查技术报告》
	2012	发改委	《关于进一步加强农村沼气建设的意见》
		国家环保总局和农业部	《全国畜禽养殖污染防治"十二五"规划》
密集期	2013	国务院	《畜禽规模养殖污染防治条例》、"大气十条"《大气污染防治行动计划》
	2014	国务院	《国务院办公厅关于建立病死畜禽无害化处理机制的意见》
	2015	国务院	"水十条"《水污染防治行动计划》
		农业部	《关于促进南方水网地区生猪养殖布局调整优化的指导意见》
	2016	国务院	《"十三五"生态环境保护规划》
		农业部	《全国生猪生产发展规划（2016—2020年）》
		国务院	"土十条"《土壤污染防治行动计划》《畜禽养殖禁养区划定技术指南》《控制污染物排放许可制实施方案》《中华人民共和国环境保护税法》
		习近平讲话	中央财经领导小组第十四次会议讲话
	2017	国务院	《第二次全国污染源普查方案》
		国务院	《国务院办公厅关于加快推进畜禽养殖废弃物资源化利用的意见》
		农业部	《做好畜禽粪污资源化利用项目实施工作》《畜禽粪污资源化利用行动方案2007—2020年》
		农计发	《种养结合循环农业示范工程建设规划（2017—2020）》
爆发期	2018	农业农村部	《畜禽规模养殖场粪污资源化利用设施建设规范（试行）》
		国务院	《关于全面加强生态环境保护坚决打好污染防治攻坚战的意见》《国务院关于印发打赢蓝天保卫战三年行动计划的通知》
		农办牧	《畜禽粪污土地承载力测算技术指南》《2018年畜牧业工作要点》
		农牧发	《畜禽养殖废弃物资源化利用工作考核办法》《关于畜禽养殖废弃物资源化利用联合督导情况的通报》
	2019	农业农村部	《应对非洲猪瘟疫情影响做好生猪市场保供稳价工作的方案》《关于对仔猪及冷鲜猪肉恢复执行鲜活农产品运输"绿色通道"政策的通知》《两部门关于支持做好稳定生猪生产保障市场供应有关工作的通知》《自然资源部办公厅关于保障生猪养殖用地有关问题的通知》《农业农村部办公厅关于加大农机购置补贴力度支持生猪生产发展的通知》

（续）

阶段	年份	部门	畜牧业环保相关政策及法规
爆发期		财政部、农业农村部	《农业农村部关于稳定生猪生产保障市场供给的意见》
		国务院	《关于做好种猪场和规模猪场流动资金贷款贴息工作的通知》
		交通运输部	《国务院办公厅关于加强非洲猪瘟防控工作的意见》
		中国银保监会、农业农村部	《关于支持做好稳定生猪生产保障市场供应有关工作的通知》《国务院办公厅关于稳定生猪生产促进转型升级的意见》
		自然资源部	《关于进一步规范畜禽养殖禁区划定和管理，促进生猪生产发展的通知》

内容来源：由笔者整理。

二、生猪养殖粪污处理现状

（一）数据来源及说明

本章使用数据来源于收回的 238 份有效问卷。考虑到部分养殖主体受非洲猪瘟疫情冲击或是环保政策影响，调整了生猪养殖规模，即此类养殖主体的年均存栏量并非处于正常水平，进而难以准确反映养殖规模与生猪养殖环节污染间的关系，故在本章分析时，仅选取 2018 年年均生猪存栏量进行分析，并将上述个体从样本中剔除，最终有 224 份问卷适用于本章。其中，2018 年年均生猪存栏小于 1 000 头的小规模养殖场（户）数占 48.56%，年均生猪存栏在 1 000～4 000 头的中规模养殖场（户）数占 31.48%，年均生猪存栏在 4 001～10 000 头的大规模养殖场（户）数占 11.24%，年均生猪存栏在 10 000 头以上的特大规模养殖场（户）数占 9.44%。

（二）不同规模生猪养殖场（户）粪污处理方式

1. 不同规模生猪养殖场（户）粪污清理方式

生猪养殖粪污处理常见"水冲粪""水泡粪""干清粪"三种方式。其中，"水冲粪"即直接用水对生猪养殖圈舍进行冲洗。这种粪污清理方式操作简便、成本低廉，但需要每日进行冲洗，由此将使粪污产生量扩大 8～20 倍。在无足够配套用地的情况下，此方式会极大增加后期处理的成本。在环保政策较为宽松时期，此方式被生猪养殖场（户）广泛采用（吴根义等，2014）。"水泡粪"即通过配置漏缝地板，在生猪饲养过程中使粪污直接落入圈舍下方的凹槽当中，待凹槽装满后再统一打开闸门，使粪污在相应设备助推下进入储粪池中。

此种清理方式具有用水量较少，操作相对简便，且操作频率低的特点。"干清粪"即使用劳动力或机械直接对圈舍内的污染进行刮除、清理，能够最大限度地减少粪污清理过程中的用水量，同时还能够实现干湿分离，为粪污的后续处理提供极大便利，但此过程操作最为烦琐，且劳动强度大，此外，若以机械作业，发出的噪音将对生猪生长产生不利影响。

调研数据显示（如表7-2），生猪养殖场（户）采用的主流粪污清理工艺已由"水冲粪"转为"干清粪"。这表明随着环保政策的趋严，养殖场（户）开始普遍控制粪污清理环节的粪污产生量。就不同规模而言，一方面，随着养殖规模的扩大，粪污末端处理难度持续增加，故为减少后期处理成本，采用"水冲粪"工艺的养殖场（户）占比随着养殖规模的扩大而持续降低；另一方面，随着劳动力与资本相对富余程度的变化，养殖规模越大的养殖场（户）越倾向于使用资本替代劳动，即通过配置相应设备，采用"水泡粪"工艺进行粪污清理，最大限度降低劳动成本。当前，超过半数的特大规模养殖场采用了这种粪污清理方式。

表7-2　不同规模养殖场（户）粪污清理情况

单位：户，%

类别	指标	水冲粪	水泡粪	干清粪
小规模	户数	23	16	69
	占比	21.30	14.81	63.89
中规模	户数	11	14	45
	占比	13.75	17.50	56.25
大规模	户数	2	7	16
	占比	8.00	28.00	64.00
特大规模	户数	1	11	9
	占比	4.76	52.38	42.86
合计	户数	37	48	139
	占比	16.52	21.43	62.05

数据来源：作者根据调研数据整理。

2. 不同规模生猪养殖场（户）粪污无害化处理方式

由于生猪粪污中含有病原微生物等有害物质及大量有机质，若不经处理直接排放将造成环境的微生物污染和有机质污染。生猪养殖粪污无害化处理方式主要有好氧发酵（氧化塘、晾晒池等）、厌氧发酵（沼气池等）、微生物发酵（发酵床等）和工业净化（净化装置）四种方式。粪污好氧发酵处理是借助养化塘、晾晒池等简单的设施，通过堆肥等手段，利用好氧微生物发酵过程中产生的高温，杀灭病原微生物的过程。这种处理方式对设施要求最低，只需要养殖场有足够的空地即可，但处理过程不仅会散发恶臭，而且将产生大量的温室气体，造成大气污染。粪污厌氧发酵处理是借助沼气池等设施构造密闭的发酵环境，利用厌氧微生物发酵过程中产生的高温，杀灭病原微生物的过程。这种处理方式对设施的要求相对较高，需要一定的资本投入，但处理过程在密闭空间内进行，对外界的负面影响较小，并且还可产生甲烷等可燃气体，具有一定的经济效益。粪污微生物发酵处理是通过在圈舍内部放置垫料形成发酵床，利用微生物发酵的方式，就地对粪污进行处理的过程。在微生物发酵结束后，垫料即可用作有机肥还田，进而实现零排放，但更换垫料较为麻烦，且成本较高。粪污的工业净化处理是通过污染净化装置对污染进行工业进化，进化后的粪污可以实现达标排放或中水回用，彻底消除对环境的污染。这种处理方式需购置相对昂贵的设备，且维修、使用的成本很高。

以往生猪养殖场（户）主要采用好氧发酵进行粪污的无害化处理（陈菲菲等，2017），而从调研情况来看（如表7-3），厌氧发酵处理已成为各类养殖场（户）的主要采用方式，这表明生猪养殖业的环保设施已得到进一步完善。养殖场（户）的养殖规模越小，受到的资本约束越为严重，对粪污进行无害化处理的能力越为有限，进而其不进行无害化处理的占比较高，小规模养殖户排放粪污中有 9.72% 都未进行无害化处理。养殖场（户）养殖规模越大，进行无害化处理的能力越强。同时考虑到粪污末端处理的难度随养殖规模增加而加大，其更倾向于加强无害化处理强度，减轻后期处理压力，进而采用工业净化方式对粪污进行处理的比例较高，特大规模养殖场排放粪污中有 7.14% 的部分经过工业净化处理。

表 7-3　不同规模养殖场（户）粪污无害化处理情况

单位：%

规模	好氧发酵	厌氧发酵	微生物发酵	工业净化	不处理
小规模	39.81	47.69	2.78	0.00	9.72
中规模	42.14	45.71	5.00	0.71	6.43
大规模	40.00	48.00	6.00	2.00	4.00
特大规模	26.19	64.29	2.38	7.14	0.00

注：粪污排放量计算方法：将固体、液体以氮素含量占比为权重进行加权平均（下同）。

数据来源：作者根据调研数据整理。

3. 不同规模生猪养殖场（户）粪污末端处理方式

生猪养殖粪污的末端处理方式大致可分为种养结合（自主还田）、赠送、出售、生产有机肥和达标排放（中水回用）、废弃六类。不同粪污末端处理方式的处理效果和实现条件各有不同。自主还田利用是一种最为经济有效的粪污末端处理方式，其实现主要取决于自有土地（耕地、林地、果园）数量和土地流转的难易程度，但当配套土地不足时，则将造成土地污染和地下水污染（沈根祥等，2006）。将粪污进行赠送和出售是较为经济有效的处理方式，其实现主要取决于周围农户的粪污需求和社会关系。有机肥生产能够极大增加粪污还田的距离，打破周围有限承载能力的束缚，是一种有效的粪污末端处理方式，但投资相对较大，有一定的资本门槛。达标排放（中水回用）指粪污经过工业净化达到相关标准后，直接排放或是在养殖场（户）内循环利用，这种方式能够最大限度减少生猪养殖粪污对外部环境的威胁，但前期处理成本相对较高，且需配套昂贵的设备，存在较高的资本门槛。若不对粪污进行末端处理，而是直接废弃则会对周围的土壤、水体造成污染。

从调研情况来看（如表7-4），大量生猪养殖粪污被废弃的不利局面已得到完全扭转，通过种养结合对生猪养殖粪污进行资源化利用，已成为当前各规模养殖场（户）所采用的主要形式。其中，小规模养殖户凭借承包的耕地及家庭闲置劳动力，对粪污进行了较好的还田利用，其种养结合的比例最高。而随着养殖规模的扩大，对粪污进行自主还田利用的难度持续增加，种养结合的比例持续下降。对于自己无法还田利用的粪污，因中小规模养殖场（户）处于熟人社会之中，进而倾向于赠送给他人，同时还存在同村农户主动取用粪污进行浇灌的情况，尤其在华北平原等较为缺水的地区，粪污时常成为村中抢手的资源；特大、大规模养殖场因每日粪污排放量巨大，难以通过简单赠送的方式实现就近还田，进而其还采用有机肥生产或是达标排放两种方式作为补充。粪污

表7-4 不同规模养殖场（户）粪污末端处理情况

单位：%

规模	种养结合	赠送	出售	生产有机肥	达标排放	废弃
小规模	57.41	36.13	4.65	0.00	0.00	1.81
中规模	56.49	31.65	3.50	3.07	0.71	4.58
大规模	56.04	23.20	6.40	8.40	2.00	3.96
特大规模	55.48	24.52	3.81	8.57	7.14	0.48

数据来源：作者根据调研数据整理。

废弃率随养殖规模的扩大先升后降，中规模养殖场（户）粪污排放量较大，但处理能力有限，进而其粪污的废弃率最高，大、特大规模养殖场凭借多种粪污处理手段，有效降低了粪污的废弃率，其中特大规模养殖场粪污废弃率仅为0.48%，最大限度减少了粪污的直接废弃。

根据养分平衡原理测算土地粪污承载情况①，进一步对开展种养结合的养殖场（户）进行分析。经测算发现，虽然众多养殖场（户）进行了粪污的还田，但绝大部分还田粪污均超过了配套耕地的消纳能力，这种还田方式的实质与直接对粪污进行废弃并无两样，其将直接造成土地污染并通过径流的形式造成水体污染。从表7-5可知，粪污超载排放率随养殖规模的扩大而持续增加。但特大规模养殖场（户）凭借其突出的粪污处理能力，最大限度地避免了粪污的废弃，进而有效降低了综合废弃率，最终使得综合废弃率呈现出随养殖规模扩大而先增后降的倒 U 形变化特征。从当季每公顷土地氮素承载量来看，受到周边可用土地数量的刚性约束，养殖规模扩大所带来粪污集中排放的增加，致使每公顷土地氮素承载量持续增大，对土地构成越发严重的污染。上述情况表明，虽然养殖规模扩大能够丰富粪污处理手段，提升养殖场（户）粪污的末端处理的能力，但受客观条件限制其粪污的末端处理效果并不理想。

表 7-5　不同规模养殖场（户）粪污种养结合情况

单位:%，千克

项目	小规模	中规模	大规模	特大规模
粪污超载排放率	39.08	44.85	50.44	48.57
综合废弃率	40.10	47.85	58.44	49.05
单季每公顷土地氮素承载量	298.26	360.62	527.34	657.01

注：粪污超载排放率为每个养殖场（户）粪污超载排放率的平均值。单季每公顷土地氮素承载量为该类养殖场（户）全部饲养生猪的氮素排放与全部配套耕地面积之比。

数据来源：作者根据调研数据整理。

（三）不同规模生猪养殖场（户）粪污处理强度

在掌握不同规模生猪养殖场（户）粪污处理方式的基础上，进一步结合不同方式的粪污处理效果，分析并对比其粪污处理强度的差异。为能将生猪粪污所致不同类型的污染进行统一的比较，本章通过测算污染所致环境成本，从侧

---

① 以《畜禽粪污土地承载力测算技术指南》给出的方法计算生猪粪污排放量（以含氮量计算），及每季小麦单位面积氮肥需求，并将其视为土地的粪污承载力，并根据调研情况将复种系数设定为2。

面反映粪污处理强度。

1. 测算方法及参数设定

(1) 测算方法。 生猪养殖粪污是否进行无害坏处理及以何种方式进行处理，是否进行资源化利用及利用情况是决定生猪养殖粪污环境污染的主要方面。故本部分分无害化处理和资源化利用两个环节分别对粪污处理强度进行分析。环境成本的测算方法常见损失补偿法和处理成本法。损失补偿法通过计算污染造成的经济损失来反映环境成本，处理成本法通过计算消除这种污染的成本来反映环境成本。补偿损失法测算结果较为准确，但时常难以测算，处理成本法测算的结果一般偏小，但结果容易获得，当污染损失难以准确测算时，一般选择处理成本法进行测算（朱朦，2016）。

在粪污无害化处理环节，若不进行无害化处理，一方面，粪污中含有的病原微生物、致病菌、寄生虫卵等有害微生物将造成环境的微生物污染，引致人畜疾病；另一方面，粪污中含有大量的有机质，将对水体、耕地造成污染。若不在密闭环境中对粪污进行处理，则粪污中的大量氮素将以氨气的形式挥发（董春欣等，2014），造成大气污染。该环节环境成本计算公式如下：

$$EC_w = C_y + C_w + C_q \tag{7-1}$$

式中，EC_w 为单位生猪排放粪污在无害化处理环节造成污染的环境成本；C_y、C_w、C_q 分别为单位生猪粪污所致有机物污染、微生物污染和气体污染的环境成本。由于难以确定污染范围，进而无法准确测算有机质污染和气体污染所致经济损失，故均使用处理成本表示。参考相关文献及调研情况，将微生物污染的影响范围设定在各生猪养殖场（户）之内，以污染所致生猪养殖场（户）自身的经济损失作为其环境成本。计算公式分别如下：

$$C_y = e_w(1-\eta)c_y \tag{7-2}$$
$$C_q = e_w(1-g-\mu)h_w c_q \tag{7-3}$$
$$C_w = v_p dk(1-\eta) \tag{7-4}$$

式中，e_w 为 1 个猪当量的污染物排放量；η 为粪污无害化处理率；c_y 为单位有机质污染的处理成本，以 COD 排放量为基本计算单位。g、u 分别为经工业净化、厌氧发酵处理的粪污占比；h_w 为好氧发酵等过程氨氮挥发率；c_q 为单位气体污染的处理成本，以氮排放量为基本计算单位。v_p 为头均生猪市场价值；d 为生猪病死率；k 为微生物污染对病死率的影响系数。

在资源化利用环节，若生猪养殖粪污得不到有效利用而被废弃，则将对环境构成直接威胁，以往绝大部分被遗弃的粪污均进入水体造成水体污染（刘涛等，2017）。但从调研情况来看，随着环保政策的趋严，向江河直接排放粪污的情况已被基本禁绝，当前生猪养殖场（户）更多的是将无法处理的粪污堆弃在土地上。这种被废弃的粪污将直接造成土地污染并通过径流的形式造成水体污染。在还田利用的粪污中，若土地粪污负荷量超过其承载能力，则将造成与粪污废弃类似的污染。该环节环境成本计算公式如下：

$$EC_z = C_s + C_t \qquad (7-5)$$

式中，EC_z 为单位生猪排放粪污在资源化利用环节造成污染的成本；C_s 为头均生猪粪污所致水体污染环境成本；C_t 为头均生猪粪污所致土地污染的环境成本。由于难以确定污染范围，进而无法准确测算水体污染所致经济损失，故以处理成本进行表示（刘涛等，2017）；参照相关文献，以作物减产所致经济损失作为粪污土地污染的环境成本（郭晓，2012）。计算公式分别如下：

$$C_s = e_z f l c_s \qquad (7-6)$$

$$e_z = [(1-g-u)(1-h_w)e_w + (g+u)e_w](1-h_z) \qquad (7-7)$$

$$C_t = [v(s_s)_w - v(s)_w] rmf \qquad (7-8)$$

式中，e_z 为还田过程中 1 个猪当量排放粪污的留存量；f 为综合废弃率，l 为还田粪污的流失率；c_s 为单位水体污染的处理成本，以氮素量为基本计算单位；h_z 为还田过程氨氮挥发率；$v(s)_w$ 为每公顷小麦市场价值的函数；s_s、s 分别为每公顷小麦土地最优、实际氮素承载量；r 为复种系数；m 为头均生猪需配套土地数。

（2）参数设定。以前一节梳理的不同规模养殖场（户）的粪污处理方式占比来设定未经无害化处理的粪污占比（η）、综合废弃率（f）等参数。依据《畜禽粪污土地承载力测算技术指南》将单位生猪的氮素排放量设为 11.00 千克，依据农业农村部课题组（2011）的测算结果，将一个猪当量的 COD、BOD 排放量分别设为 26.61 千克、25.98 千克。粪污无害化处理阶段，依据调研情况，按头均出栏活重 115 千克、毛猪均价 12.31 元/千克计算头均生猪市场价值，即 1 415.65 元/头（V_p）；依据相关文献，将好氧发酵过程氮素挥发率（h_w）设为 6%（许俊香等，2005）；参照《国家中长期动物疫病防治规划》设定的目标，将生猪病死率设定为 5%（d），参考相关文献，综合考虑微生物污染对生猪病死率及生产性能的影响，将微生物污染对病死率的影响系数（k）设定为 3（武深树，2009）。粪污末端处理阶段，参照相关文献，将还田利用过程中氮素的氨挥发率（h_z）设为 9%，流失率（l）设为 15%（El Kader N A et al.，2007；黄栋，2009）；根据调研情况，将小麦作为主要的消纳作物，并将复种系数（r）设定为 2，同时依据 Zhang 等（2018）的研究，设定小麦的氮素产出函数及土地的最优氮素承载量，并结合当年市场价格设定市场价值函数 $V(s)_w$，依据《畜禽粪污土地承载力测算技术指南》，以每公顷小麦承载能力测算，将头均生猪需配套耕地数设定为 0.027 公顷。各种污染治理成本单价设定方面，参照已有研究，将单位氨氮所致气体污染的治理成本（c_q）设定为 5 454 元/吨（马国霞等，2017），参照戴铁军等（2016）的研究，将单位有机质污染治理成本（c_y）设定为 5 200 元/吨（包含 1 单位的 COD 和 0.98 单位的 BOD），将参照刘涛等（2017）的研究，将单位水体污染设定为 4 800 元/吨。

2. 不同规模养殖场（户）粪污处理强度测算

总体而言（如表 7－6），粪污处理强度随着养殖规模的扩大而持续下降。具体而言，若不进行粪污处理（即粪污无害化处理率为 0，废弃率为 100%），头均生猪排放粪污造成的环境成本达到 997.646 元；小规模养殖场（户）进行粪污处理后，头均生猪排放粪污造成的环境成本为 30.356 元，处理率达到 96.90%；中规模养殖场（户）进行粪污处理后，头均生猪排放粪污造成的环境成本为 30.35 元，处理率达到 95.47%；随着养殖规模的进一步扩大，生猪粪污所致土地污染难以得到有效消除，致使环境成本激增，大规模养殖场（户）进行粪污处理后，头均生猪排放粪污造成的环境成本为 183.58 元，处理率达到 81.22%；特大规模养殖场（户）进行粪污处理后，头均生猪排放粪污造成的环境成本为 332.32 元，处理率仅为 66.01%。

分环节而言，粪污无害化处理强度随养殖规模的扩大而增强，特大规模养殖场（户）在此环节的处理强度约为小规模养殖场（户）的 20.25 倍，但在粪污末端处理环节，养殖规模越大的养殖场（户）越难以实现粪污的有效利用，粪污处理强度呈现随养殖规模的扩大而减弱的变动特征，特大规模养殖场（户）在此环节的处理强度仅为小规模养殖场（户）的 51.01%。

表 7－6　不同规模养殖场（户）粪污污染环境成本及处理强度

单位：元/头，%

项目	不处理	小规模	中规模	大规模	特大规模
有机质污染	57.20	5.56	3.68	2.29	0.27
微生物污染	212.35	20.64	13.65	8.49	1.02
气体污染	3.60	1.88	1.70	1.69	1.03
水体污染	36.70	1.42	1.78	2.14	2.44
土地污染	667.80	0.85	23.51	168.96	327.55
环境成本合计	977.64	30.35	44.33	183.58	332.32
处理强度	0.00	96.90	95.47	81.22	66.01

数据来源：作者根据调研数据整理。

三、生猪养殖粪污处理经济福利效应分析

（一）研究方法

1. 经济剩余模型

经济剩余模型通过使用市场均衡条件，求解局部均衡框架内不同条件下价格和数量的变化，不仅可以测算技术进步或政策执行引起供给曲线移动所带来的社会经济福利变化（Ebel et al.，1992；苗珊珊，2011），还可以衡量外部性带来的效率损失（许进杰，2008；郭建伟等，2012）。本部分结合中国猪肉生产、消费特征，运用经济剩余模型分析生猪养殖场（户）进行粪污处理及适当扩大猪肉进口对社会经济福利的影响（如图 7-1）。

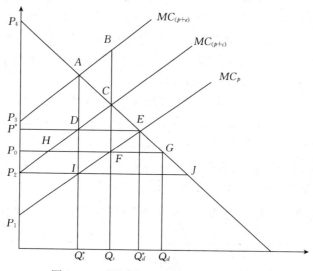

图 7-1　开展粪污处理经济剩余变化情况

图中 MC_p 为未开展粪污处理时猪肉供给的私人边际成本曲线，$MC_{(p+c)}$ 为开展粪污处理后猪肉供给的私人边际成本曲线，二者之间距离即为粪污处理的边际成本（MC_c）；$MC_{(p+e)}$ 为猪肉供给的社会边际成本曲线，由于生猪养殖粪污造成的大气、水体、土壤等污染并不由养殖场（户）承担，而是以负外部性的形式转嫁给全社会，故 $MC_{(p+e)}$ 位于 MC_p 上方，二者之间面积即为环境成本（MC_e）。

未进行粪污处理时，市场价格 P_0 与 MC_p、需求曲线的交点为市场出清点，供需分别为 Q_s、Q_d，二者之差为猪肉进口量。此时，生产者剩余为图中

P_0FP_1 围成区域面积，消费者剩余为 P_4GP_0 围成区域面积，负外部性为 P_3BFP_1 围成区域面积，社会经济福利为 P_4AP_3 围成区域面积加上 CGF 围成区域面积，减去 ABC 围成区域面积。当生猪养殖场（户）进行粪污处理时，粪污处理成本的增加推动生猪养殖成本上升，私人边际成本曲线向上移动至 $MC_{(p+c)}$，市场价格由 P_0 上升至 P^*，市场出清时供需分别为 Q_s^*、Q_d^*。此时，生产者剩余为 P^*DP_2 区域围成面积，消费者剩余为 P_4EP^* 围成区域面积，环境成本为 P_3ACP_2 围成区域面积①，社会经济福利为上述两区域面积之和。对比初始状态可知，开展粪污处理将导致的生产者剩余变化为 P_2HFP_1 围成区域面积减去 P^*DHP_0 围成区域面积，消费者剩余损将失 P^*EGP_0 围成区域面积，负外部性将减少 P_2CFP_1 围成区域面积。当扩大猪肉进口规模时，猪肉价格下降，为便于描述，假定价格由 P_0 下降至 P_2，此时，生产者剩余为 P_2IP_1 区域围城面积，消费者剩余为 P_4JP_2 围成区域面积，环境成本为 P_3AIP_2 区域围城面积，对比初始状态可知，扩大猪肉进口规模，生产者剩余将减少 P_0FIP_2 围成区域面积，消费者剩余将增加 P_0GJP_2 围成区域面积，环境成本将减少 $ABFI$ 围成区域面积。

　　运用改进的 LPZ 模型（Ott S L et al.，1995）测算生产成本变动所引起的经济剩余变化情况。计算公式如下：

$$dCS = -dp\,(Q_d + dQ_d) - \frac{1}{2dpQ_d} \qquad (7-9)$$

$$dPS = (p_0 + dp)\,(Q_s + dQ_s) - p_0Q_s - (Q_s + dQ_s)\,dMC + p_0dQ_s - \frac{p_0dQ_s^2}{2e_sQ_s}$$
$$(7-10)$$

$$dP = \frac{dMCe_sQ_s}{e_sQ_s + e_mQ_m - e_dQ_d} \qquad (7-11)$$

$$dQ_s = \frac{(dp - dMC)\,e_sQ_s}{p_0} \qquad (7-12)$$

$$dQ_m = \frac{dpe_mQ_m}{p_0} \qquad (7-13)$$

$$dQ_d = \frac{dpe_dQ_d}{p_0} \qquad (7-14)$$

　　式中，CS、PS 分别为消费者、生产者剩余；dP、dQ、dMC 分别为价格、产量（消费量、贸易量）和边际猪肉生产成本的变动量；e_s、e_d、e_m 分别为供给、需求价格弹性及进口供给弹性。在供给曲线平移的情况下，可用平均

---

① 当进行粪污处理之后，社会边际成本曲线会向下移动。但为便于描述，此处假定其不移动。

成本替代边际成本（Ott S L et al.，1995）。

在测算出新的市场均衡及生产者、消费者剩余变动的基础上，可进一步分析环境成本及社会经济福利的变动情况。同时，将社会经济剩余变动与环境成本变动之比设为效率值，以反映粪污处理的效率情况。计算公式如下：

$$dES=(Q_s+dQ_s)(MC_e+dMC_e)-Q_sMC_e \qquad (7-15)$$

$$t=-\frac{dES}{dCS+dPS} \qquad (7-16)$$

式中，ES 为生猪养殖粪污环境污染所致环境成本；t 为效率值，用以反映生产者剩余、消费者剩余与环境成本的变动关系，当 $t<0$ 时，表明二者存在相互替代的关系，即若消环境污染，则须以降低生产者剩余、消费者剩余为代价，当 $t>0$ 时，表明生猪生产者、消费者福利的改善可与环境污染的消除同时实现。

2. 弹性估计

根据需求函数的基本定义，借鉴杨军等（2013）构建需求函数的思路，建立生猪需求模型如下：

$$\ln C_t=\beta_0+\beta_1\ln I_t+\beta_2\ln P_t+\varepsilon_0 \qquad (7-17)$$

式中，C 为人均猪肉消费量；I 为人均收入；P 为猪肉价格；β_i 为待估系数；ε_t 为随机扰动项。

由于生猪产品难以在短期实现较大提升，因此市场供应短缺信号不能马上在产量上得到反应，应构建 Nerlove 的价格预期模型估计供给弹性，简化的供给反应模型如下（孙秀玲，2014）：

$$S_t=\gamma_0+\gamma_1P_{t-1}+\gamma_2S_{t-1}+\gamma_3C_{t-1}+\varepsilon_t \qquad (7-18)$$

本研究以猪肉产量、进口量作为因变量来构造供给反应模型，分别用于测算国内价格变化对国内产量和进口量的影响。根据农产品供给理论，将反映成本情况的玉米价格、反映替代品情况的牛肉价格以及代表技术进步的时间作为影响猪肉产量的其他外生变量引入模型。同时对各个变量进行对数化处理，以减小异方差。然而，玉米价格、牛肉价格以及代表技术进步的时间均未通过显著性检验，因此，根据 Nerlove 简化模型，构建猪肉生产供给反应函数：

$$\ln S_t=\gamma_0+\gamma_1\ln P_{t-1}+\gamma_2\ln S_{t-1}+\varepsilon_t \qquad (7-19)$$

式中，S_t、S_{t-1} 分别为 t 期和 $t-1$ 期猪肉产量（进口量）；P_{t-1} 为 $t-1$ 期猪肉价格；γ_i 为待估系数；ε_t 为随机扰动项。短期供给弹性为 γ_1，长期供给弹性为 $\gamma_1/1-\gamma_2$。由于在长期生猪养殖场（户）可充分调整养殖规模，选择进入或退出市场，长期供给弹性更能反映生猪市场受到的影响，故本文以长期供给弹性进行分析。

（二）参数设定

依据相关统计数据、文献及调研情况进行参数设定，统计数据来源于《中国畜牧兽医统计年鉴》等统计资料及 UN Contrade 数据库。

基础经济剩余模型参数设定方面，首先需要确定不涉及生猪粪污处理及疫情冲击的初始均衡状态。虽然关于畜禽养殖粪污污染防治的相关规划与文件早在 2014 年就已陆续出台，但直至 2018 年前后大量不符合环保规定的生猪养殖场（户）被关停、拆除，环保问题才得到养殖场（户）的普遍重视（周全等，2020）；同时，2017 年生猪养殖业也并未受到重大突发疫情的影响。故以 2017 年相关统计数据均值作为模型的初始均衡状态，计算得出特大、大、中、小规模养殖场（户）生猪出栏占全部出栏生猪比例（rt、rd、rz、rx）分别为 14.50%、8.60%、15.20%、61.70%；猪肉产量（Q_s）为 5 545.13 万吨，猪肉消费量（Q_d）为 5 423.45 万吨，猪肉进口量（Q_m）为 121.68 万吨，猪肉价格（P_0）为 14 660.00 元/吨；以不同规模出栏占比为权重，对调研数据中各规模生猪养殖场（户）的饲养成本进行加权平均得出毛猪饲养成本，再以 0.75 的产肉率将其折算为猪肉生产成本，计算得出猪肉生产成本（MCp）为 13 066.41 元/吨。

生猪粪污环境污染模型相关参数设置方面，基于前文测算的相关参数，以不同规模养殖场（户）出栏占比为权重计算加权平均，并以每头生猪提供 86.26 千克（115 千克/头×0.75）猪肉进行测算。计算得出：单位猪肉产品的粪污处理成本（MCc）为 331.51 元/吨，进行粪污处理前后的单位猪肉产品粪污污染环境成本（MCe）分别为 11 334.96 元/吨、1 036.97 元/吨。

（三）实证分析

1. 弹性估计

实证分析时，首先对时间序列数据平稳性进行 ADF 检验，检验显示各变量的对数值均为一阶单整（如表 7-7）。预示着变量间可能存在协整关系，进一步分别对需求变量、供给变量的协整关系进行 Johansen 检验。

表 7-7　ADF 检验结果

变量	检验形式（c，t，p）	ADF 统计量	显著性水平 5%临界值	平稳性
lnC	（c，t，1）	−2.24	−3.60	不平稳
dlnC	（c，t，1）	−4.54	−3.60	平稳

（续）

变量	检验形式（c，t，p）	ADF 统计量	显著性水平 5%临界值	平稳性
$\ln I$	（c，0，1）	0.68	−1.73	不平稳
$d\ln I$	（c，0，1）	−2.71	−1.74	平稳
$\ln P$	（c，0，1）	−0.74	−1.73	不平稳
$d\ln P$	（c，0，1）	−4.45	−1.74	平稳
$\ln S_p$	（c，t，1）	−2.18	−3.60	不平稳
$d\ln S_p$	（c，t，1）	−4.38	−3.60	平稳
$\ln S_i$	（0，0，1）	0.35	−1.95	不平稳
$d\ln S_i$	（0，0，1）	−3.63	−1.95	平稳

注：表中检验形式（c，t，p）中 c 表示单位根检验方程中的截距项，t 表示时间趋势，0 表示不具有截距项或时间趋势，P 表示滞后阶数。

检验结果显示，需求变量、供给变量间皆具有协整关系（如表 7-8、表 7-9、表 7-10），故模型不会出现伪回归现象。

表 7-8　猪肉消费量、收入与价格协整关系检验

	特征值	5%临界值	迹统计量	P 值
None	0.61	35.19	44.11	0.00
At most 1	0.49	20.26	23.42	0.02
At most 2	0.33	9.16	8.74	0.06

表 7-9　猪肉产量与价格协整关系检验

	特征值	5%临界值	迹统计量	P 值
None	0.68	25.87	31.91	0.01
At most 1	0.37	12.52	9.29	0.16

表 7-10　猪肉进口量与价格协整关系检验

	特征值	5%临界值	迹统计量	P 值
None	0.59	15.49	17.15	0.03
At most 1	0.01	3.84	0.14	0.71

分别对模型进行回归分析。从需求方程回归结果可知（如表 7-11），DW 值为 1.997 表明残差序列不存在一阶自相关，猪肉需求价格弹性为−0.11。由

于供给方程中存在滞后变量，*DW* 检验失效，故采用 *LM* 检验，猪肉供给模型中（如表 7 - 12），χ^2 检验的相伴概率为 0.16，不能拒绝原假设，表明残差序列不存在一阶自相关，猪肉短期供给弹性为 0.13，长期供给弹性为 0.31；猪肉进口供给模型中（如表 7 - 13），χ^2 检验的相伴概率为 0.17，不能拒绝原假设，表明残差序列不存在一阶自相关，猪肉进口供给弹性为 0.94。

表 7 - 11　需求模型回归结果

变量	ln*I*	ln*P*	截距项	R^2	F 统计量	D - Wstat
参数估计	0.26***	0.11**	6.45***	0.96	237.50	1.15
t 统计量	10.60	−2.42	57.99			

注：*、**、***分别代表在 10%、5%、1%显著性水平下显著。

表 7 - 12　供给模型回归结果（猪肉产量）

变量	lnP_{t-1}	lnS_{t-1}	截距项	R^2	F 统计量	χ^2
参数估计	0.13***	0.58***	3.23**	0.96	240.78	0.16
t 统计量	4.03	7.27	5.43			

注：*、**、***分别代表在 10%、5%、1%显著性水平下显著。

表 7 - 13　供给模型回归结果（猪肉进口量）

变量	lnP_{t-1}	lnS_{t-1}	截距项	R^2	F 统计量	χ^2
参数估计	0.94*	0.64***	−1.41	0.84	46.77	0.17
t 统计量	1.70	5.01	−1.07			

注：*、**、***分别代表在 10%、5%、1%显著性水平下显著。

2. 开展粪污处理的经济福利效应测算

测算结果显示（如表 7 - 14），开展粪污处理后，初始均衡状态下猪肉生产成本 *MC*（*p*＋*c*）将增加 331.51 元/吨，这将使猪肉价格上升 166.90 元（为成本变动量的 50.35%），猪肉产量将下降 8.09 万吨，猪肉消费量、猪肉进口量将随价格的上升分别下降 6.79 万吨、增加 1.30 万吨。最终，生产者剩余将减少 115.45 亿元，消费者剩余将减少 90.46 亿元，因生猪粪污环境污染得到极大改善，环境成本减少了 5 701.19 亿元，社会经济福利由此得到提升。基础情景下的效率值为−27.68，表明此时为生产者、消费者剩余与消除环境污染间存在相互替代关系，每牺牲 1 单位的产者剩余、消费者剩余，可减少27.68 元的环境成本，有效改善环境污染。

表 7 - 14　开展粪污处理的市场变动情况

单位：元/吨，万吨，亿元

项目	初始均衡状态	粪污处理市场效应	新均衡状态
猪肉价格	14 660.00	166.90	14 826.90
猪肉成本	13 066.41	331.51	13 397.92
猪肉产量	5 545.13	-8.09	5 537.04
猪肉消费量	5 423.45	-6.79	5 416.66
猪肉进口量	121.68	1.30	122.98

（四）研究结论

本研究基于全国 8 省的调研，在充分掌握当前生猪养殖粪污处理情况的基础上，运用开放条件下的经济剩余模型，对不同情景下中国生猪粪污处理的经济福利效应进行了分析，得到以下主要结论：①随着环保政策的趋严，生猪养殖粪污的清理、无害化处理及资源化利用皆得到养殖场（户）的重视，且养殖规模越大配置的粪污处理设施越为完备。②进行生猪养殖粪污处理将使得猪肉生产成本上升 331.51 元/吨，进而导致价格上升 166.90 元/吨，产量下降 8.09 万吨，进口量增加 1.30 万吨，生产者、消费者剩余分别减少 115.45 亿元和 90.46 亿元，因粪污得到有效处理，环境污染得以缓解，环境成本减少 5 701.19 亿元，社会经济福利最终增加。

四、种养结合农业系统在欧美发达国家的实践及对中国的启示

（一）基本背景

农业是国民经济发展的基础产业，中国从古至今都是一个农业大国，农业发展大致经历了 3 个阶段：刀耕火种的原始农业、种养结合的传统农业、高投入式的现代农业（彭世奖，2000）。每个阶段都有其特定的社会经济背景。在传统农业阶段，通过种养结合实现了人、动物、植物、土地的良好循环，生态环境得到较好的保护，符合可持续发展的要求，但传统农业缺乏外部投入，生产效率难以满足社会发展需求，逐渐向种养分离、高外部投入式的现代农业转变（杜建国，2018）。截至 2016 年，中国生猪、肉牛、肉羊、奶牛、肉鸡和蛋鸡相应的规模化程度分别达到 44.4%、17.6%、18.9%、49.9%、65.4% 和

40.2%（王明利，2018），但根据农业农村部统计，中国耕地面积在 50 亩以上的农户约有 290 万户，仅占全国农户的 10% 左右，养殖业规模不断扩大，但是种植业规模化相对滞后（尹昌斌，2015），种养分离趋势明显。

40 多年来，中国农业高度依赖化肥、农药、饲料添加剂等外部投入，造成严重的环境污染和药物残留等问题，影响中国农业的可持续发展（温铁军，2010）。近年来，中央 1 号文件多次强调要推进农业废弃物资源化利用水平，提倡种养结合利用模式，国家的相关政策指明了要转变农业发展的方向，为种养结合农业系统发展提供了政策保障，将现代化的农业生产技术应用到种养结合的农业生产中，是中国农业可持续发展的必由之路（崔海燕，1999；李文斌，2019）。因此，从多角度研究种养结合农业系统与中国农业绿色可持续发展的相关问题，符合党中央的战略发展目标，对贯彻落实中央战略规划、推动中国生态文明建设具有重要的现实意义（石英剑，2015）。

在历史上，欧美发达国家也曾出现为追求农业产量而导致的畜禽废弃物污染、农药残留等农业发展问题，这与当前中国农业处境十分相似。在此之后，欧美等发达国家重新审视种养结合农业系统的价值，反思高外部投入农业对生态环境造成的破坏，通过政策、资金、技术等方面支持种养结合农业系统的发展，为种植和养殖业的绿色循环可持续发展营造良好的环境。当下，为了给中国推动种养结合农业系统提供借鉴和参考，对欧美发达国家推进种养结合农业系统的缘因和经验措施进行系统分析具有重要意义。

近十年，中国学者对种养结合产生了浓厚的兴趣，许多学者站在畜牧业绿色发展的角度，倡导种养结合农业系统是缓解畜禽粪污的重要方式，也有学者研究国外绿色农业发展经验和养分管理计划，但很少有文献研究欧美发达国家如何在种植和养殖高度专业化情境下，如何将种植和养殖环节有序、有效地结合起来，既能提供更多的生态系统服务，又能保障农业的经济效益。基于此，本研究总结了发达国家种养结合农业系统的发展过程及其成效，借鉴种养结合过程中的实践经验，结合中国的自然资源和社会经济条件，提出适合中国的种养结合农业系统政策建议。

（二）欧美发达国家重新审视种养结合的原因

20 世纪中叶以后，欧美等发达国家通过专业化的畜牧养殖，规模不断扩大，畜牧业占农业的比重不断攀升，极大满足了人们对肉蛋奶的需求，但由于畜禽废物产量大且集中，对周围土壤、水源和空气等产生了严重的环境污染。同时，种植业作物生产也开始简单化、专业化，种植作物品种单一，增加了化学合成肥料、除草剂和农药的使用，农田长时间使用化肥和农药，造成土壤板结、地力下降，污染地下水、河流，甚至影响人类的健康，种养分离所导致的农业废弃物严重影响农业可持续发展。基于此，西方发达国家产生了对畜牧业大规模、专业化可持续发展的怀疑，不得不重新审视种养结合农业生产系统的潜在价值。

1. 增强范围经济，降低农业经营风险

当生产两种或更多种产品比分别生产它们成本更低时，就会出现范围经济（Economies of scope）。种养结合农业系统在生产上具有很强的互补性，使用种植的饲料粮或作物残茬喂养牲畜，随后将其产生粪肥作为肥料施用于农田，可大大降低农业生产成本。但在美国威斯康星州和密苏里州的研究都表明，范围经济往往会随着企业规模的扩大而下降，因此规模较大的农场会发现专业化是有益的，相对于大型农场而言，小型农场的范围经济更为明显，因此对小型农场的整合具有更强的激励作用（Sanderson M，2003）。在全球范围内的比较表明，总成本与奶牛饲料中草的比例呈负相关，在丹麦和荷兰的草成本比爱尔兰高50％～60％。在法国也得到了类似的结果，表明最大化利用草地的草牧循环系统是具有高度竞争力的养殖发展模式（Peyraud J，2010）。

种养结合农业系统有助于降低农业经营风险。农业生产经营不仅受到市场、价格等因素的影响，而且还受到自然因素的影响，尤其是近些年全球气候变化不稳定，旱涝等自然灾害频发，严重影响农民收入水平的稳定性。农户采用种养结合农业系统，通过种植饲料作物、经济作物和牲畜养殖，获得多样化的农业产品，有助于降低农业经济风险，稳定农业收入。

2. 推动农业废弃物资源化利用，实现农业物质能量良性循环

第二次世界大战后，欧美等发达国家大概用了60年的时间，将畜牧业从传统的、分散的养殖阶段过渡到集约化的、生产效率高的工业系统，许多工业化国家的农业专业化水平逐渐提高，导致了种植业和养殖业的分离（Michael R，2007）。但随着种养分离的持续发展，畜禽废弃物的排放严重污染生态环境，甚至威胁人类的健康发展。而种养结合农业系统可促进动植物间的能量循环，实现农业废弃物资源化利用，是畜牧业可持续发展的必由之路。种养结合农业系统可为其他生态系统服务，如封存二氧化碳、增加土壤有机碳、改善土壤生物功能、改善水质等。因此，由种养分离造成的这些生态系统的恶化可以用种养结合农业系统加以扭转。种养结合农业系统可以在不损害农业经济的前提下限制农业对环境的负面影响，是平衡耕地作物系统和牲畜系统双赢的一个可行解决方案（Dumont B，2013）。

3. 发展自然畜牧业，重视食物质量安全

在2000年，英国、荷兰和比利时等国家暴发了大规模牲畜疫病，严重打

击了欧洲消费者对工厂化生产的畜产品信心，转而对自然生产的有机畜产品产生了巨大需求，要求畜禽饲养过程中尊重动物生长发育规律，注重动物福利（于平，2001）。欧盟各国政府对有机农业的补贴一定程度上刺激了生产者的积极性，促使欧洲农业向有机方向发展。欧洲的自然畜牧业已经成为必然趋势，自然畜牧业要求品种、饲料、饲养过程的自然化，喂养自产饲料不得少于90%，这与种养结合的农业生产系统高度契合，种养结合注重种植和养殖过程的自然化，利用两部门的产物可提高农业生产的自给率。德国约有 38 万家家庭农场，小型农场占比 61.9%，多以养殖业为主，兼营种植业，大部分农场将畜禽粪便处理后作为自有草地或耕地的肥料，既节约了生产成本又减少了资源环境压力，实现生态化养殖（唐振闯，2018）。综合种植业和养殖业的协作，以现代科学技术为辅，才能生产出自然、健康的畜产品，从源头保证农产品的质量安全，满足消费者对高质量肉类食品的需求。

（三）种养结合农业系统在欧美国家的实践经验

欧美发达国家畜牧业产业化起步早，畜牧业发展水平走在世界前列。在美国，畜牧业产值约占农业总产值的 48%，是世界第一大牛肉、禽肉生产国和第二大猪肉主产国，以大规模生产为主。欧盟国家现代科技发达，依靠高新繁育技术和现代化管理模式提高牲畜产量，通过专业化和集约化提高了生产效率，使用大量的合成投入，成为世界畜牧业发达地区，牛奶产量占比 32.8%位居世界第一，牛、羊肉产量分别占比 15.9%和 12.4%，稳居前三，但欧美国家也曾面临着严重的畜禽废弃物污染问题。种养分离的农业生产系统已被证明对环境有一定的负面影响，专业化农业正在导致生物多样性丧失、气候恶化、土壤侵蚀、环境污染以及食品安全等问题（Peyraud J L，2014）。

现代种养结合农业系统受益于多样化的生产和种植与养殖环节之间密切协作，以平衡世界各地专业化农业生产和环境影响之间的关系。种植业和养殖业生产相结合的范围和程度是多样的，根据世界各地区的发展水平，采用不同的结合方式，从实际角度看，种养结合农业系统可在两个基本范围内进行：通过合作的区域种养一体化、农场内部种养一体化。协作程度越高的种养结合农场对生态环境越友好。欧洲委员会数据的宏观规模研究表明，并非所有的综合农场都能弥补专业化生产带来的缺陷，有些综合农场的经济效益不如专业化农场高，一体化程度越高的农场对环境的负面影响越小，只有特定的种养结合农业系统才更具生态效益和经济效益（Chambaut H，2015）。通过分析和总结欧美国家畜牧业发展历程，借鉴其推进种养结合农业系统的实践经验，来提高中国种养结合农业系统的综合效益，促进农业的可持续发展。

1. 从国家战略高度制定综合养分管理计划，健全种养结合农业专项法律法规

欧美等发达国家极其重视法律的规范性，制订了详细、严格的法律体系为种养结合的农业发展提供可靠的保障。美国从国家和州两个层次上对畜禽粪便进行养分管理，在各个环节制定了完善的法律法规，规模化养殖场利用和排放畜禽废弃物必须申请并取得许可，必须制定养分管理计划，并定期对土壤进行监测，确保农田能够承受养殖场排放的粪便量。欧洲各国从20世纪80年代开始立法支持有机农业的发展，如奥地利的《奥地利食品法典》、丹麦的《有机农业法》，1991年，通过的《欧盟有机农业法案》，成为欧盟各国有机农业发展的共同标准（王东阳，2018）。丹麦养猪业发达，畜禽粪污排放量大，为防止地下水源污染，除严格执行欧盟出台的法律法规外，还根据本国具体情况，在种养平衡和按需施肥的"和谐原则（harmony rules）"下，制定了"NPO计划"、《水环境行动方案》《流域管理计划 RBMPs》以及粪污管理和利用等方面的法律法规，包括养殖和加工的各个环节，以严格的法律法规促进粪污资源化利用（隋斌，2018）。

1999年，为确保规模化养殖场与种植业农场所需肥料的平衡，减少畜禽废物对环境造成的负面影响，美国环境保护总署和农业部共同发布了《畜禽养殖场治理统一国家战略》，首次要求规模化养殖场实施综合养分管理计划（United States General Accounting Office，1999），陆续颁布了《清洁水法案》和"590"法案等农业法律，形成了以综合养分管理计划为核心的政策体系。其核心是促进种植业和养殖业的养分循环发展，通过严格的养分管理计划，实现畜禽废物的资源化利用和农业生产资源的内部化。综合养分管理的内容主要有：①严格掌控畜禽生长过程中的营养需求，合理控制饲料成分的比例，从饲料源头环节控制畜牧业污染；②建立完善的粪污收集、储存、处理和运输设施设备；③制定粪污还田计划，根据种养的品种、规模，确定施肥方式和施肥时间，防止因施肥带来的环境问题；④通过作物轮作、免耕和保护性覆盖作物等土地管理措施提高土壤质量，确保粪污还田后不会产生二次污染；⑤要求规模化养殖场的养分还田计划记录至少保持五年，以供相关监察机构查核；⑥当农田作物的土壤承载力无法吸纳畜禽粪污时，可制成有机肥颗粒出售，提高经济效益，或者进入沼气池，进行厌氧发酵，提供生物质动能。美国通过实施综合养分管理计划，促进养殖业畜禽粪污全量还田，降低了粪污处理成本，提高土壤肥力，保障了农产品质量安全。

2. 根据种植资源分布结构，合理布局畜牧产业空间格局

根据种植作物品种和养殖种类合理进行产业布局，畜禽粪便通过直接干燥或堆肥处理作为有机肥就近全量还田，既减少畜禽废弃物对周围环境的影响，提高种植业的经济效益，同时又能使养殖业就近获取作物饲料，降低饲料成本，使养殖业和种植业在饲料、肥料上形成良好的养分物质循环，增强了农业的可持续发展水平。

美国玉米带的农牧一体化主要是通过合同关系实现的，其中包括将大型圈养牲畜的粪便施用于邻近的农作物农场。将生猪产业布局在中西部玉米种植带，大型圈养的猪粪便可施用于邻近的农作物农场，实现动物粪便全量还田的种养结合模式。新的和不断扩大的圈养奶牛农场正在利用这种模式，乳制品生产商专注于管理奶牛的运营，同时与邻近的农作物农场签订合同，消纳奶牛养殖产生的粪污并为其提供充足的优质饲草料（Hadley G，2002）。欧洲西部属于温带海洋性气候，适合牧草生长，草食性畜牧业发达，主要以牛羊为主。荷兰畜牧业发达，畜牧业在农业产值占比70%左右，牛、羊等草地畜牧业主要布局在海尔德兰、北布拉班特、弗里斯兰等牧草资源丰富的区域，鸡、生猪等集约型畜牧业主要分布在北布拉班特、林堡省、海尔德兰和上艾瑟尔等地（司智陟，2011）。

3. 实行作物与牧草轮作，提升土壤养分综合价值

多年生牧草和谷物作物的整合需要长期的轮作，轮作对粮食作物的品质和土壤肥力有明显的提升。长期轮作的好处包括：增加粮食作物产量；通过破坏昆虫、杂草和疾病循环减少投入成本；改善土壤物理性质，增加有机质，减少水土流失；减少硝酸盐浸出对环境的危害，改善野生动物栖息地环境（Mark R，2007）。在美国艾奥瓦州北部和威斯康星州西南部，扩大作物轮作制度后，种植3年以上的饲料作物的土地总有机碳是变化最明显的指标，在土壤质量指标中排名较高（Karlen D，2006）。在美国东北部，利用不同的耕作管理制度，将红三叶草等短期草皮作物纳入粮食种植制度后，对经济作物产量和利润产生了积极影响（Tawainga W，2003）。

在粮食作物轮作过程中，很具牧草的季节性，粮食作物和一年生牧草轮作有多种选择：①暖季一年生牧草或冷季一年生牧草，可在7月中下旬粮食作物收获后种植；②大豆或玉米青贮收获后，可在9月初至中旬种植冷季一年生品种；③冷暖季节的一年生作物可以在整个生长季节的大部分时间里连续种植，然后在下一年轮作作粮食生产。畜牧业生产者可以利用短季牧草来降低牲畜冬季饲料成本，在肉牛饲养过程中，大约一半的年生产成本与冬季喂养有关（Schoonmaker J P，2003）。在一个完整的种养结合农业系统中，永久草场可以提供春季到秋季的放牧，而一年生牧草可以在谷物作物之间种植，提供秋季到初冬的放牧，并在多年生草场产量较低的早春时节再次放牧。将晚秋和早春

结合起来，延长放牧季节，可以减少饲养牲畜所需的干草，从而降低成本，提高农业经济收益。

4. 以种定养，限制大规模的畜禽养殖

20 世纪 90 年代，面对日益严重的畜禽废弃物污染，欧盟颁布《硝酸盐指令》，严格控制合成化肥的使用，尤其是氮肥，减少农业氮源对水体污染。《欧洲共同农业政策》自实施以来，一直作为欧盟国家农业发展基本政策，并根据时代发展的需要，对其进行改革和创新，致力于农业农村的可持续发展。《欧盟共同农业政策》制定了种植规模决定养殖规模的原则，限制大规模的畜禽养殖，但欧盟国家会对因保护环境而降低单位面积载畜量的生产者进行额外补贴。为保证有足够的土地吸纳畜禽粪污，养殖农场可以通过购买、租用农田或者与种植业农场签订粪污排放合同，以此来适度扩大养殖规模。德国是较早发展循环经济、实行种养结合的国家，德国农场规模在 30 公顷以下的占农场总数的 65%，并且规定每公顷的畜禽饲养量限制为：牛 9 头、羊 18 只、猪 15 头、鸡 3 000 只、鸭 450 只（嘉慧，2007）。丹麦大多数农场采用种养结合农业系统，并且规定养殖存栏量达到 500 个畜禽单位时，需要进行养殖环保评估，以此防止养殖规模过大，畜禽废弃物对环境造成污染（宋树才，2007）。英国的草地占国土面积的 70%，为保护草地资源的可持续发展，防治畜禽粪污对水源造成污染，实行划区轮牧和以草定畜，规定每公顷饲养牛不超过 2 头、羊不超过 8 只（王丽焕，2014）。

5. 推动有机农业发展，提高农业附加值

种养结合农业系统是一种立体循环式农业，为有机农业的发展提供了先天条件。美国是世界上最早提出有机农业概念的国家，专门针对有机农业生产者制定农业扶持政策，如《有机农业法规》《农业改革、食品与就业法案》，逐年增加对有机农业生产者的补贴，建立种养结合、农牧循环的立体农业生产体系。根据 2016 年国际有机农业运动联盟统计，美国有机农业种植面积达 3 267 万亩，有机产品产值达 397 亿美元，位居世界第一。

欧盟各国政府制订了多层次的有机农业补贴标准，扶持有机农业的发展，对有机农业的补贴刺激了生产者生产积极性，促使欧洲农业向有机方向发展，2010 年欧洲的有机农业面积占全球的 27%。欧盟的有机农业法规中关于有机生产的第 2092/91 号规章，要求欧盟国家在有机农业生产过程中主要依靠内部农场资源，饲料必须是有机生产，最好是来自农场内部，不要求牲畜达到最高产量，但必须是最高质量，且要满足牲畜各阶段的营养需求。2013 年，欧盟 1 020 万公顷的农田是有机农田，有机农田占农业用地的 5.7%。欧洲和欧盟的有机食品市场增长了约 6%，达到 243 亿欧元（欧盟 222 亿欧元），欧洲最

大的市场德国的增长率为 7％，法国市场增长了 9％，一些国家显示出两位数的增长，如挪威、瑞典和瑞士分别增长了 16％、12％ 和 12％（Willer H，Schaack D，2015）。

（四）对中国生猪养殖业的启示

当前中国畜牧业发展面临着多重压力，环境污染问题最为突出。中国畜禽粪污年排放量达 40 亿吨，是造成农业面源污染的重大原因。国家已经采取多项针对养殖业污染问题的环保政策，在一定程度上缓解了畜牧污染，但种养结合综合农业系统是解决畜禽粪污最根本、最有效、最经济的方式。种养分离导致中国畜禽废弃物农田利用率低，粪污中氮元素的还田率仅为 30％，粪污中磷元素还田率约为 48％。种养结合能促进种养环节的养分循环，一方面可以提高粪污中氮、磷元素的还田率，减轻畜禽粪污带来的污染；另一方面，动物粪便作为有机肥料投入农作物，为种植业向有机农业发展提供了条件。种养结合综合生产系统在减少环境污染，生产大量健康营养的食品中提供了许多优势，而且能提高农业生产的多样性，是畜牧业可持续发展的必由之路。

1. 发展适度规模的种养结合家庭农场

随着中国城市化水平的不断提升和农村老龄化，农业劳动者不断减少，为发展适度规模家庭农场提供了客观条件。种养结合的家庭农场可以实现种养内部一体化，更加灵活、高效率地实现种养结合农业系统的综合效益。根据农业农村部统计，截至 2016 年，中国从事畜牧业的家庭农场达到 8.7 万家，其中种养结合类型的家庭农场 4.4 万个，比 2015 年增长 43.6％，家庭农场逐渐成为种养结合的重要经营主体，发展畜牧业种养结合的趋势进一步加强。为进一步发展适度规模的种养结合家庭农场，首先要完善和稳定中国农村土地流转制度，适时推进土地成员权退出制度，盘活农村土地资源，为适度扩大中国家庭农场的规模创造有利条件；再者要加强对种养结合型家庭农场的政策支持，扶持种养结合家庭农场粪污储存、处理和还田过程中设备设施的建设，提高综合农场的运行效率。

2. 构建养分管理体系，严格制定养分管理计划

进入 21 世纪，中国环保部门和农业农村部相继出台多项政策防治畜牧业污染问题，促进畜禽废弃物的无害化处理，如 2014 年 1 月 1 日正式实施的《畜禽规模养殖污染防治条例》（国务院令第 643 号），从总体上规范了养殖标准，鼓励和支持采取种植和养殖相结合的方式消纳利用畜禽养殖废弃物，促进畜禽粪便、污水等废弃物就地就近利用。中国虽已建立起专门的畜禽养殖污染防治的政策体系，但缺乏细致、具体的科学规划，尚存在着落实不到位、实施

力度低等棘手问题，应从国家战略高度制定养分管理体系，严格制定养分管理计划。首先要从饲料配方环节入手，精确测算成分及其特性，减少过量养分进入动物体内，添加一定数量氨基酸和酶制剂，降低畜禽粪便中的有害物质含量。其次要规范粪污还田制度，中国幅员辽阔，根据各地气候条件和《畜禽粪污土地承载测算技术指南》，确定粪肥还田时间和数量标准，充分消纳粪肥养分，防止粪肥还田后的二次污染。

3. 合理布局畜牧产业，就近实现种养结合

中国气候多样，地质复杂，根据不同区域的资源优势和土地消纳能力，合理进行畜牧业养殖布局，有效推进种养结合农业生产系统发展。中国拥有 4 亿公顷的草地面积，主要分布在大兴安岭—阴山—青藏高原东麓线以西以北的内蒙古、青海、新疆、西藏，可发展牛羊等草食性畜牧养殖，形成良好的适度规模农牧结合。中国耕地面积 20 多亿亩，主要集中在华北、东北、长江中下游等平原地区，小麦、大豆、玉米等谷物饲料产量丰富，盛产蔬菜和水果等经济作物，可布局生猪、肉鸡和蛋鸡等养殖密集型和需粮性大的畜禽产业，缩短饲料运输距离，就近将畜禽废弃物还田，实现农业废弃物的资源化利用，从畜牧业和种植业的整体产业布局上促进种养结合综合农业系统的有效运行。

4. 发展有机农业，提高经营收入

种养结合本身就是农业一种生态循环的发展方式，种植业和养殖业之间资源循环利用，经过处理后的动物粪便作为有机肥能够改善土壤有机质，为发展有机农业创造了条件。发展种养结合综合农业生产系统要抓住机遇，随着人民生活水平和健康饮食意识的提高，有机农产品的市场需求越来越大。充分利用好综合农业生产系统的天然优势，积极向相关机构进行有机农产品认证，打造全国知名品牌，提高农产品的单位价值，增加农业经营收入。种养结合综合农业生产系统可以开展"猪—沼—菜、猪—沼—果、果—鸡—草、牧草—作物—牛/羊"等多种生态农业生产模式，推广作物轮作和覆盖作物种植制度、病虫害生物防治技术，提升土壤有机质含量，有效降低化肥和农药残留，提供绿色健康的有机食品。

5. 着力改善农业发展环境，提高农民整体素质水平

农民是推进种养结合循环农业发展的主体，农业劳动者的整体素质水平是实现种养结合农业系统的关键所在。受社会和历史因素影响，中国从事农业劳动人员年龄结构偏大，文化水平较低，提升农民队伍的整体素质是整个农业发展的必然要求。首先要努力改善农业发展环境，完善基础设施建设，加大农业农村发展的支持力度，吸引现代青年人才投身于农业生产中来，培养新一代懂

农业、善经营、有职业感的新型职业农民，为农业农村发展注入鲜活动力。再者基层政府应积极宣传农业发展新政策，普及农业生产新技术，组织当地龙头企业、农民专业合作社等相关农业经营主体为农民进行种养结合生产技术培训，开展种养经验交流会，全面提高农村劳动力职业技能，保证农民掌握种植与养殖的综合生产和经营技能。

第八章　中国生猪高效安全养殖：疫病约束

近年来，先后大面积暴发的高致病性蓝耳病、猪瘟、病毒性腹泻、非洲猪瘟等疫情对生猪养殖业造成了巨大冲击，严重威胁到猪肉产品的稳定、充足供给。如受 2006 年暴发的高致病性蓝耳病影响，生猪养殖业遭受重创，出栏、存栏双降，猪肉价格在近两年的时间内持续上涨，由 2006 年均价 8.52 元/千克上涨至 2008 年的 14.98 元/千克，涨幅达到 75.82%。而 2018 年 8 月首次在中国暴发的非洲猪瘟疫情，更是造成了中国猪肉供给断崖式下跌，猪肉价格井喷式上涨的不利局面。这一情况至今未能得到完全恢复，受到了社会各界的广泛关注，中国政府先后密集发布了《关于做好种猪场和规模猪场流动资金贷款贴息工作的通知》《保障生猪养殖用地有关问题的通知》《关于稳定生猪生产保障市场供给的意见》《关于稳定生猪生产促进转型升级的意见》等诸多通知、意见，以促进生猪生产的尽快恢复。2020 年中央 1 号文件更是将生猪稳产保供列为经济工作的一件大事。本章针对生猪产业发展面临的疫病约束展开分析，探究影响机理，寻求破解途径。

一、非洲猪瘟疫情对生猪产业的影响

（一）生猪产能大幅下降

据国家统计局数据，2019 年猪肉产量 4 255 万吨，较上年的 5 404 万吨减少 1 149 万吨，降幅 21.3%。从生猪存栏和出栏的情况来看，也出现了明显减少。2019 年末，生猪存栏 31 041 万头，较上年的 42 817 万头减少 11 776 万头，同比下降 27.5%；全年生猪出栏 54 419 万头，较上年的 69 382 万头减少 14 963 万头，同比下降 21.6%。猪肉产量、生猪存栏和出栏同比降幅，均创近 40 年来历史最大降幅。2020 年生猪出栏 5.27 亿头，猪肉产量 4 113.3 万吨，同比分别继续下降 3.2% 和 3.3%，创近 18 年来新低（如图 8-1、图 8-2）。

（二）活猪及猪肉价格均创历史新高

中国养猪网价格数据显示，2019 年 8 月中旬，活猪价格突破 21.0 元/千克，并于 10 月 30 日达到 41.0 元/千克，创下新的历史纪录。农业农村部 500 个县集贸市场价格监测数据显示（如图 8-3），2019 年 10 月第 5 周活猪价格

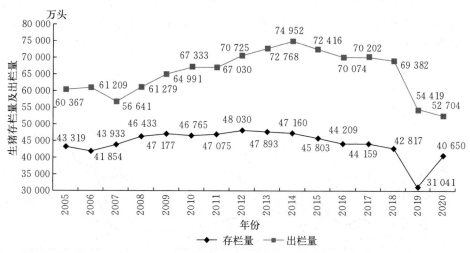

图 8-1　2005 年以来生猪存栏及出栏变动趋势

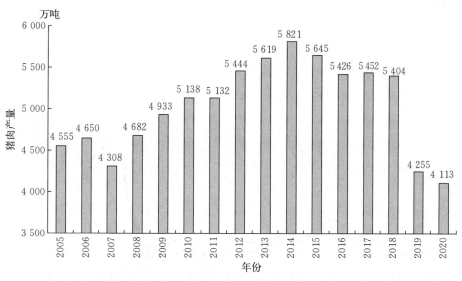

图 8-2　2005 年以来猪肉产量变动趋势

数据来源：国家统计局。

达到 38.7 元/千克，同比涨幅 175.9％；2020 年 2 月第 3 周猪肉价格达到 59.6 元/千克，同比涨幅 164.5％，均创周度价格历史最高纪录。2020 年活猪平均价格为 33.9 元/千克，较 2018 年同期的 13.0 元/千克，上涨 161.8％；猪肉平均价格 52.4 元/千克，较 2018 年同期的 22.5 元/千克，上涨 133.4％。据对养猪场户定点监测，2020 年以来，生猪养殖头均盈利保持在 1 700 元以上，个别月份达到 2 700 元；全年头均盈利为 2 252 元，远超正常年份盈利水平（如图 8-4）。

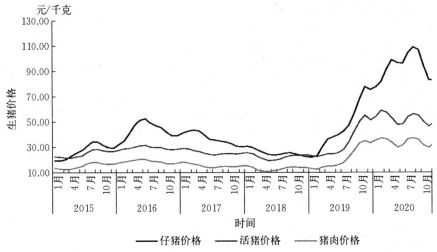

图 8-3　2015—2020 年生猪价格变动趋势

数据来源：农业农村部监测数据。

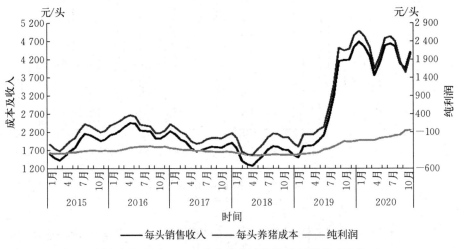

图 8-4　2015—2020 年生猪养殖头均纯利润变动趋势

数据来源：农业农村部监测数据。

（三）生猪市场一度分化严重

为防止非洲猪瘟疫情在调运环节快速扩散，国家采取禁止活猪及其产品从高风险区向低风险区调运的措施。这一政策的实施，对生猪及其产品流通带来了较大影响，生猪产区与销区猪价可谓"冰火两重天"，部分主产区养殖场户亏损严重，而部分主销区养殖场户则收益倍增。据农业农村部对 8 000 个养殖户定点监测，2018 年全国生猪养殖平均成本价为 12.6 元/千克。按 2018 年 12 月底活猪平均价格 8.8 元/千克计算，黑龙江省养殖场户出栏活猪平均每千克亏损 3.8 元，出栏一头 120 千克活猪，亏损额为 456 元。与此同时，按活猪价格 20.6 元/千克计算，四川省成都市养殖场户出栏活猪平均每千克可盈利 8.0 元，出栏一头 120 千克活猪，盈利额高达 960 元。同样出栏一头 120 千克活猪，两地售价相差 1 416 元。

（四）猪肉进口大幅增长而出口明显下降

据海关数据，2009 年中国猪肉进口量首次突破 10 万吨，之后总体增长，2016 年达到 162 万吨的历史最高纪录，2017 年和 2018 年有所下降，大约为 120 万吨（如图 8-5）。2020 年中国猪肉进口总量 439.1 万吨，较 2019 年的 210.8 万吨，增长 108.3%，再创历史新高。从进口来源看，西班牙是中国第一大猪肉进口来源国，进口量为 96.1 万吨，占总进口量的 21.9%；其次为美国，进口量为 69.9 万吨，占总进口量的 15.9%；第三大进口来源国为巴西，

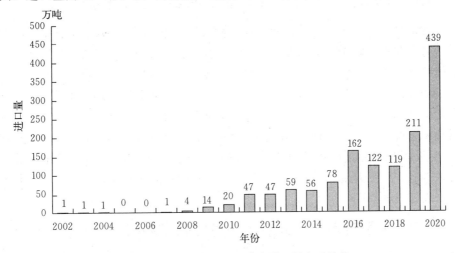

图 8-5　2002 年以来中国猪肉进口量变动趋势

数据来源：中国海关。

进口量为 48.2 万吨，占总进口量的 11.0%；排名前三位的国家，猪肉进口量占全国总进口量的比重接近 50%。受非洲猪瘟疫情影响，近两年中国猪肉出口总量明显下降，2020 年出口 1.1 万吨，同比下降 60.2%（如图 8-6）。

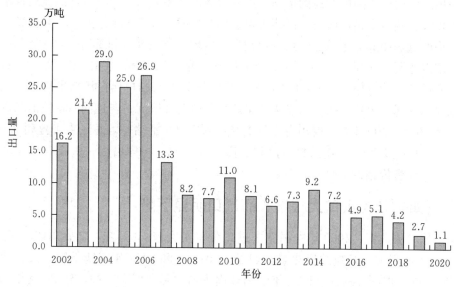

图 8-6　2002 年以来中国猪肉出口变动情况

数据来源：中国海关。

（五）恐慌情绪及高猪价明显抑制居民猪肉消费

疫情发生后的一段时间，政府及学界不断加大宣传与科普力度，告知广大消费者，非洲猪瘟病毒不感染人，但仍然有部分消费者存在恐慌心理，减少或者暂停猪肉消费，使猪肉消费量短期内出现大幅度下降。农业农村部 230 家集贸市场猪肉交易量监测数据显示，2018 年 9 月猪肉交易量环比下降 0.92%，同比下降 5.96%；10 月猪肉交易量环比下降 0.09%，同比下降 6.86%；11 月环比下降 2.31%，同比下降 10.45%；12 月环比增长 7.41%，同比下降 11.41%。2019 年下半年及 2020 年，猪肉价格大幅上涨，居民消费需求受到较大抑制。监测数据显示，2020 年春节前后集贸市场猪肉交易量同比下滑幅度一度超过 35.0%。

（六）大型养殖企业开启新一轮扩张布局

前期疫情较为严重的时候，很多大型养殖企业都通过调减生猪产能、放缓扩张步伐等方式，来应对疫情风险。随着大量小散户的退出及疫情逐步趋稳，大型企业集团开始实施新一轮扩张计划，"百万头生猪养殖项目"陆续在各地上马。2019 年 7 月，新希望集团有限公司百万头生猪养殖产业化项目落户重庆彭水；8 月，牧原股份公告称，拟斥资 1.2 亿元在黑龙江、辽宁、河北、河南等 6 个省开展生猪养殖等业务；9 月，新希望六和百万头生猪养殖产业扶贫项目签约仪式在河北省南宫市举行；11 月，唐人神年出栏百万头生猪绿色养殖全产业链项目在河南卢氏县落户；2020 年 1 月，唐人神公司年产百万头生猪项目在云南禄丰县开工。一系列签约及开工，预示着这些大型企业集团正式开启新一轮扩张步伐。网络资料显示，温氏集团计划在 2027 年实现年出栏生猪 7 000 万头，全国占有率 10%；正邦科技及新希望六和均计划在 2021 年实现年出栏生猪 4 000 万头。

二、疫情冲击对生猪生产的影响机理及实证分析——兼论养殖规模与生猪生产稳定性的关系

纵观中国应对生猪重大疫情冲击的历史可知，中国政府长期将提升生猪养殖规模化率作为了稳定生猪生产、保障猪肉产品充足供给的重要政策抓手。如为应对 2006—2008 年高致病性蓝耳病的冲击，中国政府密集出台了《关于促进生猪生产发展稳定市场供应的意见》《关于促进规模化畜禽养殖有关用地政策的通知》等诸多文件，大力推进规模化养殖，由此 2007 年前后中国生猪养殖规模化率实现了快速增长，至 2010 年规模化率提升了 2.61 倍，达到 34.96%。为应对 2018 年暴发的非洲猪瘟疫情，相关支持政策再次将规模养殖场作为了重点扶持对象，并计划至 2022 年将生猪养殖规模化率提升至 65%。与此同时，个地方政府为完成猪肉自给率目标，纷纷依托规模养殖企业进行生猪产能恢复，众多单体几十万头的特大规模生猪养殖场纷纷开工建设。然而从禽流感冲击相关研究来看，大规模养殖场并非稳定家禽生产的压舱石。如于乐荣等（2009）基于调研数据研究发现禽流感对养殖场（户）的冲击程度因规模而异，小散户受到的影响相对较小，并且恢复迅速，而中规模养殖场（户）家禽养殖数量大幅减少，且恢复缓慢。张桂新等（2013）研究发现，在疫情应对方面，规模场的预付资本较大更易受到的疫情影响而调减养殖规模。在此背景下，规模化率的提升究竟能否起到稳定生猪生产的作用，又该如何进一步增强生猪养殖业应对疫情冲击、稳产保供的能力就成了值得研究的问题。而这一问题的解答，首先需要摸清疫情冲击对生猪生产的影响机理。鉴于此，本章以非洲猪瘟疫情为例，基于 2019 年 10—11 月对全国 8 省的实地调研，分析瘟疫情冲击对生猪生产的影响机理，并在此基础上借助面板平滑转换模型（PSTR）

进行实证检验，以期提出稳定生猪生产的对策建议。

（一）分析框架与研究假说

生猪疫情在造成大量生猪死亡或被强制扑杀之外，还将通过影响个体决策及生产条件对生猪生产造成冲击。个体决策方面，疫情冲击将增加生猪养殖的潜在损失，甚至引发养殖场（户）的恐慌情绪，受此影响的养殖场（户）将基于自身偏好调整养殖决策，而由于不同规模养殖场（户）偏好不尽相同，进而决策调整又将受到养殖规模的影响。生产条件方面，疫情冲击将阻断生产要素的正常供给，对生猪生产造成直接约束。为便于描述，依次将上述影响命名为市场效应、情绪效应、规模效应以及生产效应（如图8-7）。

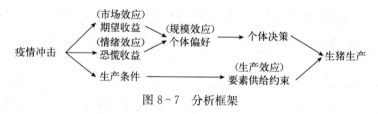

图8-7　分析框架

1. 市场效应

非洲猪瘟疫情冲击一方面以其100％致死率增加了生猪养殖的潜在损失，另一方面又造成生猪供给减少，刺激了猪肉价格的大幅攀升，对养殖场（户）的期望收益造成了直接影响。这对缺乏良好疫情应对能力的养殖场（户）而言，其防疫劣势凸显，如缺乏良好防疫条件、未购置保险的养殖场（户）将面临较大的疫病感染风险及潜在损失，此时扩大养殖规模的期望收益远小于调减规模，也即是主动调减养殖规模成为此类养殖场（户）的最优策略。所以在非洲猪瘟疫情冲击背景下，上述缺乏应对疫情冲击能力的养殖场（户）可能主动调减养殖规模，自发退出市场。基于此，提出如下假说：

假说1：疫情冲击通过影响养殖场（户）的预期收益，驱使疫情应对能力欠缺的养殖场（户）自我淘汰，进而影响生猪生产。

2. 情绪效应

在不确定性环境下个体投资决策取决于自身风险偏好，而风险偏好具有时变性，其会随决策主体所处情景的不同而不同（Kahneman et al.，1979）。非洲猪瘟疫情传播速度快，涉及范围广，在较短时间内就传遍了中国31个省份，其间还不时传出一些具备较好防疫措施的万头猪场被感染的消息（朱增勇等，2019），这将众多养殖场（户）至于了恐慌情绪之中。在这一情绪所塑造的情景中，决策主体的风险偏好下降（郭栋，2020），由此养殖场（户）将高估损失所带来的痛苦，并倾向于主动调减养殖规模规避风险。基于此，提出如下假说：

假说2：疫情冲击通过引起养殖场（户）的恐慌情绪对生猪生产造成负向影响。

3. 规模效应

决策主体的风险偏好还与其财富状况相关，在财富达到一定水平之后，决策主体便会更加关注于财富的保值而非增值，此时风险厌恶程度表现出随着财富增长而递增的特征（马征程等，2018）。所以相较于小规模养殖场（户）而言，大规模养殖场（户）饲养量大，预付资本多，可能对于潜在损失可能更为敏感，受恐慌情绪的影响将更为严重。基于此，提出如下假说：

假说3：疫情冲击对生猪生产的市场效应、情绪效应随养殖规模的扩大而增强。

4. 生产效应

非洲猪瘟疫情背景下，一方面，为有效阻断疫情的传播，中国政府对生猪跨省调运进行了严格的限制；另一方面，非洲猪瘟疫情还通过影响上游繁育仔猪的养殖场（户），对仔猪的正常供给产生了影响，这都直接阻碍了生产要素的正常流动，对生猪生产形成了现实约束。此外，由于非洲猪瘟疫情期间，养殖场（户）均采取封闭式管理，单个养殖场（户）无法准确掌握外部非洲猪瘟疫情，因此进行仔猪补栏存在极大的不确定性，并且随着猪肉供给的短缺，生猪价格持续攀升，仔猪价格也跟随大幅上涨，进行补栏的潜在损失增大，致使养殖场（户）补栏意愿下降，这间接阻碍了生产要素的正常流动。

生猪养殖大致可分为自繁自育和专业化养殖两类，自繁自育模式涉及生猪养殖的产仔、保育、育肥全部阶段，能够实现要素的内部循环，而专业化养殖模式一般只涉及生猪养殖的某一阶段，其正常生产完全依赖于与外界进行要素交换。因此疫情冲击下，专业化养殖可能受到生产要素供给不足的约束而被迫调减规模。基于此，提出如下假说：

假说4：疫情冲击通过对专业化养殖形成要素约束进而影响生猪生产。

（二）研究方法、变量选取及数据说明

1. 研究方法

为检验上文所提出的研究假说，并有效处理不同养殖规模间存在的生产差异，本章使用由Gonzalez等（2005）提出的面板平滑转换模型（PSTR模型）进行实证分析。该模型因能够反映出回归系数在临界值附件的渐变特征，而被广泛运用于处理变量间的非线性关系。PSTR模型具体形式如下：

$$\begin{cases} y_{it} = \mu_i + \beta_0 x_{it} + \beta_1 x_{it} g(q_{it}, \gamma, c) + \varepsilon_{it} \\ g(q_{it}, \gamma, c) = \left\{ 1 + \exp\left[-\gamma \prod_{j=1}^{m} (q_{it} - c_j) \right] \right\}^{-1} \end{cases} \quad (8-1)$$

其中，$\gamma > 0$，$c_1 \leqslant c_2 \leqslant \cdots \leqslant c_j$

式中，y_{it} 为被解释变量，x_{it} 为解释变量，μ_i 为个体效应，ε_{it} 为随机扰动项。$g(q_{it}, \gamma, c)$ 为转换函数，是一个取值介于 0 到 1 之间的连续有界函数，其中，q_{it} 为转换变量，用以构建变量间的非线性关系；γ 为平滑参数，用以反映转换函数随转换变量变化的速度；c 为位置参数，类似于门限模型中的门限值，用以确定转换函数的取值。m 为位置参数的个数，一般取值为 1 或 2。当 $m=1$ 时，位置参数仅有一个维度，此时为两区制模型，当 $\lim_{q_{it} \to +\infty} g(q_{it}, \gamma, c) = 1$，模型处于高区制，当 $\lim_{q_{it} \to -\infty} g(q_{it}, \gamma, c) = 0$，模型处于低区制，当 $0 < \lim_{q_{it} \to +\infty} g(q_{it}, \gamma, c) < 1$ 时，模型在高低区制间平滑转换。当 $m=2$ 时，位置参数有两个维度，此时为三区制模型，$g(q_{it}, \gamma, c)$ 关于 $(c_1 + c_2)/2$ 对称，并在该处取得最小值，当 $\lim_{q_{it} \to \pm\infty} g(q_{it}, \gamma, c_1, c_2) = 1$ 时，模型处于高区制。

在对 PSTR 模型进行估计之前需对非线性关系存在性进行检验，并确定转换函数形式。进行非线性检验的常用方法是对 $g(q_{it}, \gamma, c)$ 在 $\gamma=0$ 处进行泰勒展开，构造如下辅助回归方程：

$$y_{it} = \mu_i + \beta_0 x_{it} + \beta_1 x_{it} q_{it} + \beta_2 x_{it} q_{it}^2 + \cdots + \beta_m x_{it} q_{it}^m + \varepsilon_{it} \quad (8-2)$$

对 PSTR 模型的"非线性检验"相当于以 $H_0: \beta_1 = \beta_2 = \cdots = \beta_m = 0$ 作为方程（8-2）的原假设进行假设检验。为了检验原假设是否成立，需要构造如下统计量：

$$LM = \frac{TN(SSR_0 - SSR_1)}{SSR_0} \quad (8-3)$$

$$LRT = -2\log(SSR_1 / SSR_0) \quad (8-4)$$

式中，T 为面板数据的时间长度，N 为面板数据截面维度，SSR_0、SSR_1 分别为在原假设、备择假设下的残差平方和。如果检验结果拒绝原假设，则需要进一步进行"剩余非线性检验"，直至接受原假设为止。

2. 变量选取及定义

本研究以各养殖场（户）年末生猪存栏变动率作为被解释变量，用以反映非洲猪瘟冲击对生猪生产的影响。解释变量主要用于分析疫病冲击对生猪生产所带来的市场效应、情绪效应及生产效应。其中，市场效应涉及养殖场（户）的疫病防控能力及风险规避能力，分别选择疫病防控专业性和购置保险情况进行反映，若疫病防控过程有专业兽医参与，则赋值为 1，否则为 0，若购置了保险则赋值为1，否则为0。情绪效应涉及养殖场（户）心理特征，若受到恐慌情绪影响，则赋值为1，否则为0。生产效应涉及养殖模式，若养殖场（户）采用自繁自育模式，则赋值为1，否则赋值为0。以年末生猪存栏量为转换变量，用以反映各种效应随养殖规模变化而变化的非线性特征，进而分析规模效应。同时，为控制其他因素对生猪生产的影响，参考相关文献选择如下控制变量，一是从业年限、受教育情况，用以控制养殖场（户）特征对个体决策的影响。一般而言缺乏从业经验，受教育程度更低的养殖场（户）具有更低的风险偏好，因而在非洲猪瘟疫情冲击下，此类养殖场（户）可能更倾向于调减养殖规模以规避风险。二是养殖场（户）盈利情况，用以控制经济效益对生猪生产的影响。较好的经济效益将促使养殖场（户）扩大养殖规模，增加生猪生产，若养殖场（户）实现盈利赋值为1，否则赋值为0。此外，非洲疫情前后，诸多生猪养殖场（户）受到"禁养区""限养区"划定，以及地方过严的环保要求等政策影响而被迫调减了养殖规模，故还有必要将环保政策约束情况作为控制变量，以排除环保政策对生猪生产造成的影响，若养殖场（户）受到环保政策约束，则赋值为1，否则赋值为0。

3. 数据来源及统计性描述

为充分反映疫情冲击对中国生猪生产的影响情况，在综合考虑地区特征、产销情况等方面代表性的基础上，选取了华中、华南、华东、东北及西南5个地区的8个省份进行实地调研[①]，在各省内部随机抽取两个生猪养殖大县具体展开，每个县随机选取涵盖大中小规模的15户具有代表性的养殖主体进行问卷调查，调研内容为养殖场（户）基本信息及2018年、2019年两年的生猪养殖情况，总共发放问卷240份，收回有效问卷238份，在排除感染非洲猪瘟及2018年新增的养殖场（户）样本后，有208份问卷适用于本研究。最终选取面板数据为208户养殖场（户）2年数据共416户。各变量描述性统计如表8-1所示。

表8-1 变量定义及描述性统计

变量类别		变量名称	变量定义	均值	标准差
被解释变量		年末生猪存栏变动率	2018年、2019年年末生猪存栏变动率	0.06	0.48
解释变量	市场效应	疫病防控专业性	防控有无专业兽医指导；1=有；0=无	0.72	0.45
		购置保险情况	1=为购置；0=有购置	0.71	0.45
	情绪效应	恐慌情绪	是否受恐慌情绪影响；1=是；0=否	0.25	0.43
	生产效益	养殖模式	1=自繁自育模式；0=专业养殖模式	0.67	0.47

---

① 调研的8省分别为河北省、黑龙江省、江苏省、山东省、河南省、湖北省、广东省、四川省。

（续）

变量类别		变量名称	变量定义	均值	标准差
控制变量	个体变量	从业年限	养殖场（户）从事养殖年限的对数	2.18	0.66
		受教育情况	养殖场（户）受教育年限的对数	2.75	0.22
	市场变量	经济效益情况	1＝盈利；0＝亏损	0.58	0.50
	政策变量	环保政策约束情况	1＝受影响；0＝未受影响	0.14	0.35
	转换变量	养殖规模	2018年、2019年年初生猪存栏量的对数	7.12	1.50

表8-2将观测值按照养殖规模进行等分，并对比分析了非洲猪瘟疫情背景下，不同疫情应对能力养殖场（户）的决策情况。统计结果显示，疫情应对能力欠缺的小、大规模养殖场（户）均具有较弱的养殖倾向，这种影响在大规模养殖场（户）中尤为突出。而不同规模养殖场（户）疫情应对能力存在一定差异，总体而言，大规模养殖场（户）疫情应对能力更强，其购置保险的比例略低，但进行专业防疫的比例远高于小规模养殖场（户）。

表8-2　不同疫情应对能力养殖场（户）养殖决策比较

单位：％

养殖场（户）类别		户数占比	平均调整幅度
小规模	购置保险	72.59	16.82
	未购保险	27.41	11.05
	专业防控	57.69	18.84
	非专业防控	42.31	10.32
大规模	购置保险	69.71	−3.61
	未购保险	30.29	−4.21
	专业防控	85.58	−2.77
	非专业防控	14.42	−9.82

注：小规模、大规模分组是所有养殖场（户）样本按年末存栏量排序后等分。

表8-3将观测值按照养殖规模进行等分，并对比分析了非洲猪瘟疫情背景下，不同情绪养殖场（户）的决策情况。统计结果显示，在小规模样本中，18.27％的受访对象在决策过程中受到恐慌情绪影响，这些养殖场（户）平均调减养殖规模23.77％；81.73％的养殖场（户）未受恐慌影响，平均扩大养殖规模23.96％。在大规模样本中，31.73％的受访对象在决策过程中受到恐慌影响，这些养殖场（户）平均调减养殖规模40.48％，其余未受恐慌影响的养殖场（户）平均扩大养殖规模13.26％。可见，非洲猪瘟疫情通过引起养殖

场（户）的恐慌情绪对其养殖决策产生了一定影响，并且这种影响随养殖规模的扩大而得到加强。

表 8-3　不同情绪养殖场（户）养殖决策比较

单位:%

养殖场（户）类别		户数占比	平均调整幅度
小规模	恐慌抛售	18.27	−23.77
	未受情绪影响	81.73	23.96
大规模	恐慌抛售	31.73	−40.48
	未受情况影响	68.27	13.26

注：小规模、大规模分组是所有养殖场（户）样本按年末存栏量排序后等分。

（三）实证分析

1. 多重共线性检验

考虑到自变量中疫情应对能力、个体特征等变量可能对养殖场（户）的恐慌情绪存在一定影响，为确保回归结果不存在偏差，首先运用方差膨胀因子对变量进行多重共线性检验。检验结果显示（如表 8-4），模型 VIF 均值为 1.08，最大值为 1.19，均远小于 10，表明模型不存在多重共线性问题。

表 8-4　多重共线性检验结果

变量名	VIF	1/VIF
疫病防控专业性	1.09	0.92
购置保险情况	1.08	0.93
恐慌情绪	1.01	0.99
养殖模式	1.19	0.84
从业年限	1.17	0.86
受教育情况	1.07	0.94
经济效应情况	1.02	0.98
环保政策约束情况	1.03	0.97
平均 VIF	1.08	—

2. 线性检验与剩余非线性检验

由表 8-5 可知，模型在 1% 显著水平下拒绝原假设，表明变量间具有非线性关系。由剩余非线性检验结果可知，模型在 10% 显著水平下未能拒绝原假设，表明适合采用单个转换函数的 PSTR 模型对变量进行估计。最后，模型位置参数检验结果表明（如表 8-6），模型最优位置参数个数为 1。

表 8-5　线性检验与剩余非线性检验结果

检验类型	检验假设	LM 检验	LRT 检验
线性检验	H0:r=0	20.378***	20.894**
	H0:r=1	(0.009)	(0.007)
剩余非线性检验	H0:r=1	9.688	9.803
	H0:r=2	(0.288)	(0.279)

注：括号内为统计量对应的 P 值，*、**、***分别表示在 1%、5%、10%水平下显著。

表 8-6　模型位置参数个数检验结果

m=1		m=2		结果
AIC=-2.537	BIC=-2.362	AIC=-2.523	BIC=-2.339	m=1

3. 参数估计及分析

本研究采用格栅搜索法寻找平滑参数 γ 和位置参数 c，通过确定残差平方和最小时的参数值 γ 和 c 对模型进行估计。

由模型估计结果可知（如表 8-7），疫病防控专业性和购置保险情况均在 1% 显著性水平下对生猪存栏变动率具有显著的正向影响，表明非洲猪瘟疫情背景下，相较于具备疫情应对能力的养殖场（户）而言，未进行专业防疫及未购置保险的养殖场（户）更倾向于调减养殖规模。由此，市场效应（假说 1）得到验证。恐慌情绪变量在 1% 显著性水平下对生猪存栏变动率具有显著的负向影响，表明受恐慌影响的养殖场（户）更倾向于调减养殖规模，由此，情绪效应（假说 2）得到验证。市场效应对生猪生产的影响在位置参数两侧未能呈现出显著差异，表明其影响并未随养殖规模的扩大而增强。可能的原因是，大规模养殖场（户）疫病防控的硬件设施更为完备，即便其未进行专业防疫或是购置保险，疫情冲击对其期望收益的影响仍然较小，从而抵消了规模效应的影响。情绪效应对生猪生产的影响在位置参数两侧呈现出显著差异。也即是恐慌情绪对养殖场（户）养殖决策的影响应被分成高、低两种不同的区制，其影响程度将随转换变量的变动在不同区制之间平滑转换（如图 8-8）。具体而言，当养殖规模小于 4 783（$e^{8.473}$）头时，模型处于低区制，此时受到恐慌情绪影响的养殖场（户）将使存栏调减 44.8%；当养殖规模大于 4 783 头时，模型处于高区制，非线性部分的影响随着转换变量的增大逐渐增强，即影响系数将以

11.574 的速度从低区制向高区制平滑转换增强，最终将驱使存栏下降 77.0%。表明情绪效应对生猪生产的影响随养殖规模的扩大转换至了更强水平。由此，规模效应（假说 3）得到部分验证。养殖模式变量在 10% 显著性水平下对生猪存栏变动率具有显著的正向影响，表明非洲猪瘟疫情对采用不同养殖模式的养殖场（户）产生了不同影响，相较于自繁自育模式而言，专业化养殖更容易受到疫情的负面影响。由此，生产效应（假说 4）得到验证。就各效应对养殖决策影响的程度而言，通过比较各回归系数绝对值大小可知，疫情冲击的情绪效应对生猪生产的影响程度最大，其次是市场效应，生产效应的影响程度最小。

表 8-7　模型估计结果

类型	变量	估计值	T 统计量
线性部分	盈利情况	0.250***	5.994
	从业年限	−0.018	−0.487
	受教育程度	−0.020	−0.155
	疫病防控专业性	0.179***	3.681
	购置保险情况	0.238***	2.609
	恐慌情绪	−0.448***	−10.657
	养殖模式	0.081*	1.795
	环保政策约束情况	−0.180**	−2.311
非线性部分	盈利情况	−0.070	−0.817
	从业年限	−0.052	−0.774
	受教育程度	−0.071	−0.564
	疫病防控专业性	0.371	1.284
	购置保险情况	−0.010	−0.074
	恐慌情绪	−0.322***	−3.752
	养殖模式	−0.085	−0.906
	环保政策约束情况	0.232	1.414
	C	8.473	—
	γ	11.574	—
	RSS	28.812	—

注：*、**、*** 分别表示在 10%、5%、1% 水平下显著。

控制变量中，反映养殖场（户）个体特征的受教育程度、养殖年限未通过显著性检验，表明，面对具有 100% 致死率的非洲猪瘟疫情，上述个体特征的差异不是影响养殖场（户）决策的主要因素。盈利情况变量在1%显著性水平下对生猪存栏变动率具有显著的正向影响，表明在较好经济效益驱使下，养殖场（户）倾向于扩大养殖规模，增加生猪生产。环保政策约束在5%显著性水平下对生猪存栏变动率具有显著的负向影响，表明环保政策确实对生猪生产产生了负面影响。

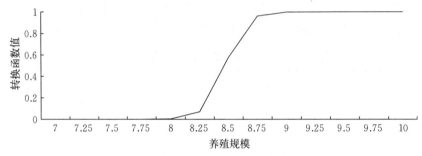

图8-8　模型转换函数取值示意图

（四）研究结论

近年暴发的重大疫情对生猪养殖业造成了严重冲击，致使猪肉供给短缺、肉价飞涨，相关情况受到社会的广泛关注。本研究以非洲猪瘟疫情为例，在控制了个体特征、市场、环保政策等因素的基础上，从市场效应、情绪效应、规模效应及生产效应四个维度出发分析了疫情冲击对生猪生产的影响机理，并基于河北、黑龙江、江苏、山东、河南、湖北、广东、四川8省两期（2018—2019年）416户生猪养殖场（户）的调研数据，利用PSTR模型，对此进行了实证检验，研究发现：第一，从市场效应来看，疫情冲击驱使疫情应对能力欠缺的养殖场（户）进行自我淘汰，进而对生猪生产造成影响；从情绪效应来看，疫情冲击通过引起养殖场（户）的恐慌情绪对生猪生产造成负面影响；从规模效应来看，养殖规模的扩大加剧了情绪效应对生猪生产的影响；从生产效应来看，疫情冲击通过影响生产要素的正常供给，对专业化养殖形成了要素约束，最终对生猪生产产生影响。上述三种效应中，疫情冲击的情绪效应对生猪生产的影响程度最大，其次是市场效应，生产效应的影响程度最小。第二，面对疫情冲击，不同规模养殖场（户）的生产稳定性存在显著差异。大规模养殖场（户）具有更强的疫情应对能力，然而其也更容易产生恐慌情绪，并且一旦受到恐慌情绪的影响，其将倾向于进行清栏式抛售，大幅调减养殖规模，造成生猪产能的断崖式下跌。

第九章 环保和非洲猪瘟疫情双重夹击下中国生猪生产如何恢复[*]

改革开放以来，中国生猪产业实现了快速发展，完全扭转了猪肉供给短缺的局面（王明利，2018）。2015 年前后，环保政策逐步趋紧，《畜禽规模养殖污染防治条例》《全国农业可持续发展规划（2015—2030 年)》《关于促进南方水网地区生猪养殖布局调整优化的指导意见》和《畜禽养殖禁养区划定技术指南》等一系列规划、文件先后出台，主要从环保措施及区位布局两个方面对生猪产业提出了新的要求，驱使其向绿色、可持续发展的新阶段迈进。然而一些地方政府趁机对不带来税收却增加当地污染和疫病风险的生猪产业进行了打压、约束。在这一过程中，生猪产业又遭受到非洲猪瘟的巨大冲击，最终导致 2019 年猪肉供给断崖式下滑、肉价飞涨的不利局面。本章基于课题组于 2019 年 10—11 月对全国 8 省的实地调研，在获取翔实的第一手数据基础上，通过分析养殖业者对疫情的反应及应对措施、环保等政策的实施情况及影响，把握中国生猪养殖业现状，剖析当前行业发展面临的主要困难，并最终提出恢复生猪生产的政策建议。

一、环保、疫情双重约束下的生猪养殖业现状

（一）样本选择及数据来源

本研究在充分考虑地区特征、产销情况、代表性等方面因素的基础上，于 2019 年 10—11 月对全国 8 个生猪产销大省（河北、黑龙江、江苏、山东、河南、湖北、广东、四川）的 16 个县（市）主管部门、240 个养殖场（户）进行了座谈及问卷调查，最终收回有效问卷 238 份。其中，近三年平均年末生猪存栏小于 500 头的小规模户占 31.10％，存栏 500～5 000 头的中规模养殖场（户）占 57.14％，存栏大于 5 000 头的大规模养殖场（户）占 11.76％。

（二）生猪生产形势

1. 政策因素、非洲猪瘟疫情先后主导生猪存栏下降

调研数据显示（如表 9 - 1），2017 年年末至 2019 年年末生猪存栏持续下

---

* 本章部分内容已发表在《农业经济问题》2020 年第 6 期上。

降，其中 2018 年年末生猪存栏同比下降 2.88％，2019 年年末生猪存栏同比下降 20.43％。

存栏变动原因方面，2018 年生猪市场表现出缓慢复苏迹象，但主要受到环保等政策影响，生猪存栏最终下降。调研样本中，25 户受访对象因价格低迷主动调减存栏，使存栏下降 1.24％；75 户受访对象出于效益或预期向好而扩大养殖规模，使存栏上升 6.21％。受环保政策影响，20 户受访对象调减存栏，使总存栏下降 3.67％，21 户受访对象产能增长受到限制。同时，从各地主管部门了解到，环保政策使各地存栏下降了 5％～20％，还有一批养殖场（户）受地方政策影响而被清理、关停，但在本次调研问卷中没有被纳入[①]。调研样本中，9 户受访对象因受到政策支持而扩大养殖规模，使存栏上升 2.02％。非洲猪瘟对生猪存栏的影响则相对较小，只涉及 14 户受访对象，其中 3 户受感染、11 户因恐慌抛售，且主要集中在个别地区，使存栏下降 1.08％。此外，11 户受访对象依据公司长期发展战略而调整了存栏，使存栏上升 1.21％，84 户受访对象未主动调整存栏。

进入 2019 年，非洲猪瘟成为生猪存栏下降的主导因素，24 户受访对象表示生猪受到感染，70 户因恐慌被迫抛售，使存栏较 2018 年年末下降 29.74％。2019 年上半年价格低迷和环保政策还分别造成 3 户、8 户受访对象调减存栏，使存栏分别下降 0.28％、0.89％。为有效应对非洲猪瘟的冲击，各级政府陆续出台诸多生猪生产支持政策，其中 33 户受访对象由此增加存栏，使存栏上升 1.74％；同时，生猪价格的持续上涨推动 61 户受访对象扩大养殖规模，使存栏上升 4.16％。此外，2 户受访对象因企业内部原因调整了养殖规模，使存栏上升 4.76％。剩余 37 户受访对象未主动调整存栏。

表 9-1　生猪存栏变动情况

年份	指标	市场因素		外部因素	
		价格低迷	收益/预期向好	政策因素	非洲猪瘟
2018 年	存栏变动幅度（％）	−1.24	6.21	−7.98	−1.08
	受影响户数（户）	25	75	50	14
	受影响户数占比（％）	10.50	31.51	21.01	5.88
2019 年	存栏变动幅度（％）	−0.28	4.16	0.85	−29.74
	受影响户数（户）	3	61	41	94
	受影响户数占比（％）	1.26	25.63	17.22	39.50

①　由于已被清理、关停养殖场不是本次调研对象，所以问卷反映数据偏小，故参考地方主管部门提供数据，按存栏下降 10％计算政策影响。

2. 生猪养殖意愿稳步回升，未受非洲猪瘟影响的养殖场（户）推动生产恢复

生猪养殖意愿总体表现出稳步回升的态势，43.27％的受访对象计划扩大养殖规模，将使全部生猪存栏较 2019 年年末增长 24.64％，基本恢复到非洲猪瘟爆发之前水平。

受非洲猪瘟不同程度的影响，各养殖场（户）养殖意愿存在较大差异。从表 9-2 可知，曾受非洲猪瘟影响（感染、恐慌抛售）的养殖场（户）的恐慌情绪基本得到逆转，谨慎复养是其主要特征。其中，36％左右的受访对象愿意通过复养扩大现有养殖规模，而超过半数受访对象仍将保持现有较小养殖规模，持续观望。未受非洲猪瘟影响的养殖场（户）以进一步扩张为主要特征。其中，47.92％的受访对象计划进一步扩大养殖规模，49.3％的受访对象将维持现有规模，此外，5.04％的受访对象出于规避引种过程中的疫病感染等风险，选择适当调减养殖规模。

表 9-2　不同情况养殖场（户）调整养殖规模户数占比情况

单位：％

养殖场（户）受影响情况	扩大规模	调减规模	维持现状
感染	37.50	8.33	54.17
恐慌抛售	35.71	8.57	55.71
未受影响	47.92	2.78	49.31

3. 三元留种大幅增长，母猪存栏迅速回升

从调研数据来看（如图 9-1），2019 年年末能繁母猪存栏同比下降 3.89％，其中，二元能繁母猪存栏同比下降 20.17％，而在养殖收益持续保持高位、二元能繁母猪紧缺的情况下，部分养殖场（户）直接将适龄商品母猪转作能繁母猪，还出现了主动购进他人出栏的三元母猪进行配种的情况，三元能繁母猪存栏同比增长 258.79％，占能繁母猪比例由 2018 年年末的 9.10％上升为 24.49％。同时，随着养殖意愿的逐步回升，包括规模养殖企业在内的诸多养殖场（户）陆续开始将三元母猪留作种猪，甚至部分养殖场（户）"见母就留"，由此，在较短时间内促成了后备母猪数量的大幅增长，2019 年年末后备母猪存栏同比增长 53.70％。可见，能繁母猪数量能够较快恢复，但据专家估计，三元母猪与二元母猪相比，仔猪的繁殖成活率要下降 15％～20％，这样会在很大程度上影响生猪生产效率的提升，对生猪产能恢复最终是不利的。

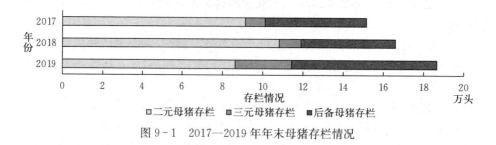

图 9 - 1　2017—2019 年年末母猪存栏情况

4. 受非洲猪瘟冲击，能繁母猪死亡率大幅上升，但管理精细化及养殖投入的加大，有效阻止了生产效率的下滑

从调研情况来看（如表 9 - 3），2019 年能繁母猪平均死亡率较 2018 年上升了 45.71%，达到 5.1%。生产效率方面，为规避感染风险，部分养殖场（户）暂停了对能繁母猪的配种，加之三元母猪占比的大幅上升，能繁母猪生产效率势必受到一定影响。但 2019 年 MSY 仅略低于 2018 年，仍高于 2017 年，表明能繁母猪生产效率并未大幅下滑。究其原因，一是通过加大对分娩过程的看护力度，有效降低了产仔过程中仔猪的死亡率，如部分养殖场（户）在高额经济回报激励下，对分娩的母猪进行了 24 小时看护，及时处理各种不利情况，最大限度避免了因管理疏忽导致的仔猪死亡。二是通过加大物质投入，有效控制了育肥阶段死亡率。调研数据显示，2019 年育肥阶段的防疫、治疗以及保健投入分别同比增长了 20.36%、9.94% 和 13.67%。

表 9 - 3　能繁母猪死亡率、生产效率情况

年份	能繁母猪死亡率（%）	平均生产窝数（窝）	每窝平均产子数（头）	产仔死亡率（%）	保育死亡率（%）	育肥死亡率（%）	每头母猪每年出栏肥猪数（头）
2017	2.70	2.12	11.45	7.09	5.62	5.88	20.06
2018	3.50	2.14	11.67	8.13	5.80	5.76	20.43
2019	5.10	2.12	11.65	7.88	6.00	5.85	20.14

（三）生猪养殖疫病防控及环保治理情况

1. 日常防疫得到普及且趋于专业化

生猪养殖日常疫病防控得到养殖场（户）的普遍重视，89.92% 的受访对象与当地兽医建立了长期合作关系。就各防疫环节具体而言（如图 9 - 2），99.16% 的受访对象制定了免疫计划，其中 80% 是由官方兽医或是技术人员等

专业人士制定；96.22％的受访对象开展了生猪疫病日常检查工作，其中74.68％由专业人士定期开展；对于发现的疫病，79.41％的受访对象倾向于聘请专业人士进行处理，其中38.09％的养殖场（户）完全交由专业人士处理，剩余61.91％的养殖场（户）在疫病严重性时，才交由专业人士处理。

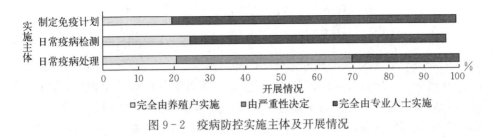

图 9-2　疫病防控实施主体及开展情况

2. 生猪健康养殖受到普遍重视

在注重疫病防控的同时，进行生猪健康养殖，增强生猪体质也得到了养殖场（户）的重视。从调研数据来看（如图 9-3），96.64％的受访对象具有生猪健康养殖意识，绝大部分养殖场（户）均保持了合适的养殖密度，提供了清洁的饮用水、充足的保育期以及舒适的圈舍，饲料添加剂使用趋于规范化。此外，26.47％的受访对象还在养殖场内配套了生猪运动场。

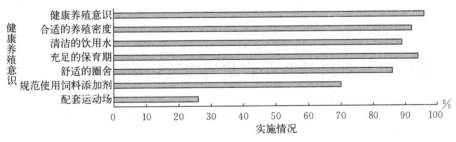

图 9-3　生猪健康养殖意识及措施

3. 生猪养殖场（户）具备较强的环保意识

在相关政策推动下，生猪养殖场（户）环保意识日益增强，受访对象中97.48％具有环保意识，92.86％了解当地畜禽环保相关的法律法规。粪污清理方式也趋向环保化（如表 9-4），以往绝大部分养殖场（户）所采用的"水冲粪"这种不环保方式（吴根义等，2014），已基本被环保的清理方式所替代，其中，"干清粪"成为养殖场（户）主要采用的方式，较为环保的"水泡粪"方式也得到一定采用。

表9-4　粪污清理方式特点及使用占比

单位:%

清理方式	清理特点	环保程度	采用占比
水冲粪	清理方便；用水多，粪污增量多，污染物浓度高	不环保	16.74
水泡粪	清理方便；用水少，粪污增量少	较环保	17.17
干清粪	清理成本高；后续处理容易	环保	66.09

4. 粪污的无害处理与资源化利用均得到重视

从表9-5可知，94.96%和84.87%的受访对象分别对干粪和粪水进行了无害化处理；运用沼气池对干粪进行厌氧发酵的养殖场（户）已超过进行简单堆肥好氧发酵的养殖场（户），这表明生猪养殖业的环保设施已得到进一步提升。粪污资源化利用方面，通过种养结合，72.27%的受访对象对干粪进行了资源化利用，平均利用率达到71.56%；74.78%的受访对象对粪水进行了资源化利用，平均利用率达到78.27%。

表9-5　粪污无害化处理情况

单位:%

粪污类别	好氧发酵	厌氧发酵	微生物发酵	达标排放	多种方式处理	其他	合计
干粪	35.71	41.18	5.04	0.84	10.92	1.26	94.96
粪水	40.76	29.41	2.52	5.04	7.14	2.52	84.87

二、当前生猪养殖业面临的主要困难

调研数据显示（如图9-4），疫病风险大是当前生猪养殖业面临的首要困

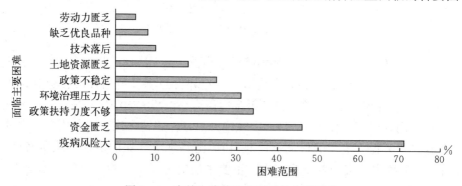

图9-4　当前生猪养殖业面临的主要困难

难，71.43％的受访对象受此影响；68.75％的受访对象表示生猪养殖受到自身资金、劳动力、技术、良种等生产要素不足的制约，而资金匮乏尤为突出，45.98％的受访对象受此影响；59.82％的受访对象受到政策因素影响，其中，57.47％的养殖场（户）认为生猪养殖业缺乏政策支持，剩余42.53％的养殖场（户）则认为相关政策缺乏稳定性；此外，环保、土地等方面对生猪养殖业的束缚仍然存在。

（一）疫病风险是阻碍当前生猪生产恢复的首要因素

受非洲猪瘟直接影响，大量养殖场（户）出于规避风险的考虑，不愿再继续养殖。从图9-5可知（因涉及疫情等敏感因素，为尊重地方政府意愿，特用"区位＋字母"代替具体县市名称，下同），非洲猪瘟疫情影响户数多、覆盖范围广，是当前绝大部分地区生猪养殖业面临的首要困难。调研了解到，由于当前生猪养殖场户很多存在负债经营的情况，一旦再受感染，则将遭受毁灭性打击，所以出于规避风险的考虑，其多倾向于控制养殖规模，甚至转而饲养家禽。同时，错误的防疫观念及外部疫情的不明朗加剧了疫病风险对生猪养殖业的影响。

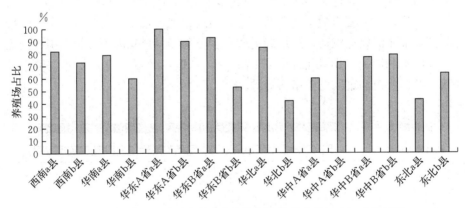

图9-5　当前各地受到非洲猪瘟疫情影响的养殖场（户）占比情况

一是受错误防疫观念的影响，养殖场（户）不敢扩大养殖规模。当前部分养殖场（户）存在"重疫苗，轻生物安全"的错误防疫观念，致使其在缺乏疫苗的情况下，不敢扩大生猪养殖规模。从图9-6可知，当前生物安全未能真正受到重视。虽然98.73％的受访对象均采取了生物安全措施，但绝大部分只是对来往人员、车辆进行了控制及消毒，进行空栏消毒及日常消毒的比例较低，而对引种及购进饲料的消毒、隔离更是被相当部分养殖场（户）所忽略。

此外，58.82%受访对象的养殖场布局不合理，这直接导致养殖场与外界之间缺乏足够的防范空间，极大增加了感染疫病的风险。实际上，从调研情况来看，部分养殖场（户）通过严格实施生物安全措施，有效消除了非洲猪瘟感染风险，如28.57%的受访对象并未将疫病风险视为当前面临的困难。

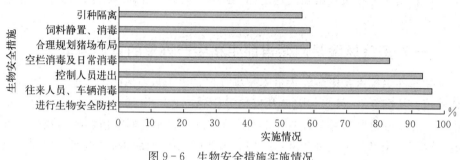

图9-6　生物安全措施实施情况

二是外部疫情不明朗，阻碍养殖场（户）引种复养。调研数据显示（如图9-7），部分养殖场（户）对非洲猪瘟检测及疫情处置还不规范。非洲猪瘟检测方面，5.58%的受访对象凭经验判断自家生猪是否感染非洲猪瘟；对于发现的非洲猪瘟疫情，高达11.42%的受访对象倾向于通过隔离治疗、消毒等方式进行私下处置。加之当前生猪养殖均为封闭式管理，致使养殖场（户）无法准确掌握外部非洲猪瘟疫情，这最终造成众多养殖场（户）因不敢轻易引种而无法复养的不利局面。据某地主管部门反映，当地养殖场（户）复养失败中的70%~80%是由购进问题生猪所导致。

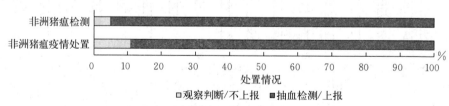

图9-7　非洲猪瘟检测、疫情处置情况

（二）资金不足是制约生猪生产恢复的重要原因

1. 自有资金匮乏，难以应对高昂的复养成本

一是生猪价格长期低迷，养殖场（户）现金流吃紧。2017年禁养区划定期间，一些地方政府环保"一刀切"，直接拆除了大量生猪养殖场，引发了第一轮生猪清栏抛售，2018年8月暴发的非洲猪瘟又造成大量生猪被恐慌抛售，

致使生猪价格长期低迷，行业整体亏损严重，养殖场（户）现金流吃紧。二是进行生猪复养的成本高，养殖场（户）难以应对。进入 2019 年下半年，随着猪肉供给的短缺，生猪价格持续攀升，后备母猪、仔猪价格也跟随大幅上涨（如表 9 - 6），对于受到非洲猪瘟影响的养殖场（户）而言，因此时仅剩少量育肥猪可出栏，不但资金压力未能得到有效缓解，而且面临高昂的复养成本。同时，复养前还须要投入大量资金建设洗消点、购置防疫设施，提升防疫水平，为此诸多养殖场（户）表示无力应付。

表 9 - 6　2017—2019 年能繁母猪、仔猪平均购进费用

单位：元

年份	2017	2018	2019
能繁母猪购进费用	2 185.24	2 113.22	4 336.96
仔猪购进费用	555.84	531.21	1 139.00

2. 政策支持力度不足

一是资金支持政策排斥中小规模养殖场（户）。有养殖场（户）反映，当前金融支持、财政补贴等政策的申领门槛设定过高，将大量中小规模养殖场（户）排除在外，甚至在一些地区，全县几乎没有符合要求的养殖场（户）。二是信贷政策落实难到位。银行等金融企业出于自身利益的考虑，逐步收紧了现有生猪养殖场（户）的可贷资金，而将资金投向风险相对较小的正在新建的生猪养殖场。某规模养殖企业负责人介绍，2018 年 6 月，活猪抵押可贷金额下降为平时的 1/3，随后可贷资金进一步减少，至 9 月活猪已不能抵押贷款。三是生猪养殖规模与地方政府政策支持能力不匹配。当前生猪养殖主要集中在农业大省，在省内又集中在经济发展水平较低的县市，这些地区财政收入有限，支持生猪生产恢复的能力较为欠缺。在某些主产区调研时发现，存在众多养殖场（户）争取少量财政补贴指标以及地方财政无力承担强制扑杀配套资金的情况。四是生产支持政策滞后，政策效用难发挥。在非洲猪瘟首次暴发 7 个月之后，相关部门才通过开展冻猪肉储备收储工作对生猪存栏持续下降进行了首次政策干预，12 个月之后才密集出台相关支持政策，在调研期间，许多支持政策还未落地。而此时因恐慌情绪，大量生猪已经遭到抛售，致使相关政策难以发挥作用。

（三）部分地区环保要求仍过严，现实压力或前期阴影仍在打击生猪养殖的积极性

从调研情况来看，部分地区还存在环保要求过严的现象，造成当地养殖场

（户）粪污处理成本过高，最终导致一些规模养殖企业被迫调减存栏，一些中小规模养殖场（户）被迫退出，对当地生猪养殖业发展造成一定阻碍。就现存养殖场（户）而言，调研数据显示（如图9-8），部分地区接近半数受访对象仍将环保压力视为其面临的三项主要困难之一[①]。如一些地区一味强调使用污水处理设施以实现达标排放，甚至要求通过循环利用，实现零排放；一些地区则要求生猪养殖（户）彻底解决养殖臭味问题，而诸多养殖场（户）反映，以当前经济技术条件难以实现，使用活性炭是除臭的最佳方式，但成本高且仍然无法达到要求；还有一些地区在短时间内不断提高环保标准，某养殖户介绍，养殖场当年能达到环保标准，下年就未必能达到要求。为此，自2016年开始，其先后建设了沼气池、异位发酵床，购置了干湿分离机、吸粪车等多种处理设备。

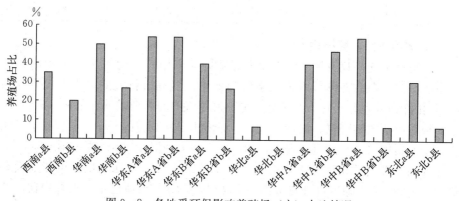

图9-8　各地受环保影响养殖场（户）占比情况

（四）政策稳定性受质疑，削弱养殖场（户）投资意愿

进行生猪养殖场建设属于一项长期投资，政策稳定是促成长期投资的前提条件（洪炜杰等，2018）。然而，25.45％的受访对象对当前政策稳定性持怀疑态度。一方面，前两年禁养区、限养区划定期间，一些地方政府大搞环保"一刀切"，甚至扩大政策边界，趁机对中小规模养殖场（户）进行了定向清理，大量养殖场（户）遭到直接拆除。当前为应对猪肉供给紧缺的不利局面，又出台诸多政策支持生猪养殖。前后政策导向的强烈反差让养殖场（户）对当前支持政策的稳定性产生了怀疑，担心在猪肉供给充足后，随着相关政策调整，养

---

　　① 在调研问卷中，受访对象按照重要程度，选出当前其从事生猪养殖面临的三项最大困难，并排序。

殖场会再次遭到拆除。调研过程中还了解到，许多地区都存在一些手续齐全甚至建成 10 年的养殖场，因占地被调整为基本农田，或由于其他原因而遭到地方政府强制拆除的情况，这更加剧了养殖场（户）对政策稳定性的担忧。

（五）生猪养殖业发展受土地制约大

从调研情况来看，受非洲猪瘟影响，尽管当前生猪养殖闲置产能较多（原有猪场空栏或产能不足现象较多，或改养其他畜禽），但生猪在原有养殖场复养风险很大，新建养殖场又难以找到合适用地，所以土地对生猪生产恢复的制约很大。一是受地方国土规划限制，可用土地仍然匮乏。一些地区将具有更高价值、用途能够变更的一般农田设定在城镇周边及公路沿线，为将来城市发展留足空间，而将用途不能变更的基本农田设定在远郊农村。这种规划就将生猪养殖用地陷入了两难境地，即具有养殖用地的地方达不到环保或防疫要求，不能修建养殖场，远郊农村适合生猪养殖，但又无可用土地。某地方品种猪场负责人介绍，非洲猪瘟暴发期间，该地方品种生猪表现出较强抗逆性，受到众多养殖场（户）追捧，其为扩大生猪养殖规模，曾找遍全县一般农田，结果全部不能用于养殖；而据一位兼任村干部的养殖户介绍，他们村大约有 4 000 亩耕地，但在 2014 年后，绝大部分就被划为了基本农田，现在已经找不出可用于生猪养殖的土地。二是受地方政府政策倾向影响，中小规模养殖场（户）难发展。规模养殖企业防疫设施较为完备，生产效率相对较高，且数量较少便于政府管理，一直是各地政策主要的支持对象，尤其在当前生猪供给急需恢复的情况下，各地政府更是依赖于规模养殖企业，由此进一步挤压了众多中小规模养殖场（户）的发展空间。如一独立农户占地 3 亩，饲养生猪存栏 500 头，长期人畜混居，其计划将养殖规模扩大 50%，但一地难求，而同县一设计存栏超 10 万头的特大养殖场却已完成征地，准备开工建设。

三、进一步推动生猪生产恢复的政策建议

（一）进一步提升生猪养殖业疫病防控条件

要加强对非洲猪瘟疫情的掌握及公示，消除养殖场（户）引种顾虑。一是加强宣传教育，提升养殖场（户）检测、处置非洲猪瘟疫情的规范性，增强地方主管部门对疫情的掌握程度。二是要协助有意愿的养殖场（户）定期进行非洲猪瘟等疫病检测，并及时公示这些信息，以此减少养殖场（户）在引种过程中面对的不确定性，消除引种顾虑。

（二）优化支持政策对象划分标准，适当扩大资金支持覆盖面

应当优化以不合理的养殖规模作为划分政策对象的这一标准。一方面，养殖规模不能完全代表防疫水平；另一方面，养殖规模也不能反映养殖场（户）的行为（饶静等，2018）。从调研情况来看，中小规模养殖场（户）规模较小，便于控制人流、车流进出频率，表现出一定的疫病防控优势，以及较强的养殖意愿。同时，中国中小规模养殖场（户）生猪出栏数量占到全国生猪出栏的50%以上，若其生猪存栏不增加，短期内中国生猪供给将难以大幅增长。可尝试将防疫条件、效果等实际情况作为划分标准，将具有较低疫病风险的区域及养殖场（户）纳入政策覆盖范围中，适当扩大资金支持覆盖面，帮助众多养殖场（户）摆脱当前因资金不足而无法复养或是扩大养殖规模的困境。

（三）合理制定生猪养殖环保标准，鼓励实施种养结合

一是破除"达标排放"这一激进思维定式，应当允许并鼓励养殖场（户）通过种养结合等形式，对生猪养殖排放进行资源化利用，减轻企业不必要的环保负担。二是出台符合各地当前经济发展水平的环保标准，避免盲目拔高相关标准，打击当地养殖场（户）积极性。三是应制定长期的畜禽粪污资源化利用及污染治理方案，给予养殖场（户）稳定的环保预期，避免因环保政策和制度频繁变动而造成养殖场（户）的重复投资以及对政策稳定性的担忧。

（四）加强规划统筹，保障生猪养殖用地供给

一是合理规划用地面积及空间布局。在进行国土空间规划时，综合考虑当地猪肉供给目标与地方土地粪污消纳能力，明确生猪养殖用地面积，在此基础上统筹城市扩张与生猪养殖业发展，对一般农用地进行合理布局，确保有足够可进行生猪养殖的土地。二是兼顾大规模养殖企业与中小规模养殖场（户）用地需求；生猪养殖业是农村重要的经济支柱，是广大农民实现增收的重要途径，同时，中国国情也决定了畜牧业的发展离不开农户，所以不能只一味支持大规模养殖企业，还应当让具有实力及意愿扩大养殖规模的中小规模养殖场（户）同样拥有发展空间。

（五）完善生猪养殖业相关法规制度建设

一要明确界定相关政策边界。对政策目标、权力范围等方面进行清晰的界定，最大限度消除相关政策在执行过程中产生的偏差。二是规范地方政府行为。地方政府应当主要从环保、疫病防控、肉质安全等具有负外部性的方面对

养殖场（户）进行管理，而避免对生猪养殖的直接干预，尤其要避免对手续齐全的养殖场采取"一刀切"式的强制拆除。三是构建重大疫病冲击生猪生产支持政策预案。构建涉及能繁母猪存栏、生猪屠宰量、价格变化幅度等情况的预警值级，及时、准确把握疫病冲击对生猪生产可能造成的影响；围绕生产、流通领域，集合信贷、保险、财政补贴等政策手段，科学划分各政策主体责任，构建响应方案；同时，必须构建预案执行监督机制，确保预案及时响应和有效实施。

第十章　中国生猪产业提质增效转型升级路径及对策建议

根据国内生猪产业发展现状、国外生猪产业可借鉴经验、典型模式剖析及生猪高效安全技术应用与示范的综合效益评估结果，提出推动中国生猪产业提质增效、转型升级的路径及对策建议。

一、中国生猪产业提质增效转型升级路径

(一) 调整生猪养殖结构，走适度规模养殖道路

纵观全球生猪养殖业发展，适时进行生猪养殖结构调整，发挥不同规模生猪养殖场（户）的优势，以适应不同时期的发展要求，是推动生猪养殖业发展的重要动力。本研究表明，在强调规模化养殖对于提升生猪养殖业防疫专业性及硬件设施完备性等方面所具有积极作用的同时，还应清楚认识到大规模养殖场（户）面对疫情冲击时的心理劣势，以及难以对粪污进行高效处理的弊端。因此，应引导、培育小规模养殖户向着适度规模养殖的家庭农场方向发展，走渐进式规模化道路应是未来实现生猪养殖业提质增效的重要途径。

(二) 加快产业一体化进程，走全产业链经营道路

多年以来，饲料生产、生猪养殖、屠宰加工和产品销售等环节，多由不同的专业化公司经营，做全产业链一体化经营的公司较少。非洲猪瘟疫情发生以来，为确保生物安全和产品质量安全，越来越多的企业集团开始发展一体化经营，以实现闭环生产，最大限度避免外部疫情的传入。例如，新希望六和、唐人神集团、正大集团等公司，过去均以饲料生产为主，近两年开始集中在生猪养殖或屠宰加工环节发力，而且增长速度较快；牧原集团始终以生猪养殖为主业，基本不涉足其他环节，非洲猪瘟疫情发生以来，集团开始在屠宰加工环节发力，先后在全国多地上马屠宰加工项目，部分项目已经投入运营。

(三) 优化区域布局，走以地定养的绿色发展道路

虽然当前生猪养殖粪污处理得到了生猪养殖业的普遍重视，粪污处理设施、设备得到一定程度的普及，种养结合成为粪污末端处理的主要方式。但受

周边可用土地数量不足的约束，生猪粪污造成的土地污染问题仍然较为严重，并且随养殖规模的扩大而加剧。所以应当调整当前重视粪污处理过程，轻视粪污处理结果的环保思路，在积极推进种养结合的同时，还应综合考虑当地猪肉供给目标与地方土地粪污消纳能力，优化生猪养殖区域布局，走以地定养的绿色发展道路。

（四）构建生物安全体系，走高效疫病防控道路

扭转"重疫苗，轻生物安全"的错误防疫观念，构建涉及全行业，覆盖养殖场内外多维度的生物安全体系是破解生猪养殖疫病约束的重要路径。具体而言，首先，要构建公共区域的生物安全体系，如在关键路段建立洗消中心，限制不同区域生猪交叉运输等，阻断疫情的交叉传播，把疫情控制在最小范围内。其次。要构建养殖场内的生物安全体系，如成立专业的生物安全管理队伍，制定相应的防疫规程，对加强员工培训，并及时评估疫情的发展变化情况等，争取把非洲猪瘟病毒阻挡在猪场外。

二、对策建议

（一）加大生猪良种繁育体系建设力度

一是从国家层面顶层设计、系统谋划全国生猪良种繁育体系建设工作。继续实施全国生猪遗传改良计划和生猪良种工程，加大对国家核心育种场的管理和技术支撑，鼓励核心育种场开展疫病净化，提高育种效率。二是从财政、金融和保险等方面加大支持力度，引导培育有实力的大型龙头企业，高度重视生猪良种繁育工作，充分利用其资金、技术和市场等优势，培养育种人才，提升育种技术，增强创新能力，加快优良品种的推广和应用。三是加大对地方优良生猪种质资源的收集、保护和研究力度，防止地方优良种质资源的流失和灭绝。

（二）充分利用不同养殖模式的优势

一是应当重视"公司＋家庭农场"模式对于带动中、小规模养殖场（户）的积极意义，充分发挥龙头企业的带动作用，实现产业整体素质提升。要引导、支持有能力及意愿的小规模养殖场（户），扩大养殖规模，发展成为家庭农场式的中规模养殖场（户）。要调整当前主要扶持大规模、特大规模养殖场（户）的政策支持导向，将中规模养殖场（户）作为政策扶持的重点对象纳入其中，尤其是要向其提供必要的土地供给，保障其拥有发展的空间。要继续实

施生猪标准化规模养殖场（小区）建设项目，加大资金投入力度，扩大建设范围，帮助中小规模生猪养殖场（户）提高生猪标准化和规模化生产水平。二是应重视一体化养殖对于应当疫情冲击，稳定生猪生产的积极意义，鼓励实力强规模大的养殖企业向一体化经营模式发展，提升生猪产业稳产保供能力。要鼓励、引导大规模养殖企业向一体化经营模式发展，并对其提供必要的资金、土地等支持。要在生猪跨省调运等方面，给予一体化经营的养殖企业更大的自主空间，推动生猪一体化经营的发展。

（三）抓好生猪养殖污染的处理和利用

一是推动产学研结合，加大对生猪养殖废弃物无害化、资源化处理的环境治理先进技术研发力度。针对不品种、不同区域、不同发展水平，以生猪粪污减量化、资源化为重点，兼顾无害化治理，因地制宜研究推广不同模式的生猪粪污处理方法。二是按照农牧结合、生态循环发展理念，探索生态养殖模式，实现粪污资源化利用，发展循环畜牧业。整合生猪调出大县、畜禽粪污资源化利用等各类项目资金，加大生猪规模养殖场粪污处理设施建设，研究推广经济适用的生猪粪污处理工艺，提高粪污治理能力，力争尽快全面实现达标排放。三是构建养分管理体系，严格制定养分管理计划。进入 21 世纪，中国环保部门和农业农村部相继出台多项政策防治畜牧业污染问题，促进畜禽废弃物的无害化处理，如 2014 年 1 月 1 日正式实施的《畜禽规模养殖污染防治条例》（国务院令第 643 号），从总体上规范了养殖标准，鼓励和支持采取种植和养殖相结合的方式消纳利用畜禽养殖废弃物，促进畜禽粪便、污水等废弃物就地就近利用。中国虽已建立起专门的畜禽养殖污染防治的政策体系，但缺乏细致、具体的科学规划，尚存在着落实不到位、实施力度低等棘手问题，应从国家战略高度制定养分管理体系，严格制定养分管理计划。首先要从饲料配方环节入手，精确测算成分及其特性，减少过量养分进入动物体内，添加一定数量氨基酸和酶制剂，降低畜禽粪便中的有害物质含量。其次要规范粪污还田制度，中国幅员辽阔，根据各地气候条件和《畜禽粪污土地承载测算技术指南》，确定粪肥还田时间和数量标准，充分消纳粪肥养分，防止粪肥还田后的二次污染。

（四）强化动物疫病防控工作

一是完善队伍建设，强化执法监管。在机构和人员保障方面，鼓励和引导生猪养殖重点区域设置相对独立的行政管理、执法监督和技术支撑机构，并配备专门人员队伍，确保生猪疫病防控工作有实施主体；在设施设备投入和工作经费保障方面，严格按照《中华人民共和国动物防疫法》要求，将动物疫病预防、控制、扑灭、检疫和监督管理所需经费纳入各级财政预算，各级政府应加大动物防疫投入，对动物疫病防控机构实行全额财政预算管理，保证人员经费、设施设备购买和更新经费以及日常运转费用，切实保证村级防疫员补贴稳定足额供给。二是根据疫情冲击背景下不同规模养殖场（户）的决策差异，制定针对性的生产支持政策。对于中小规模养殖场（户），应着重于通过资金支持提升疫病防控条件，通过培育、完善社会化服务体系提升疫病防控的专业化水平，而对于大规模养殖场（户），应重点加强疫情信息传递，提升周边公共区域的防疫水平，以消除其不必要的恐慌情绪。三是构建生猪养殖生物安全评级制度，引导养殖场（户）重视生物安全，建立正确的防疫观念。出台生猪养殖生物安全评级标准，并尝试将生猪生产支持政策力度与养殖场（户）生猪安全等级挂钩，激励养殖场（户）提升生物安全等级，并引导其自愿参与等级评定。

（五）加强产业监测预警及信息引导

一是加快大数据平台建设和现代信息技术在生猪产业的应用，从饲料、生产、消费、贸易和流通等环节着手，切实加强对生猪产销形势的分析和研判，充分发挥监测预警信息对生猪市场运行的引导作用。二是加强农业农村部、国家发改委、商务部等不同部门间信息资源的整合共享，对比分析包括咨询机构在内的不同渠道数据并探寻其变化规律，充分挖掘数据资源的价值。强化数据分析和形势研判能力，进一步提高分析预测的科学性、准确性、及时性、针对性和前瞻性。三是定期召开新闻发布会，通过中央电视台、新华社、中国政府网、农业农村部网站等各类媒体及时向社会发布预警信息，合理引导市场预期。

（六）构建现代化农业经营服务体系，发展农业产业联合体

建立以规模化经营为基础，以利益为联结机制，以现代化管理服务为体系的新型农业经营主体。龙头企业与"公司＋"模式构成新型农业经营主体，充分发挥各自的优势，形成标准化、专业化、规模化的农业经营服务体系，为农户养殖提供技术服务与指导，培训养殖人次，充分有效提高合作农户养殖的现代化养殖水平，降低生产成本，带动生猪养殖户的持续增收。利用龙头企业的技术、人才、资金等优势，带动生猪生产养殖增加养殖户数量，提高生猪养殖的综合生产效率和资源利用率，促进新型农业经营主体之间的稳定持续发展，推进生猪养殖效益的提高。

参 考 文 献

白冬雪，2016. 黑龙江省中规模生猪生产者盈亏平衡研究［D］. 大庆：黑龙江八一农垦大学.

陈佳，2016. 美国生猪养殖规模化进程对中国的启示［J］. 北方牧业（7）：10-11.

陈静，张敏，程广燕，2019. 美国生猪粪污资源化利用经验对中国的启示［J］. 农业展望（1）：86-90.

陈荔晋，陶红军，2016. 美国猪肉产业结构和市场行为分析［J］. 猪业科学（10）：24-28.

陈天宝，万昭军，付茂忠，等，2012. 基于氮素循环的耕地畜禽承载能力评估模型建立与应用［J］. 农业工程学报（2）：191-195.

陈中彬，陶红军，2014. 美国猪肉产业政策评述［J］. 中国猪业（11）：25-30.

成佃丰，2019. 非洲猪瘟的诊断与防控措施探究［J］. 中国畜禽种业（8）：139-140.

陈菲菲，张崇尚，王艺诺，等，2017. 规模化生猪养殖粪便处理与成本收益分析［J］. 中国环境科学（9）：3455-3463.

崔海燕，白可喻，1999. 种养结合经济效益剖析——山东省禹城市小付村农户调查报告［J］. 中国农业资源与区划（6）：26-29.

戴铁军，张沛，2016. 基于物质流分析的北京市绿色 GDP 核算［J］. 生态经济（8）：129-134.

董春欣，王玉军，2014. 鸡粪堆肥过程中的挥发性气体控制效果分析［J］. 吉林农业大学学报（6）：680-684.

杜建国，2018. 浅谈从中国农业发展史看农业的传统与现代［J］. 南方农机（21）：94-96.

樊慧丽，付文阁，2019. 中国生猪规模养殖环境效率及影响因素分析［J］. 中国畜牧杂志（4）：121-126.

付蕾，冯静静，2017. 美国农业补贴对生猪产业的影响及启示研究［J］. 黑龙江畜牧兽医（7 下）：14-16.

高海秀，王明利，石自忠，2020. 中国生猪产业国际竞争力比较［J］. 西北农林科技大学学报（社会科学版）（1）：145-152.

高晓辉，2013. 中国生猪价格波动及对 CPI 影响的研究［J］. 金融发展研究（7）：36-40.

耿维，胡林，崔建宇，等，2013. 中国区域畜禽粪便能源潜力及总量控制研究［J］. 农业工程学报（1）：171-179，295.

郭栋，2020. 灾难风险经济冲击效应与货币政策机制选择研究——基于 DSGE 模型的新冠肺炎疫情经济模［J］. 国际金融研究（8）：24-34.

郭惠武，张海峰，2019. 中国生猪生产成本的国际竞争力分析［J］. 中国畜牧杂志（7）：

157 - 163.

郭建伟，刘芳，2012. 公共景区门票价格上涨的福利经济学分析——基于正外部性的视角 [J]. 价格月刊 (9)：15 - 17，30.

郭建伟，刘芳，2012. 人民币国际化的发展目标与策略分析 [J]. 华东经济管理 (11)：84 - 90.

韩俊，2016. 深入推进农业供给侧结构性改革的背景 [R]. 北京：北京大学国家发展研究院.

何泽军，王济民，马恒运，张朝辉，赵明正，2020. 中美农产品生产成本差距缘何越来越大——以生猪为例 [J]. 农业经济问题 (5)：104 - 118.

何忠伟，罗丽，刘芳，2016. 养殖户畜禽疫病防控水平及其影响因素分析 [J]. 湖南农业大学学报（社会科学版）(1)：22 - 25.

洪灵敏，许玉贵，彭芳琴，2012. 生猪饲养成本分析及农户适度规模的选择 [J]. 经济师 (2)：76 - 78.

洪炜杰，胡新艳，2018. 非正式、短期化农地流转契约与自我执行——基于关联博弈强度的分析 [J]. 农业技术经济 (11)：4 - 19.

洪炜杰，李鹏程，2019. 保护认知、产权预期及农户耕地保护意愿 [J]. 农林经济管理学报 (1)：21 - 27.

胡成波，2012. 养猪业要规避"九大风险" [J]. 中国畜牧业 (19)：93 - 95.

胡浩，戈阳，2020. 非洲猪瘟疫情对中国生猪生产与市场的影响 [J]. 中国畜牧杂志 (1)：168 - 172.

胡向东，郭世娟，2018. 疫情对生猪市场价格影响研究——兼析非洲猪瘟对产业冲击及应对策略 [J]. 价格理论与实践 (12)：51 - 55.

胡向东，王明利，2013. 美国生猪生产和价格波动成因与启示 [J]. 农业经济问题 (9)：98 - 112.

黄栋，2009. 北京市平原区地下水脆弱性研究 [D]. 北京：首都师范大学.

黄季焜，马恒运，2000. 差在经营规模上——中国主要农产品生产成本国际比较 [J]. 国际贸易 (4)：41 - 44.

黄泽颖，王济民，王晨，等，2016. 禽流感风险下肉鸡养殖户消毒行为及影响因素 [J]. 中国农业大学学报 (10)：135 - 144.

黄宗智，2014. "家庭农场"是中国农业的发展出路吗？ [J]. 中国乡村研究 (2)：100 - 125，2.

嘉慧，2007. 发达国家养殖污染的防治对策 [J]. 山西农业（畜牧兽医）(7)：53 - 54.

贾良梁，Jim Long，2016. 俄罗斯及中国观察 [J]. 国外畜牧学（猪与禽）(11)：20 - 21.

姜振军，2017. 俄罗斯国家粮食安全状况及其保障措施分析 [J]. 俄罗斯东欧中亚研究 (5)：96 - 157.

鞠光伟，2016. 中国畜牧业保险的微观效果与政策优化研究 [D]. 北京：中国农业科学院.

雷泽坤，郑正喜，许宪春，2020. 基于电商平台大数据的特征价格指数研究 [J]. 统计研究 (8)：22 - 34.

李桦，郑少锋，郭亚军，2007. 中国生猪不同饲养方式生产成本变动分析 [J]. 西北农林科技大学学报（自然科学版）（1）：63－67.

李桦，2007. 生猪饲养规模及其成本效益分析［D］. 杨凌：西北农林科技大学.

李杰，胡向东，王玉斌，2019. 生猪养殖户养殖效率分析——基于 4 省 277 户养殖户的调研［J］. 农业技术经济（8）：29－39.

李鹏程，王明利，王淑彬，2020. 中国生猪养殖粪污处理现状及经济福利效应分析［J］. 农业经济与管理（5）：90－102.

李鹏程，王明利，2020. 环保和非洲猪瘟疫情双重夹击下生猪生产如何恢复——基于八省的调研［J］. 农业经济问题（6）：109－117.

李冉，沈贵银，金书秦，2015. 畜禽养殖污染防治的环境政策工具选择及运用［J］. 农村经济（6）：95－100.

李茹茹，靖新艳，2014. 浅析畜禽养殖业污染现状及减排对策［J］. 中国人口·资源与环境 24（S2）：250－252.

李文斌，胡涵，王昌梅，等，2019. 种养结合生态农业模式探析［J］. 现代农业科技（13）：189－190.

李文瑛，肖小勇，2017. 价格波动背景下生猪养殖决策行为影响因素研究——基于前景理论的视角［J］. 农业现代化研究（3）：484－492.

廖祺，2018. 动物疫病防控策略 EBCR 分析法及其实证［J］. 统计与决策（1）：34－39.

刘畅，王俊，浦绍瑞，等，2014. 中德万头猪场沼气工程经济性对比分析［J］. 化工学报（5）：1835－1839.

刘明月，陆迁，张淑霞，2017. 高致病性禽流感补偿政策农民满意度研究——基于宁夏中卫沙坡区数据［J］. 湖南农业大学学报（社会科学版）（1）：77－85.

刘涛，谷佳桐，郑晶，2017. 规模化畜禽养殖的外部环境成本测度——以广东省为例［J］. 江苏农业科学（2）：293－298.

刘晓峰，孟军，2015. 粮食主产区生猪产业发展与粮食安全竞协机理研究——基于黑龙江省实证分析［J］. 中国农学通报（14）：25－31.

刘晓峰，2015. 黑龙江省生猪养殖业生产效率研究［D］. 哈尔滨：东北农业大学.

刘晓利，许俊香，王方浩，等，2005. 中国畜禽粪便中氮素养分资源及其分布状况［J］. 河北农业大学学报（5）：27－32.

刘玉满，李静，2005. 荷兰以家庭农场为基础发展现代奶业［J］. 中国农村经济（9）：71－77.

卢艳平，肖海峰，2020. 中国居民肉类消费特征及趋势判断——基于双对数线性支出模型和 LA/AIDS 模型［J］. 中国农业大学学报（1）：180－190.

罗必良，2017. 论服务规模经营——从纵向分工到横向分工及连片专业化［J］. 中国农村经济（11）：2－16.

马改艳，周磊，2018. 美国生猪价格保险的经验及对中国的启示［J］. 世界农业（12）：32－37.

马征程，杨朝军，万孝园，等，2018. 财富水平和风险偏好——基于中国居民家庭的实证

研究 [J]. 投资研究 (10)：90 - 102.

孟祥海，张俊飚，李鹏，等，2014. 畜牧业环境污染形势与环境治理政策综述 [J]. 生态与农村环境学报 (1)：1 - 8.

苗珊珊，陆迁，2011. 基于大国经济剩余模型的大米技术进步福利效应分析 [J]. 农业技术经济 (9)：33 - 41.

聂赟彬，乔娟，2019. 非洲猪瘟发生对中国生猪产业发展的影响 [J]. 中国农业科技导报 (1)：11 - 17.

潘丹，2015. 规模养殖与畜禽污染关系研究——以生猪养殖为例 [J]. 资源科学 (11)：2279 - 2287.

潘瑜春，孙超，刘玉，等，2015. 基于土地消纳粪便能力的畜禽养殖承载力 [J]. 农业工程学报 (4)：232 - 239.

彭世奖，2000. 从中国农业发展史看未来的农业与环境 [J]. 中国农史 (3)：86 - 90.

浦华，王济民，吕新业，2008. 动物疫病防控应急措施的经济学优化——基于禽流感防控中实施强制免疫的实证分析 [J]. 农业经济问题 (11)：26 - 31，110.

季柯辛，乔娟，2015. 中美生猪产业生产率比较分析 [J]. 农业现代化研究 (4).

乔颖丽，吉晓光，2012. 中国生猪规模养殖与农户散养的经济分析 [J]. 中国畜牧杂志 (8)：14 - 19.

秦钟，隆少秋，王璐，等，2019. 基于系统动力学的东莞有机废弃物替代化肥潜力研究 [J]. 农业工程学报 (11)：223 - 232.

邱乐丰，龙文莉，方豪，胡伟，2016. 基于种养平衡的杭州市畜禽养殖环境承载力研究 [J]. 自然资源学报 (8)：1410 - 1419.

仇华吉，2018. 非洲猪瘟对中国养猪业的影响与防控建议 [J]. 中国兽药杂志 (11)：1 - 4.

饶静，张燕琴，2018. 从规模到类型：生猪养殖污染治理和资源化利用研究——以河北 LP 县为例 [J]. 农业经济问题 (4)：121 - 130.

沈根祥，汪雅谷，袁大伟，1994. 上海市郊大中型畜禽场数量分布及粪尿处理利用现状 [J]. 上海农业学报 (S1)：12 - 16.

沈鑫琪，乔娟，王萌，2019. 中国生猪养殖业生产效率的影响因素研究——基于自繁自养型养猪场户的调研数据 [J]. 中国农业大学学报 (2)：228 - 236.

沈银书，2012. 中国生猪规模养殖的经济学分析 [D]. 北京：中国农业科学院.

石英剑，郝玉萍，2015. 国外绿色农业发展政策及金融体系分析 [J]. 世界农业 (12)：125 - 127.

司智陟，2011. 荷兰畜牧业生产概况 [J]. 畜牧与兽医 (7)：94 - 96.

宋大利，侯胜鹏，王秀斌，等，2018. 中国畜禽粪尿中养分资源数量及利用潜力 [J]. 植物营养与肥料学报 (5)：1131 - 1148.

宋冬林，谢文帅，2020. 中国生猪产业高质量发展的政治经济学分析 [J]. 经济纵横 (4)：1 - 9，137.

宋树才，2007. 丹麦发展畜牧业的启示 [J]. 现代畜牧兽医 (3)：3 - 5.

隋斌，孟海波，沈玉君，等，2018. 丹麦畜禽粪肥利用对中国种养结合循环农业发展的启示 [J]. 农业工程学报 34（12）：1-7.

孙秀玲，吴学兵，乔娟，2014. 基于 Nerlove 模型的中国猪肉供给反应研究 [J]. 经济问题（8）：109-112.

孙元，仇华吉，2018. 中国猪瘟净化之路：离我们还有多远？[J]. 中国农业科学（21）：4169-4176.

史瑞祥，薛科社，周振亚. 基于耕地消纳的畜禽粪便环境承载力分析——以安康市为例 [J]. 中国农业资源与区划（6）：55-62.

唐剑武，叶文虎，1998. 环境承载力的本质及其定量化初步研究 [J]. 中国环境科学（3）：36-39.

田义，陶红军，2016. 中美生猪养殖业污染防治政策工具对比分析 [J]. 世界农业（12）：92-99.

王东阳，2018. 20 世纪 80—90 年代欧洲有机农业政策回顾与探究 [J]. 世界农业（7）：71-76，201，222.

王桂玉，2020. 中国非洲猪瘟疫情防控难点与对策研究 [J]. 中国动物保健（2）：1-3.

王会，王奇，2011. 基于污染控制的畜禽养殖场适度规模的理论分析 [J]. 长江流域资源与环境（5）：622-627.

王俊能，许振成，吴根义，等，2013. 畜禽养殖业产排污系数核算体系构建 [J]. 中国环境监测（2）：143-147.

王俊能，许振成，杨剑，2012. 中国畜牧业的规模发展模式研究——从环保的角度 [J]. 农业经济问题（8）：13-18.

王丽焕，毛中丽，陈琴，等，2014. 英国草地畜牧业发展的启示与建议 [J]. 草业与畜牧（1）：57-59.

王明利，肖洪波，2012. 中国生猪生产波动的成因分析 [J]. 农业经济问题（12）：28-32.

王明利，2018. 改革开放四十年中国畜牧业发展：成就、经验及未来趋势 [J]. 农业经济问题（8）：60-70.

王明利，2013. 中国生猪产业波动规律及调控对策研究 [M]. 北京：中国农业出版社.

王瑞，2020. 浅谈威胁全球养猪业的非洲猪瘟传染病 [J]. 养殖与饲料（4）：67-68.

王首元，孔淑红，2012. 新行为经济学理论：对期望效用理论和前景理论的一个延伸 [J]. 西安交通大学学报（社会科学版）（4）：17-24.

王燕，韩青，2013. 美国生猪产业营销模式及对中国的启示 [J]. 农村经济与科技（12）：111-112，118.

魏玮，毕超，2012. 基础设施对能源强度的非线性溢出效应——基于 PSTR 模型的实证分析 [J]. 上海经济研究（8）：70-80.

温铁军，董筱丹，石嫣，2010. 中国农业发展方向的转变和政策导向：基于国际比较研究的视角 [J]. 农业经济问题（10）：88-94.

温忠麟，叶宝娟，2014. 中介效应分析：方法和模型发展 [J]. 心理科学进展 22（5）：

731-745.

翁贞林，罗千峰，郑瑞强，2015. 中国生猪不同规模养殖成本效益及全要素生产率分析——基于 2004—2013 年数据 [J]. 农林经济管理学报（5）：490-499.

吴斌，高遥，2011. 关于范围经济的文献综述 [J]. 商业文化（上半月）（5）：155.

吴根义，廖新俤，贺德春，等，2014. 我国畜禽养殖污染防治现状及对策 [J]. 农业环境科学学报（7）：1261-1264.

吴林海，许国艳，杨乐，2015. 环境污染治理成本内部化条件下的适度生猪养殖规模的研究 [J]. 中国人口·资源与环境（7）：113-119.

吴天龙，习银生，2017. 美国玉米带发展生猪养殖的做法与启示 [J]. 北方牧业（17）：9.

伍佰鑫，2018. 美国对生猪养殖转型的研究进展与趋势 [J]. 猪业观察（4）：17-19.

武深树，谭美英，黄璜，等，2009. 湖南洞庭湖区畜禽养殖环境成本评估 [J]. 湖南农业大学学报（自然科学版）（5）：565-571.

肖琦，周杨，2019. 疫病对猪肉价格波动的影响——基于供需关系视角 [J]. 黑龙江畜牧兽医（2）：12-16，177.

许进杰，2008. 消费的环境外部性及其对经济福利的影响 [J]. 消费经济（3）：89-91，95.

薛毫祥，陈章言，许琴瑟，等，2015. 不同养殖规模生猪饲养成本与收益比较分析 [J]. 江苏农业科学（4）：421-425.

闫振宇，陶建平，徐家鹏，2012. 我国生猪规模化养殖发展现状和省际差异及发展对策 [J]. 农业现代化研究（1）：13-18.

周勋章，李广东，孟宪华，等，2020. 非洲猪瘟背景下不同规模养猪户生物安全行为及其影响因素 [J]. 畜牧与兽医（2）：133-141.

杨浩财，王奥成，张泓，等，2020. 我国非洲猪瘟现状及防控措施 [J]. 广东畜牧兽医科技（5）：14-17.

杨军，程申，杨博琼，等，2013. 日韩粮食消费结构变化特征及对我国未来农产品需求的启示 [J]. 中国软科学（1）：24-31.

杨俊，陈怡，2011. 基于环境因素的中国农业生产率增长研究 [J]. 中国人口·资源与环境（6）：153-157.

杨柳，杨金龙，付利芝，2012. 美国生猪产业链分析与启示 [J]. 上海畜牧兽医通讯（1）：32-33.

杨佩，2015. 动物疫情危机下养殖户行为决策的分析——基于 ISM 模型 [J]. 安徽农业科学（25）：330-332，336.

杨义风，王桂霞，孔祥才，等，2017. 美国生猪规模养殖污染治理对中国的启示 [J]. 黑龙江畜牧兽医（20）：11-14.

尹昌斌，程磊磊，杨晓梅，等，2015. 生态文明型的农业可持续发展路径选择 [J]. 中国农业资源与区划（1）：15-21.

于乐荣，李小云，汪力斌，等，2009. 禽流感发生对家禽养殖农户的经济影响评估——基于两期面板数据的分析 [J]. 中国农村经济 (7)：12-19，30.

于乐荣，李小云，汪力斌，2009. 禽流感发生后家禽养殖农户的生产行为变化分析 [J]. 农业经济问题 (7)：13-21，110.

于平，2001. 欧洲畜牧业的变革及中国的对策 [J]. 世界农业 (8)：8-9.

虞祎，2012. 环境约束下生猪生产布局变化研究 [D]. 南京：南京农业大学.

张桂新，张淑霞，2013. 动物疫情风险下养殖户防控行为影响因素分析 [J]. 农村经济 (2)：105-108.

张国虹，2008. 生物质发电环境影响分析与发展建议 [D]. 北京：北京交通大学.

张军扩，侯永志，刘培林，等，2019. 高质量发展的目标要求和战略路径 [J]. 管理世界 (7)：1-7.

张利庠，罗千峰，韩磊，2020. 构建中国生猪产业可持续发展的长效机制研究 [J]. 农业经济问题 (12)：50-60.

张龙耀，周南，许玉韫，等，2018. 信贷配给下的农业规模经济与土地生产率 [J]. 中国农村经济 (7)：19-33.

张维理，武淑霞，冀宏杰，等，2004. 中国农业面源污染形势估计及控制对策 I.21世纪初期中国农业面源污染的形势估计 [J]. 中国农业科学 (7)：1008-1017.

张伟，2016. 发达国家和地区奶牛养殖污染防治经验对我国的启示 [J]. 黑龙江畜牧兽医 (14)：46-49.

张晓恒，周应恒，张蓬，2015. 中国生猪养殖的环境效率估算——以粪便中氮盈余为例 [J]. 农业技术经 (5)：92-102.

张永根，李胜利，曹志军，等，2009. 奶牛散养户长期存在的必然性和未来出路的思考 [J]. 中国畜牧杂志 (2)：50-54.

赵剑波，史丹，邓洲，2019. 高质量发展的内涵研究 [J]. 经济与管理研究 (11)：15-31.

赵黎，2016. 德国生猪产业组织体系：多元化的发展模式 [J]. 中国农村经济 (4)：81-90.

钟珍梅，翁伯琦，黄勤楼，等，2012. 基于能值理论的循环复合农业生态系统发展评价——以福建省福清星源循环农业产业示范基地为例 [J]. 生态学报 (18)：5755-5762.

周建军，谭莹，胡洪涛，2018. 环境规制对中国生猪养殖生产布局与产业转移的影响分析 [J]. 农业现代化研究 (3)：440-450.

周晓，2015. 基于散养户视角生猪疫病防控效果影响因素与对策研究 [D]. 成都：四川农业大学.

朱朦，2016. 煤炭企业完全成本管理控制研究 [D]. 北京：中国矿业大学.

朱学锋，陆昌华，陈学法，等，2014. 规模化猪场疫病防控的经济学评估 [J]. 江苏农业学报 (4)：896-900.

朱增勇，李梦希，孟君丽，2019. 非洲猪瘟对中国生猪市场和产业发展影响的研究 [J]. 价格理论与实践 (7)：20-23.

朱增勇，赵安平，王晓东，等，2018. 世界主要猪肉出口国产业竞争力比较研究——美国和德国生猪饲养成本及价格竞争优势分析 [J]. 价格理论与实践 (5)：63 - 66.

左永彦，彭珏，封永刚，2016. 环境约束下规模生猪养殖的全要素生产率研究 [J]. 农村经济 (9)：37 - 43.

周全，董战峰，杨昭林，等，2020. 绿色经济发展的国际经验及启示 [J]. 环境经济 (6)：56 - 61.

Bai Z H，Ma L，Jin S Q，et al.，2016. Nitrogen，Phosphorus，and Potassium Flows through the Manure Management Chain in China [J]. Environmental Science & Technology，50 (24)：13409 - 13418.

Duvaleix - Tréguer，Sabine，Gaigné，et al.，2016. On the Nature and Magnitude of Cost Economies in Hog Production [J]. Agricultural Economics，47 (4)：465 - 476.

Ebel E D，Hornbaker R H，Nelson C H，1992. Welfare effects of the national pseudorabies eradication program [J]. American Journal of Agricultural Economics，74 (3)：638 - 645.

Gao C，Zhang T，2010. Eutrophication in a Chinese context：Understanding various physical and socio - economic aspects [J]. Ambio，39 (5)：385 - 393.

Enticott，Gareth，2016. Market instruments，biosecurity and place - based understandings of animal disease [J]. Journal of Rural Studies，45：312 - 319.

Giannakas K，2002. Information Asymmetries and Consumption Decisions in Organic Food Product Markets [J]. Canadian Journal of Agricultural Economics，(50)：35 - 50.

González A，Terasvirta T，Dijk D V，2005. Panel Smooth Transition Regression Models [N]. Research Paper.

H' Mida S，2009. Factors contributing in the formation of consumers' environmental consciousness and shaping green purchasing decisions [C]. International Conference on Computers and Industrial Engineering，25 (8)：957 - 962.

Hadley G，Harsh S，Wolf C，2002. Managerial and financial implications of major dairy farm expansions in Michigan and Wisconsin [J]. Journal of Dairy Science，85 (8)：2053 -2064.

Hobbs J E，Kerr W A，Klein K K，1998. Creating international competitiveness through supply chain management：Danish pork [J]. Supply Chain Management，3 (2)：68 - 78.

Hoste R，Puister L，2009. Pig production costs：an international comparison [J]. Rapport Landbouw Economisch.

Ishida T，Ishikawa N，Fukushige M，2010. Impact of BSE and Bird Flu on Consumers' Meat Demand in Japan [J]. Applied Economics，(42)：49 - 56.

Just D R，Turvey W，2009. Biosecurity，Terrorism and Food Consumption Behavior：Using Experimental Psychology to Analyze Choices Involving Fear [J]. Journal of Agricultural and Resource Economics，34 (1)：91 - 108.

Karlen D L，Hurley E G，Andrews S，et al.，2006. Crop rotation effects on soil quality at three northern Corn/Soybean Belt locations [J]. Agronomy Journal，98 (3)：484 - 495.

Keeling M J，Woolhouse M E J，May R M，et al.，2003. Modelling vaccination strategies against foot‐and‐mouth disease [J]. Nature, 42 (1): 136-142.

Kilbride A L, Mendl M, Statham P, et al., 2012. A Cohort Study of Preweaning Piglet Mortality and Farrowing Accommodation on 112 Commercial Pig Farms in England [J]. Preventive Veterinary Medicine, 104 (3-4): 281-291.

Makarov V V, 2017. African swine fever in Russian federation current epizootic situation and control [J]. MOJ Biol Med., 2 (4): 277-278.

Mark S R, Tracy B F, 2007. Integrated Crop‐Livestock Systems in the U. S. Corn Belt [J]. Agronomy Journal, 99 (2): 431-446

Mcbride W D, Key N, 2007. Characteristics and Production Costs of U. S. Hog Farms [J]. Social Science Electronic Publishing, 96 (6385): 831-850.

Meuwissen M, Horst S H, Huirne R, et al., 1999. A Model to Estimate the Financial Consequences of Classical Swine Fever Outbreaks: Principles and OutcomesScience Dieect [J]. Preventive Veterinary Medicine (42): 249-270.

Michael, Entzm, Franzluebbersa, 2007. Re‐considering integrated crop‐livestock systems in North America [J]. Agronomy Journal, 99 (2): 325-334.

Norton G W, Davis J S, 1981. Evaluating returns to agricultural research: a review [J]. american journal of agricultural economics, 63 (4): 685-699.

Ott S L, Seitzinger A H, Hueston W D, 1995. Measuring the national economic benefits of reducing livestock mortality [J]. Preventive Veterinary Medicine, 24 (3): 203-211.

Parcel J D, Schroeter J R, Azzam A M, 2017. A Re‐Examination of Multistage Economies in Hog Farming [J]. Journal of Agricultural and Food Industrial Organization, 15 (2): 1-15.

Peyraud J L, Taboada M, et al., 2014. Integrated crop and livestock systems in Western Europe and South America: a review [J]. European Journal of Agronomy, 7 (57) 31-42.

Peyraud J, L, Le Gall, et al., 2010. Produire du lait en maximisantle paturage pour concilier performances économiques et environnementales [J]. Renc. Re‐ch. Rum (17): 17-24.

PIC 中国技术服务部, 2019. 俄罗斯非洲猪瘟疫情状况分析 [J]. 今日养猪业 (2): 56-57.

Rasmussen S., 2010. Scale Efficiency in Danish Agriculture: An Input Distance‐Function Approach [J]. European Review of Agricultural Economics, 37 (3), 335-367.

Robert Hoste, International Comparison of pig Production Coasts 2015 [N]. Netherland: Wageningen Economic & Research, 2017.

Sanderson M A, Archer D, Hendrickson J, et al., 2013. Diversification and ecosystem services for conservation agriculture: Outcomes from pastures and integrated crop‐livestock systems [J]. Renewable Agriculture & Food Systems.

Schoonmaker J P, Loerch S C, Rossi J E, et al., 2003. Stockpiled forage or limit‐fed corn as alternatives to hay for gestating and lactating beef cows [J]. Journal of animal science,

81 (5): 1099 – 1105.

Segerson K, 1985. Uncertainty And Incentives For Nonpoint Pollution Control [C]. 1985 Annual Meeting, August 4 – 7, Ames, Iowa. American Agricultural Economics Association (New Name 2008: Agricultural and Applied Economics Association).

Seitzinger A H, Paarlberg Philip L, Jr Mathews K H, 2010. National impacts of changes in livestock disease surveillance [J]. Agric. Econ. , 12.

Shortle J S, Dunn J W, 1986. The Relative Efficiency of Agricultural Source Water Pollution Control Polcies [J]. American Journal of Agricultural Economics, 64 (3): 668 – 677.

Shreve B R, Moore P A, Daniel T C, et al. , 1995. Reduction of Phosphorus in runoff from Field – applied Poultry Litter Using ChemicalAmendments [J]. Journal of Environmental Quality, 24 (1): 106 – 111

Souad H'Mida, 2009. Factors contributing in the formation of consumers' environmental consciousness and shaping green purchasing decisions [J]. International Conference on Computers & Industrial Engineering, 25 (8): 957 – 962.

Steinfeld H, Gerber P, Wassenaar T, et al. , 2006. Livestock's long shadow: environmental issues and options [J]. Livestocks Long Shadow Environmental Issues & Options, 16 (1): 7.

Stott A, Brulisauerb F, Fraser F, et al. , 2009. Mea – suring the benefits of farm animal health [D]. Dublin, Ireland: National University of Ireland.

Stuart D, Gillon S, 2013. Scaling up to address new challenges to conservation on US farmland [J]. Land Use Policy, 31: 223 – 236.

Susanne Padel, Carolyn Foster, 2005. Exploring the gap between attitudes and behaviour [J]. British Food Journal, 107 (8): 606 – 625.

Toma L, Stott A W, Heffernan C, et al. , 2013. Deter – minants of biosecurity behaviour of British cattle and sheep farmers a behavioural eco – nomics analysis [J]. Preventive Veterinary Med – icine, 108 (4): 321 – 333.

Tsoulouhas, T, Vukina T, 1999. Integrator Contracts with Many Agents and Bankruptcy [J]. American Journal of Agricultural Economics, 81 (1): 61 – 74.

United States General Accounting Office, 1999. Animal agriculture: Waste management practices [N]. Resources, Community, and Econimic Delepment Division. [1999 – 06 – 26].

Wang X H, Dong C L, Huang X Y, et al. , 2007. The influence of using biogas digesters on family energy consumption and its economic benefit in rural areas comparative study between Lianshui and Guichi in China [J]. Renewable & Sustainable Energy Reviews, 11 (5): 1018 – 1024.

Welsh, R, Rivers R, 2011. Environmental management strategies in agriculture [J]. Agriculture and Human Values (28): 297 – 302.

Willer H, Schaack D, 2015. Organic farming and market development in Europe [M]. The World of Organic Agriculture. Statistics and Emerging Trends 2015. Research Institute of Organic Agriculture (FiBL) and International Federation of Organic Agriculture Movements (IFOAM): 174 - 214.

Yadav R, Pathak G S, 2016. Intention to purchase organic food among young consumers: Evidences from a developing nation [J]. Appetite, 96 (9): 122 - 128.

Yang S H, Reed M R, Saghaian S H, 2012. International pork trade and foot - and - mouth disease [R].

Yazdanpanah M, Forouzani M, Hojjati M, 2015. Willingness of Iranian Young Adults to Eat Organic Foods: Application of the Health Belief Model [J]. Food Quality and Preference, (41): 75 - 83.

You L, Diao X, 2007. Assessing the Potential Impact of Avian Influenza on Poultry in West Africa: A Spatial Equilibrium Analysis [J]. Journal of Agricultural Economics, 58 (2): 348 - 367.

Zaks D, Winchester N S, Kucharik C J, et al., 2011. Contribution of Anaerobic Digesters to Emissions Mitigation and Electricity Generation Under US Climate Policy [J]. Environmental Science & Technology, 45 (16): 6735 - 6742.

Zhang X, F Chu, Yu X, et al., 2017. Changing Structure and Sustainable Development for China's Hog Sector [J]. Sustainability, 9 (1): 69.

Zheng C, Bluemling B, Liu Y, et al., 2014. Managing Manure from China's Pigs and Poultry: The Influence of Ecological Rationality [J]. AMBIO, 43 (5): 661 - 672.

Минсельхоза России, 2016. Ветеринарные правила осуществления профилактических, диагностических, ограничительных и иных мероприятий, установления и отмены карантина и иных ограничений, направленных на предотвращение распространения ликвидацию очагов африканской чумы свиней [EB/OL]. [2016 - 05 - 31]. https://fsvps. gov. ru/fsvps - docs/ru/iac/asf/laws/instruction - 213. pdf.

Минсельхоза России, 2012. План мероприятий по африканской чуме свиней [EB/OL]. [2012 - 10 - 25]. https://fsvps. gov. ru/fsvps - docs/ru/iac/asf/laws/plan. pdf.

Минсельхоза России, 2010. Правила определения зоосанитарного статуса свиноводческих хозяйств, а также организаций, осуществляющих убой свиней, переработку и хранение продукции свиноводства [EB/OL]. [2010—07 - 23]. https://fsvps. gov. ru/fsvps/laws/ 2158. html.

НациональныйСоюзсвиноводов, 2012. ИсторияСоюза [EB/OL]. [20120723]. http:// www. nssrf. ru/about. php? action=history.